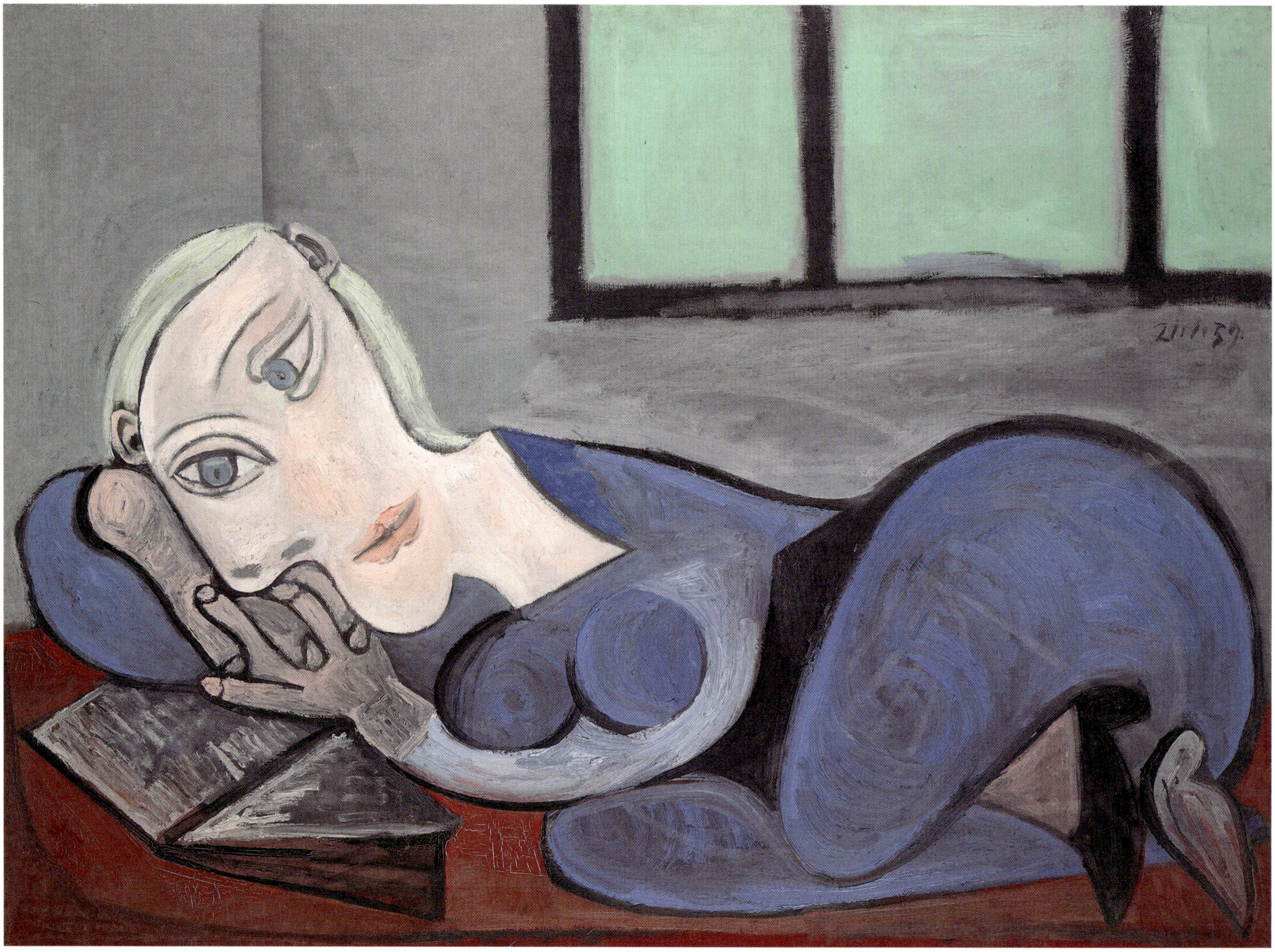
21.1.39.

PICASSO A PALAZZO TE

Poesia e salvezza | Poetry and Salvation

A cura di | Edited by
ANNIE COHEN-SOLAL

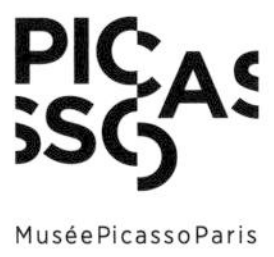

MuséePicassoParis

PALAZZO TE

Marsilio Arte

PICASSO A PALAZZO TE

Poesia e salvezza | Poetry and Salvation

Mantova / Mantua, Palazzo Te
5 settembre / September 2024 - 6 gennaio / January 2025

Promossa da / Promoted by

COMUNE DI MANTOVA

Prodotta e organizzata da /
Produced and organised by

PALAZZO TE

In collaborazione con / In partnership with

MuséePicassoParis

Con il contributo di /
With the contribution of

FONDAZIONE BANCA AGRICOLA MANTOVANA

Con il supporto di / With the support of

AMICI DI PALAZZO TE E DEI MUSEI MANTOVANI

Con il supporto tecnico di /
Technical sponsor

AERMEC

In sinergia con / In conjunction with

MANTOVA CITTÀ D'ARTE E DI CULTURA

Mostra a cura di / Exhibition curator
Annie Cohen-Solal

In collaborazione con / In collaboration with
Johan Popelard

Catalogo a cura di / Catalogue edited by
Annie Cohen-Solal

Progetto di allestimento e illuminazione /
Exhibition layout and lighting design
Paolo Bertoncini Sabatini
con/with
Emanuele Carrai, Andrea Crudeli,
Leonardo Magursi, Francesca Molle
(progetto architettonico /
architectural design)
Egidio Ferrara
(progetto illuminotecnico / lighting design)

Progetto grafico / Graphic design
Raffaele Cingottini, Marco Fontana
Doyou speakgraphics.com

Ufficio stampa / Press office
Lara Facco P&C

Assicurazioni / Insurance
AGE Assicurazioni Gestione Enti srl
Willis Towers Watson France
Accurart Kunstversicherungsmak
MAG Spa

Trasporti / Transport
Apice

Ringraziamenti / Special thanks
Si ringraziano i musei, i collezionisti e le istituzioni che hanno concesso le loro opere / We thank the museums, collectors and institutions that have lent their works

Antibes, Musée Picasso
Barcellona, Museu Picasso
Ginevra, collezione privata
Milano, Fondazione Rovati
Parigi, collezione privata
Parigi, Musée national Picasso-Paris
Rio de Janeiro, collezione privata
Roma, Museo Nazionale Romano

Grazie a / Thank you to
Manuela Bertone, Xavier Vilató, Florence Half-Wrobel

The Labyrinth of Picasso. Poetry, Salvation and Metamorphosis

Il labirinto di Picasso. Poesia, salvezza e metamorfosi

Picasso, a little-known poet? The links he has with poetry are indeed deep, varied and little known. An admirer of Greek and Latin literature, Picasso illustrated Aristophanes and Pindar and especially, in 1930, Ovid's Metamorphoses. This series of etchings resonates perfectly with Palazzo Te and its ceilings painted by Giulio Romano, which lies at the heart of this exhibition, the outcome of a wonderful partnership between our two institutions. The Musée National Picasso-Paris has thus drawn on its exceptional collection to accompany this presentation of a little-known side of Picasso's creativity. He was a friend of poets. In the Paris of the early twentieth century, a harsh, cosmopolitan capital of art, where he had to make his own way, the young Picasso found his first support and friends in poets, who would remain close to him and help him find his bearings throughout his life.
Picasso was himself a poet. One of the most prolific and polymorphous of artists, he devoted himself to poetry from the 1930s onwards. Passing from French to Catalan or Castilian, through his linguistic experiments he produced the equivalent of what he created in painting, drawing and sculpture: his poems are studded with hybrids, inventions and various amalgams.
This exhibition project is presented in the name of friendship. Friendship with Palazzo Te, with which we are building a cultural and scholarly partnership by curating exhibitions and conducting scholarly research and in keeping with Palazzo Te's vision of the crucial questions of humanism and Europe. I am very pleased with this exemplary collaboration and I would like to warmly greet all the teams at Palazzo Te, its president Enrico Voceri and its director Stefano Baia Curioni.
Friendship with Annie Cohen-Solal, a brilliant and passionate researcher, who has become the messenger of "Picasso the foreigner", and who has brilliantly curated this exhibition, accompanied by Johan Popelard, conservator of the patrimony, head of the collections department of the Musée National Picasso-Paris, who provided his advice and informed view of Picasso's artistic and poetic work. I greet them both.
I would also like to thank all the teams at the Musée National Picasso-Paris, and in particular Bérénice Mainot.

Cécile Debray
President Musée national Picasso-Paris

Con molta probabilità Picasso è misconosciuto come poeta. I legami che intrattiene con la poesia sono in realtà profondi, diversi e scarsamente indagati. Appassionato di letteratura greca e latina, Picasso ha illustrato Aristofane e Pindaro e soprattutto, nel 1930, le *Metamorfosi* di Ovidio. Questa serie di incisioni costituisce l'eco perfetta di Palazzo Te, con gli affreschi di Giulio Romano, ed è al centro della presente mostra, frutto di una bella collaborazione tra le nostre istituzioni. Il Musée national Picasso-Paris ha messo a disposizione la sua eccezionale collezione al fine di accompagnare la presentazione di un aspetto poco noto dell'opera di Picasso. Egli era un amico di poeti. Nella Parigi dell'inizio del XX secolo, il giovane artista trovò i primi sostenitori e i primi amici nei poeti che sarebbero rimasti i suoi punti di riferimento per tutta la vita.
Lo stesso Picasso era un poeta. Artista tra i più prolifici e polimorfi, a partire dagli anni Trenta si dedicò alla scrittura lirica. Passando dal francese al catalano al castigliano, utilizzò le sue sperimentazioni linguistiche per ottenere l'equivalente di ciò che aveva realizzato con la pittura, il disegno e la scultura: ibridazioni, invenzioni e incroci costellano i suoi testi poetici.
Questo progetto espositivo si presenta all'insegna dell'amicizia. Amicizia con Palazzo Te, con cui stiamo costruendo una partnership culturale in termini di curatela di mostre e di ricerca scientifica, in linea con una visione condivisa sui temi cruciali dell'umanesimo e dell'Europa contemporanei.
Sono felice di questa collaborazione straordinaria e colgo l'occasione per porgere i miei più calorosi saluti a tutta l'équipe di Palazzo Te, al suo presidente Enrico Voceri e al suo direttore Stefano Baia Curioni.
Un grato saluto ad Annie Cohen-Solal, acuta e appassionata ricercatrice, che ha sostenuto il tema di «Picasso straniero» e ha curato brillantemente questa mostra, con la collaborazione di Johan Popelard, curatore del patrimonio e capo del dipartimento delle collezioni del Musée national Picasso-Paris, che ha fornito consigli e una visione aggiornata dell'opera artistica e poetica di Picasso. Ringrazio entrambi.
Desidero inoltre esprimere la mia gratitudine a tutto il personale del Musée national Picasso-Paris, e in particolare a Bérénice Mainot.

Cécile Debray
Presidente Musée national Picasso-Paris

In copertina / Cover
Pablo Picasso, *Amori di Giove e di Semele / The Love of Jupiter and Semele*, Parigi / Paris, 25 ottobre / October 1930, cat. 48

p. 2
Pablo Picasso, *Femme couchée lisant* [Donna sdraiata che legge / Reclining woman reading], 1939, cat. 1

Crediti fotografici / Photo credits
© Comune di Mantova - Musei Civici, pp. 10, 12-13, 14, 16-17, 20-21, 23, 24-25, 26, 30-31, 32
© François Fernandez, p. 74
© Courtesy Fondazione Luigi Rovati. Photo Giuseppe e Luciano Malcangi, p. 80
Courtesy Gagosian, p. 49
© Hydris MOKDAHI, pp. 53, 58, 60, 62, 64, 65, 74, 77, 87, 88, 95, 101, 103
Su concessione del Ministero della cultura - Museo Nazionale Romano, photo Di Mino, p. 76
© Musée national Picasso-Paris, p. 65
Museu Picasso, Barcelona. Photo: Fotogasull, pp. 50, 51, 124
© RMN-Grand Palais / Sylvie Chan-Liat/ Dist. Foto SCALA, Firenze, 2024, p. 88
© RMN-Grand Palais / Adrien Didierjean/ Dist. Foto SCALA, Firenze, 2024, pp. 2, 52, 54, 68, 69, 71, 73, 81, 101, 104
© RMN-Grand Palais / Béatrice Hatala/ Dist. Foto SCALA, Firenze, 2024, p. 57
© RMN-Grand Palais / image GrandPalaisRmn / RMN-GP / Dist. Photo SCALA, Firenze, 2024, p. 44
© RMN-Grand Palais / Thierry Le Mage / RMN-GP / Dist. Photo SCALA, Firenze, 2024, pp. 34, 35, 38, 56, 118, 120-123
© RMN-Grand Palais / Tony Querrec / RMN-GP / Dist. Photo SCALA, Firenze, 2024, p. 98
© RMN-Grand Palais / Mathieu Rabeau/ Dist. Foto SCALA, Firenze, 2024, p. 91
© RMN-Grand Palais / Franck Raux/ Dist. Foto SCALA, Firenze, p. 47

Traduzioni / Translations
Manuela Bertone
Alberto Folin

Simona Anichini
Lucian H. Comoy
Leslie A. Ray
per / for Language Consulting Congressi S.r.l.

Ricerca iconografica / Iconographic research
Alice Montagnin

Redazione e impaginazione / Copy editing and layout
Maria Giulia Montessori

Redazione dei testi in inglese / Copy editing of English texts
Richard Sadleir

Prima edizione / First edition settembre / September 2024
isbn 9791254632284
www.marsilioeditori.it

Available through ARTBOOK | D.A.P.
75 Broad Street, Suite 630
New York, NY 10004
www.artbook.com

Sommario | Contents

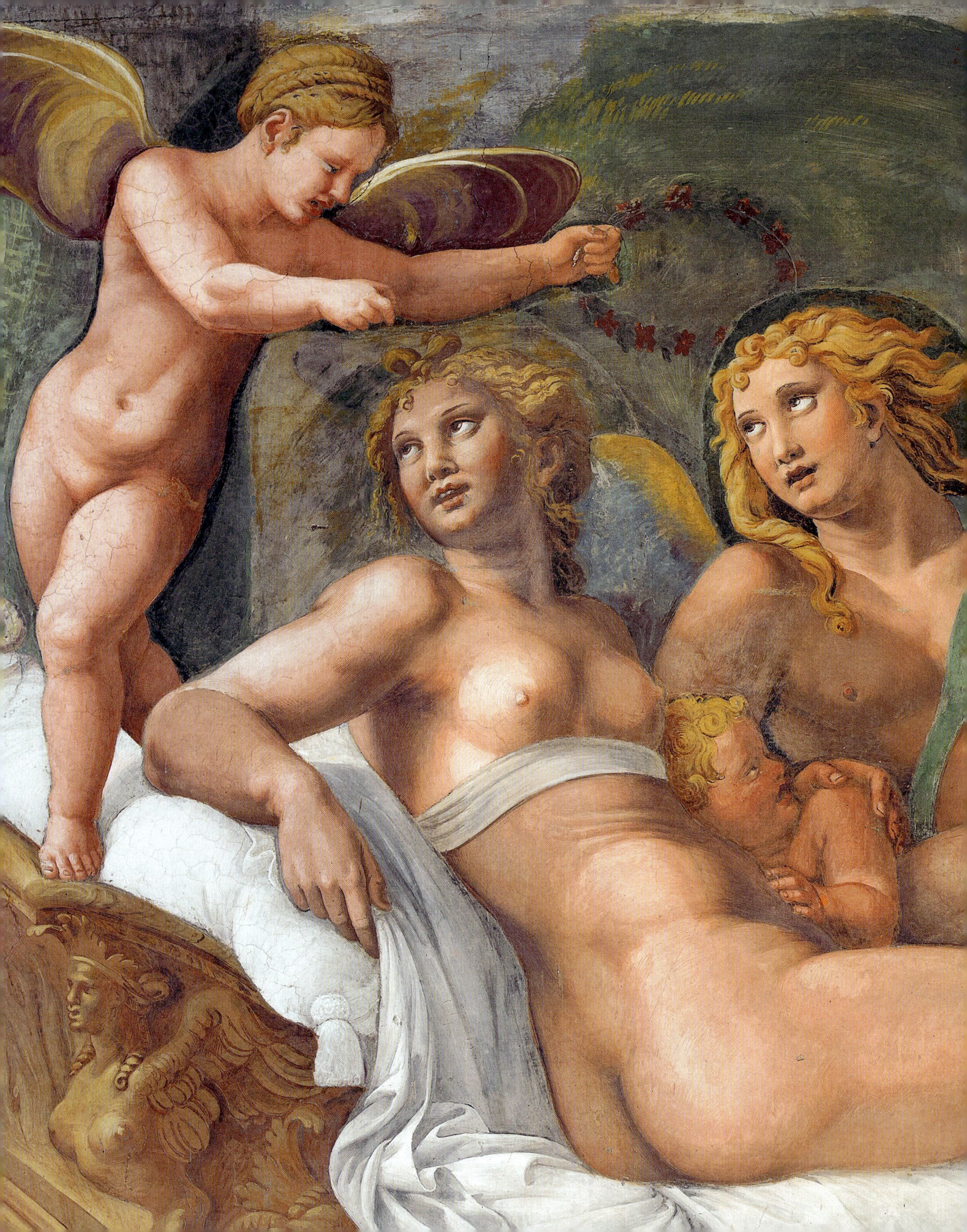

The Message of Palazzo Te
Il messaggio di Palazzo Te

STEFANO BAIA CURIONI

I want to speak about bodies changed into new forms. / You, gods, since you are the ones who alter these, and all other things, / Inspire my attempt, and spin out a continuous thread of words, / From the world's first origins to my own time.[1]

L'estro mi spinge a narrare di forme mutate in corpi nuovi.
O dei – anche queste trasformazioni furono pure opera vostra –
seguite con favore la mia impresa e fate che il mio canto
si snodi ininterrotto dalla prima origine del mondo fino ai miei tempi[1].

The word *Metamorphosis* indicates change, transformation; it is not reassuring, it implies risk, instability, a loss of equilibrium, at times also suffering. Metamorphosis is life[2] in general on planet Earth; and for humanity—birth, growth, maturity, death—it accompanies individualization, what makes us human, but it can also designate the opposite path, throwing us outside of the human, into the labyrinth of "all is possible," or into the abyss. Asking ourselves, those who surround us, how to form a relationship with metamorphosis and transformation, how to think of ourselves "in continuous transformation," is not an abstract and idle question; rather, it is a question that opens up a territory of reflection that is very concrete and complex, the exploration of which is all too often postponed. Standing out against the evidence of metamorphosis are social constructions that associate fear with transformation. We are held back, not so much by the threat of making a mistake, of choosing superficially, of changing for the worse, but rather by the generic fear of the unknown, the subversive power of change.
Myth, the story of a glorious ending, is a way of exorcizing these fears, creating a place within which the community can converge ideally. That is how it was, for example, until not so long ago, with the myth of progress, which, glittering on the horizon of history, compensated for the many antitheses provoked by innovative processes and the social and cultural transformations of modernity. The waning of this myth today sharpens the consequences of the contradictions, the conflicts, consigning us to the mystery of their appearing devoid of any finality. Today the contemporary world takes us towards a frontier that is even more complex to understand.
In a time of rapid, dramatic, often uncontrollable and quickly imposed changes, the experience is becoming widespread of an instability that presents itself as a permanent condition of our time, in which freedom

Metamorfosi è una parola che indica cambiamento, trasformazione; non è rassicurante, implica un rischio, una instabilità, una perdita di equilibrio, a volte anche un dolore. Metamorfosi è la vita[2] in generale sul pianeta Terra, e per l'umanità – nascita, crescita, maturità, morte – è ciò che accompagna l'individuazione, ciò che ci rende umani, ma che può anche disegnare il percorso opposto, gettandoci fuori dall'umano, nel labirinto del «tutto possibile» o nell'abisso. Chiedere a noi stessi, a chi ci circonda, come entrare in rapporto con la metamorfosi e la trasformazione, come pensarci «in trasformazione continua», non è una domanda astratta e oziosa; è piuttosto una domanda che apre un territorio di riflessione molto concreto e complesso, la cui esplorazione è troppo spesso rimandata. Contro l'evidenza della metamorfosi si stagliano costrutti sociali che legano alla trasformazione la paura.
Si è bloccati, non tanto dalla minaccia di sbagliare, di scegliere in modo superficiale, di cambiare per il peggio, quanto piuttosto dal timore generico del non conosciuto, dalla potenza eversiva del cambiamento.
Il mito, il racconto di un fine glorioso, è un modo per esorcizzare queste paure, creando un luogo in cui la collettività può idealmente convergere. Così è stato, per esempio, fino a non molto tempo fa, per il mito del progresso, che, scintillando all'orizzonte della storia, ha compensato le molte antitesi provocate dai processi innovativi e dalle trasformazioni sociali e culturali della modernità. Il tramonto di tale mito acuisce oggi le conseguenze delle contraddizioni, dei conflitti, consegnandoci al

fig. 1. e fig. 2. (*pagine seguenti / following pages*)
Giulio Romano e collaboratori / and collaborators, *Nozze di Amore e Psiche* [The marriage of Cupid and Psyche], 1526-1528 ca., Mantova / Mantua, Palazzo Te, Sala di Amore e Psiche / Room of Cupid and Psyche, particolari / details

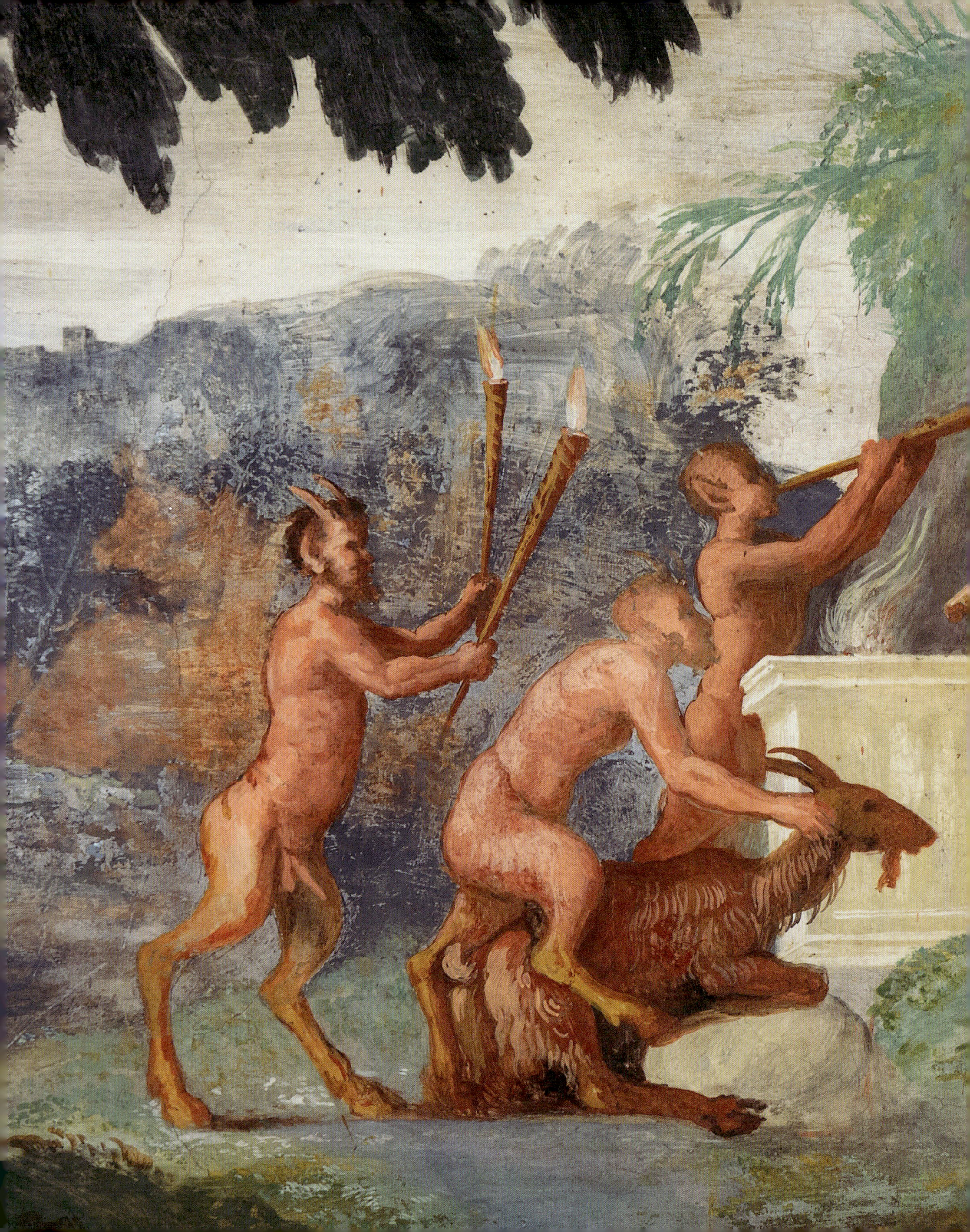

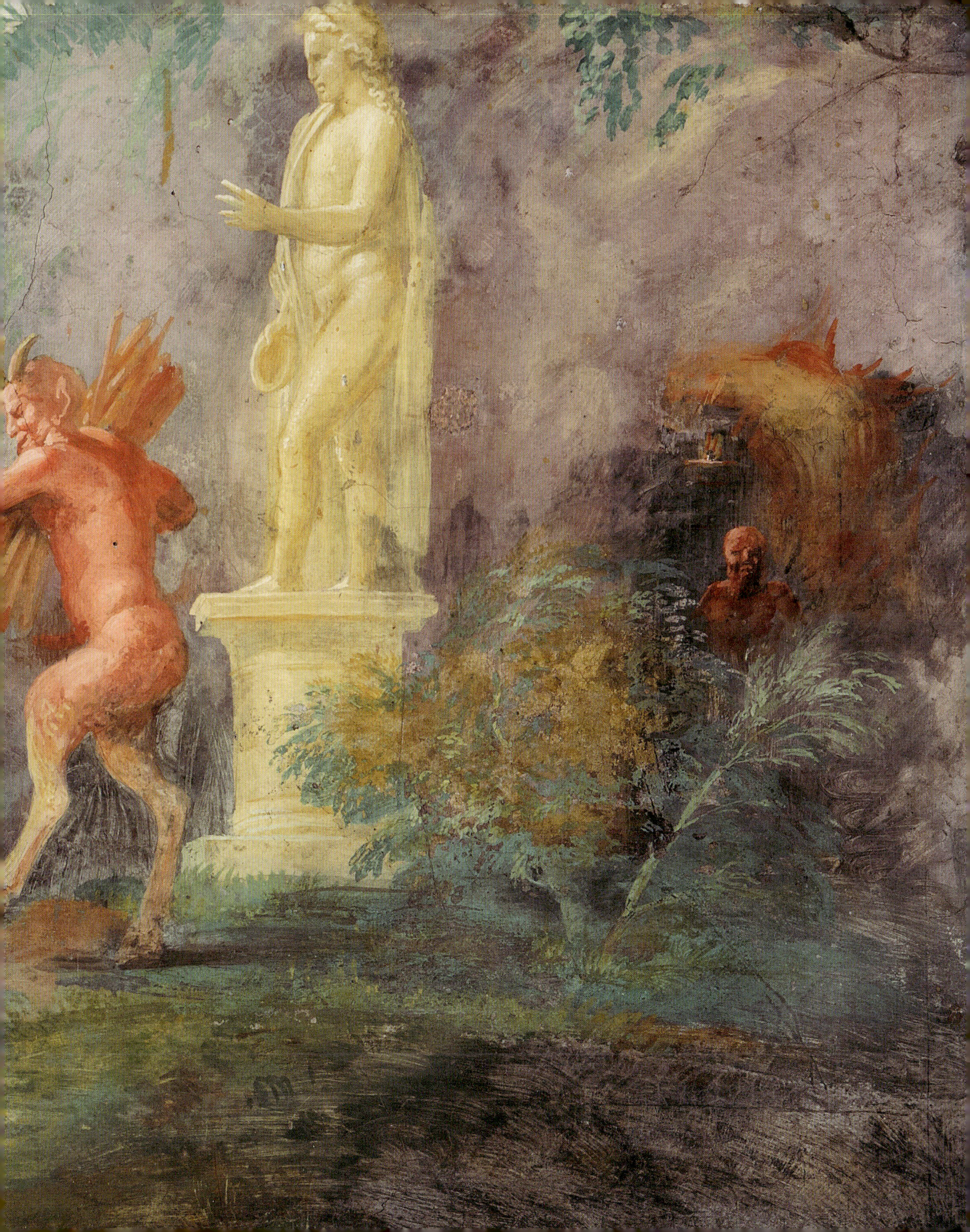

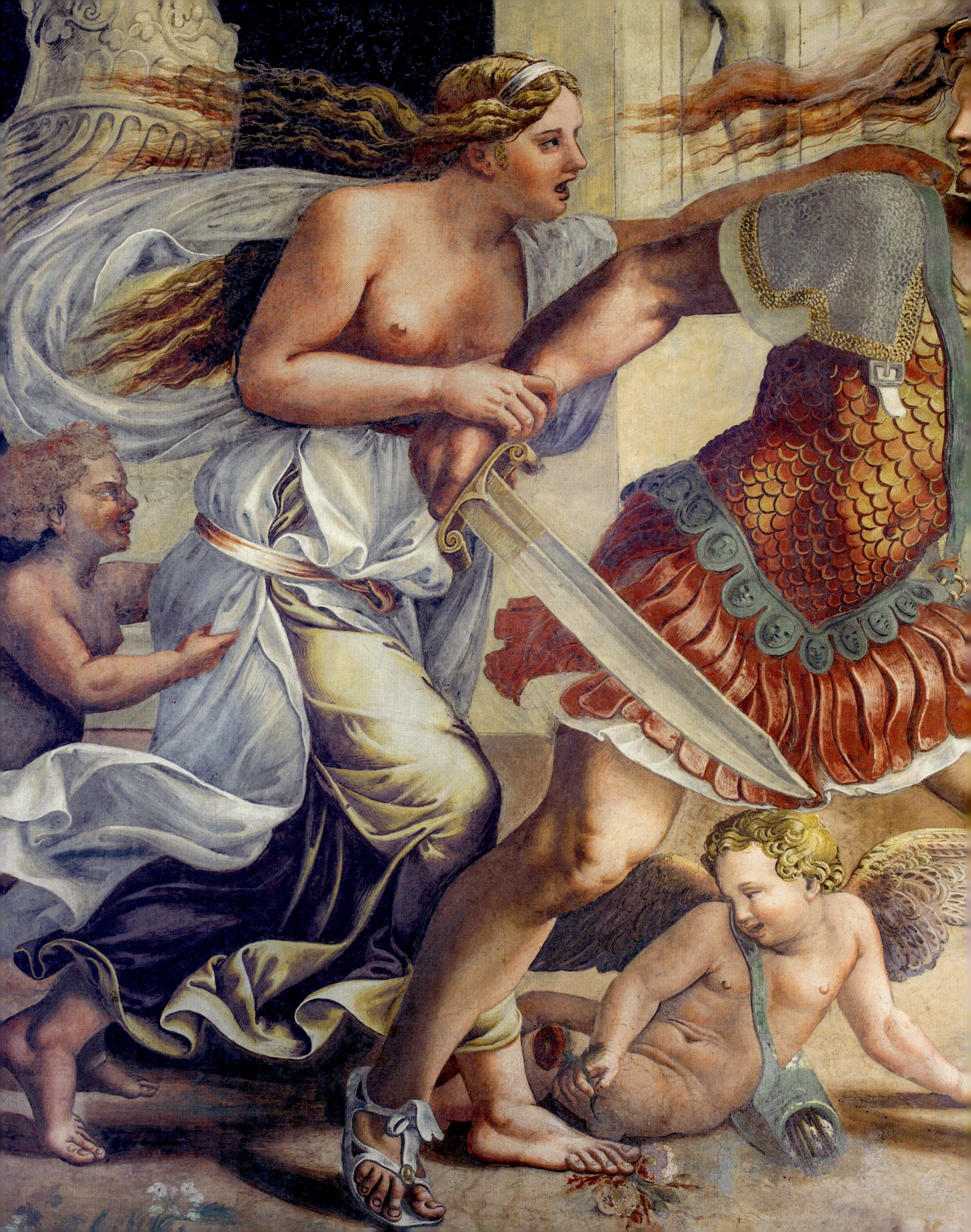

mistero del loro apparire privo di ogni finalità. Oggi la contemporaneità ci porta verso una frontiera ancora più complessa da intendere: in un tempo di cambiamenti rapidi, drammatici, spesso incontrollabili e rapidamente imposti, si diffonde l'esperienza di una instabilità che si presenta come una condizione permanente del nostro tempo in cui si mescolano libertà e autentico terrore. Una instabilità cui si somma il fatto che manca una lingua autenticamente comune, un *kathèkon* che trattenga o controbilanci le frane: mancano i miti da leggere assieme, manca anche la biblioteca nella quale trovarli raccolti. Ce li si inventa o li si esperisce sotto forma di manie, di riferimenti tanto intensi quanto provvisori, di simulacri (come la nazione o peggio la razza o l'identità). Alla paura si aggiunge quindi una solitudine di tipo moderno, la cui cattiveria è data dalla sensazione che sia caduta la stessa possibilità di condividere socialmente conoscenze e linguaggi e ci si avvii dunque verso una diffusa atomizzazione sociale[3]. Per questo motivo assume rilevanza la capacità culturale di pensare la metamorfosi, così come può essere assunta la fecondità di ogni malinteso o fraintendimento linguistico o concettuale. Non per trattenerla, impedirla, ma per coglierla come inesauribile fonte di meraviglia e di novità, per fare in altri termini «amicizia» con il cambiamento, assumendolo come una condizione necessaria, fertile e aperta al farsi di una comunità fondata sulla tolleranza, sulla libertà, così come, anche, sugli errori e le imprecisioni che esse portano con sé.
Questo è un messaggio centrale di Palazzo Te, che letteralmente è stato concepito come una camera delle meraviglie, come un labirinto di metamorfosi che in dieci anni è stato portato allo splendore – pur rimanendo per secoli incompiuto – traendo esplicitamente ispirazione da Ovidio. Il suo poema, tradotto, stampato, divulgato nel Cinquecento italiano racconta il farsi del mondo antico. In esso il mito e la metamorfosi spiegano i segreti della natura, la transizione dal caos all'ordine pur accettando l'arbitrio dei singoli eventi, l'instabile umanizzazione degli dei e l'altrettanto vacillante divinizzazione dell'umano. L'intero palazzo è costellato di riferimenti espliciti a storie di trasformazioni che risuonano dall'antichità, dalla citazione diretta di Ovidio nell'appartamento cosiddetto femminile[4], per passare alla Sala di Amore e Psiche (figg. 1, 2, 7), alla rincorsa di Venere, Marte e Adone (fig. 3), alla Gigantomachia finale (fig. 4). La sua architettura è una raccolta antologica, un libro di racconti, un testo poetico.

and true terror are blended together. An instability that is added to the fact that an authentically common language is lacking, a *kathèkon* to hold back or counterbalance the landslides: the myths to read together are lacking, a library in which we can find them collected is also lacking. These are invented or experienced in the form of manias, of references that are both intense and provisional, of simulacra (such as the nation, or worse, race or identity).
Added to fear, therefore, there is a loneliness of the modern kind, the wickedness of which comes from the sensation that the very possibility of sharing knowledge and languages socially has disappeared, and that we are therefore heading towards a widespread social fragmentation.[3] For this reason, a certain importance is now being acquired by the cultural capacity to think of metamorphosis, just as the fertility of any linguistic or conceptual misunderstanding can be admitted. Not to hold it back, to prevent it, but to grasp it as an inexhaustible source of wonder and innovation, in other words, to "make friends" with change, assuming it as a necessary condition that is fruitful and open to the action of a community based on tolerance, on freedom, as well as on the errors and inaccuracies that these bring with them.
This is a central message of Palazzo Te, which was conceived literally as a *Wunderkammer*, a labyrinth of metamorphoses that in ten years was been brought to a splendid state—though remaining incomplete for centuries—expressly drawing inspiration from Ovid. His poem, translated, printed, made available in 16th century Italy, tells of the affairs of the ancient world. In it myth and metamorphosis explain the secrets of nature, the transition from chaos to order, by accepting the arbitrary nature of individual events, the unstable humanisation of the gods and the equally vacillating deification of the human. The whole building is dotted with explicit references to stories of transformations that have resounded from antiquity, from the direct citing of Ovid in the so-called female[4] apartment, entering the Room of Cupid and Psyche (figg. 1, 2, 7) in search of Venus, Mars and Adonis (fig. 3), to the finale of the Gigantomachy (fig. 4). Its architecture is an anthological collection, a book of stories, a poetic text.

fig. 3. Giulio Romano e collaboratori /and collaborators, *Venere, Marte e Adone* [Venus, Mars and Adonis], 1526-1528 ca., Mantova / Mantua, Palazzo Te, Sala di Amore e Psiche / Room of Cupid and Psyche, particolare / detail

pagine seguenti / following pages
fig. 4. Rinaldo Mantovano, Fermo Ghisoni, Luca da Faenza, *Gigantomachia* [Gigantomachy], 1532-1534, Mantova / Mantua, Palazzo Te, Sala dei Giganti / Room of the Giants, particolare / detail

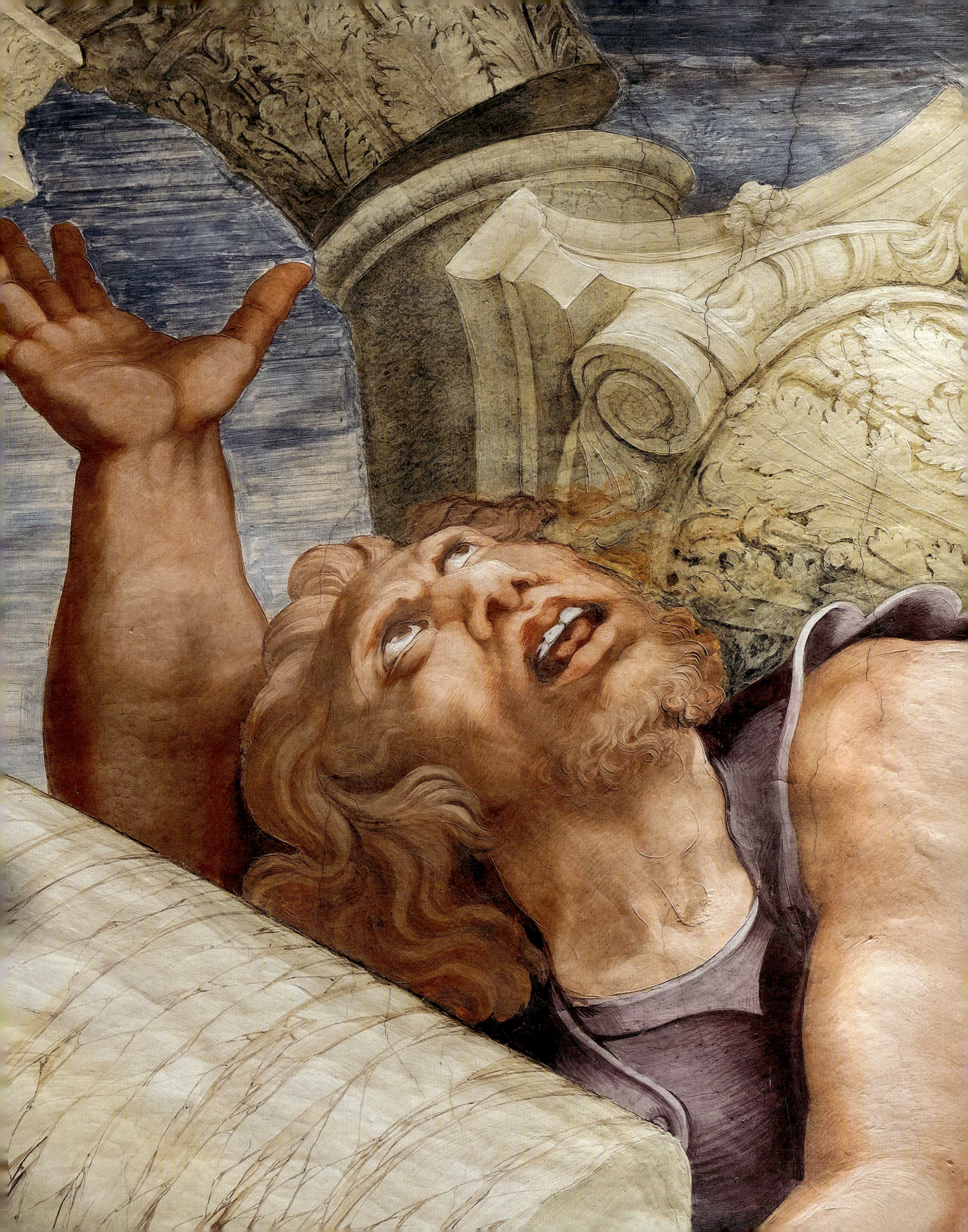

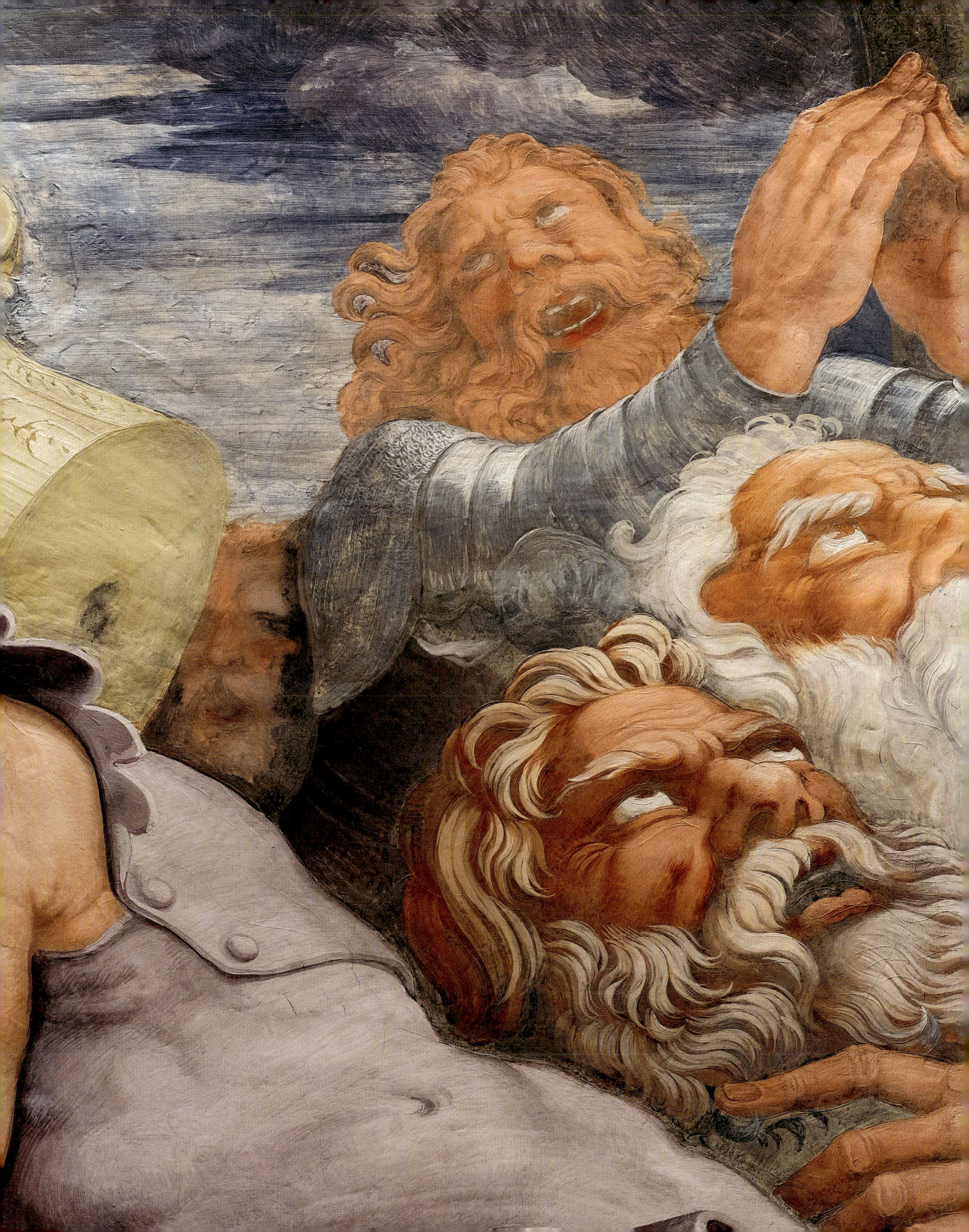

Le scelte di Giulio Romano

Dall'immenso repertorio mitico offerto da Ovidio, Giulio Romano, componendo il progetto di Palazzo Te, ha scelto alcuni frammenti e li ha composti in una grande scena teatrale.
I registi della storia sono Afrodite-Venere e suo figlio Eros, colui che provoca il desiderio amoroso (Sala di Amore e Psiche). Come dea dell'armonia, del desiderio e della visione, Afrodite, che danza con le Cariti e si infuria di desiderio, sostiene in equilibrio prezioso e instabile la conoscenza visibile del mondo e al tempo stesso la sua desiderabilità corporea. Venere con la sua discendenza, accende il cambiamento e la conoscenza, provoca squilibrio, desiderio, e innesca l'azione drammatica[5].
I protagonisti sono grandi dei, Zeus per primo, coinvolti talvolta dall'impulso di Eros, talaltra dagli errori o dagli eroismi umani, oppure dalle minacce di creature intermedie come i Giganti. Partecipano attivamente al cambiamento generato da Venere, ma poi garantiscono un lieto fine, essendo anche in grado di portare governo e pacificazione, sapienza e ordine.
Il divenire, il tempo che corre, la luna che insegue il sole inscritta nei modelli statuari antichi (Sala del Sole e della Luna, fig. 5), danno il ritmo del palazzo che resta sospeso tra cambiamenti rutilanti e forme classiche, che indicano la durata, l'eternità.
La meraviglia – la struttura a sequenza sorprendente di sala in sala, la natura delle pareti e degli oggetti, è l'intonazione complessiva che il palazzo suscita – è, se vogliamo, l'episteme, il modo di conoscere, che viene suggerito dall'intero progetto e il suo regalo più grande, ancora oggi[6].
Cosa ci raccontano Giulio Romano e il suo committente Federico II, se osserviamo la loro opera da questa angolatura? Cosa essa lascia di essenziale alla contemporaneità rispetto a questa cruciale questione del rapporto con la trasformazione? L'ipotesi è che, cifrata nei riferimenti più letterali ai passaggi della poesia latina, la narrazione delle *Metamorfosi* a Palazzo Te ci conduca verso il riconoscimento di una esperienza essenziale relativa al tempo e al senso, instabile, dell'umano in esso. Come se l'umano fosse sospeso inesorabilmente tra la provvisorietà dell'istante e la durata immutabile delle forme ereditate dal passato, forme archetipe degli dei, che si connettono simultaneamente al presente, rigenerandosi in un atto in cui arte è al tempo stesso scienza, memoria e gioco erotico, modelli antichi, libertà e trasformazione, caos e legge, violenza e auspicio di giustizia: storia e arte.

The Choices of Giulio Romano

From the huge mythical repertoire offered by Ovid, Giulio Romano, when drafting the project for Palazzo Te, chose a number of fragments and composed them in a grand theatrical scene.
The story is contrived by Aphrodite-Venus and her son Eros, he who provokes amorous desire (the Room of Cupid and Psyche). As goddess of harmony, desire and vision, Aphrodite, who dances with the Graces and is wild with desire, sustains the visible knowledge of the world and at the same time her corporeal desirability in a precious and unstable balance. Venus, with her offspring, sparks change and knowledge, provokes imbalance, desire, and triggers dramatic action.[5]
The protagonists are the great gods, Zeus first and foremost, sometimes involved at the prompting of Eros, at others by human errors or heroics, or by the threats of intermediary creatures such as the Giants.
They participate actively in the changes generated by Venus, but then they guarantee a happy ending, also being able to bring governance and pacification, wisdom and order.
Change, the passing of time, the moon pursuing the sun inscribed in the models of ancient statuary (Room of the Sun and the Moon, fig. 5), set the rhythm of the building, which remains poised between striking changes and classical forms indicating duration, eternity.
Wonder, the structure with a surprising sequence from room to room, the nature of the walls and objects, is the overall intonation that the building arouses; still today, it is, if you will, the episteme, the way of knowing, which is suggested by the entire project and its greatest gift.[6]
What do Giulio Romano and his patron Federico II tell us, if we observe their work from this perspective? What does it leave of the essential to the contemporary world regarding this crucial question of the relationship with transformation? The hypothesis is that, encoded in the most literal references to the passages of Latin poetry, the narration of the *Metamorphoses* in Palazzo Te leads us to the recognition of an essential experience relating to time and the unstable meaning of the human in it. As though the human were inexorably poised between the provisional nature of the instant and the immutable duration of forms inherited from the past, archetypal forms of the gods, which are simultaneously connected to the present, regenerating themselves in an act in which art is at the same time science, memory and an erotic game, ancient models, liberty and transformation, chaos and law, violence and the desire for justice: history and art.

Metamorfosi dunque come atto (afroditico) di partecipazione, armonica e pacificata, all'instabile dinamica tra passato e presente, accadere simultaneo del provvisorio e del durevole, del desiderio che, incompiuto, proietta l'istante nell'infinito e sgomina il senso comune con tutti i suoi limiti. Metamorfosi quindi come arte della memoria, arte di racconto storico al tempo stesso esatto e disponibile alla libertà propria della scoperta, dell'invenzione.
Si tratta di una ipotesi che deve essere esplorata con calma ed esattezza, a partire da un'analisi specifica del testo visivo e spaziale che si dispiega nelle sale del palazzo, così come del suo contesto produttivo e semantico. Il tema della metamorfosi è, infatti, saldamente al centro delle riflessioni artistiche e filosofiche lungo tutta la modernità. Certamente lo è nella cultura cinquecentesca che dal mito antico attinge a piene mani per comporsi in un amalgama capace di combinare magia e meccanica; ma anche successivamente, nel tempo del pensiero della potenza dalla metà del Seicento in poi fino ai giorni nostri.
Esplorare questa presenza ci conduce al cuore della questione contemporanea: l'evidenza che tutto, forse anche il tempo e lo spazio, certamente l'umano e il naturale, sono sospesi in una rete di relazioni intrinsecamente provvisorie, instabili, soggette alle differenze, alle scomposizioni e ricomposizioni simboliche, ai fraintendimenti: al cambiamento. Non si tratta di chiederci, dunque, cosa tatticamente cambiare o come, magari per rimanere quello che siamo stati, ma di verificare l'attendibilità di una interrogazione radicale che vede nella metamorfosi il tratto costitutivo della storia e della conversazione tra necessità e libertà, ovvero della condizione umana e della sua relazione al tempo. Una esperienza nella quale vengono messi in gioco la nostra intimità, la nostra capacità di formare mondi, di averne memoria, di approfondire una lingua reinventandola poeticamente, di cogliere ciò che rende dicibile la vita e il suo senso anche a costo di esplorarne il limite. Metamorfosi è il messaggio che Palazzo Te lancia fino ai giorni nostri; esso induce una riflessione che si rivolge all'antico, al senso della modernità, ma soprattutto a una capacità di visione al tempo stesso libera, creativa e critica, che si presenta come compito educativo, sociale e politico della contemporaneità.

Metamorphosis, therefore, as an (aphroditic) act of participation, harmonious and reconciled, in the unstable dynamic between past and present, the simultaneous happening of the provisional and the durable, of the desire that, unfulfilled, projects the instant into the infinite and chases away common sense with all its limits. Metamorphosis, therefore, as art of memory, art of historical tale, at the same time exact and available to the freedom of discovery, of invention.
This is a hypothesis that must be explored with calmness and exactness, starting from a specific analysis of the visual and spatial text that unfolds in the rooms of the building, as well as of its productive and semantic context. The theme of metamorphosis has, in fact, been firmly at the centre of artistic and philosophical reflections throughout modernity. It certainly was in 16th century culture, which drew widely on ancient myth to compose itself in an amalgam capable of combining magic and mechanics; but also subsequently, in the time of the thoughts of power from the mid-17th century onwards up to the present day.
Exploring this presence takes us to the heart of the contemporary issue: the evidence that everything, perhaps even time and space, the human and the natural, is suspended in a network of relations that are intrinsically provisional, unstable, subject to difference, to symbolic decompositions and recompositions, to misunderstandings: to change. It is not a matter, therefore, of asking ourselves what to change tactically or how, maybe, to remain what we have been, but to verify the reliability of a radical interrogation that sees metamorphosis as the constituent factor in history and the conversation between necessity and freedom, or of the human condition and its relationship with time. An experience in which our intimacy, our capacity to form worlds, to have memories of them, to develop a language reinventing it poetically, to grasp what makes life and its meaning expressible, even at the cost of exploring its limits, are all brought into play. Metamorphosis is the message that Palazzo Te sends to the present day; it prompts a reflection that addresses the ancient, the meaning of modernity, but above all a capacity for vision that is at the same time free, creative and critical, that presents itself as the educational, social and political task of the contemporary world.

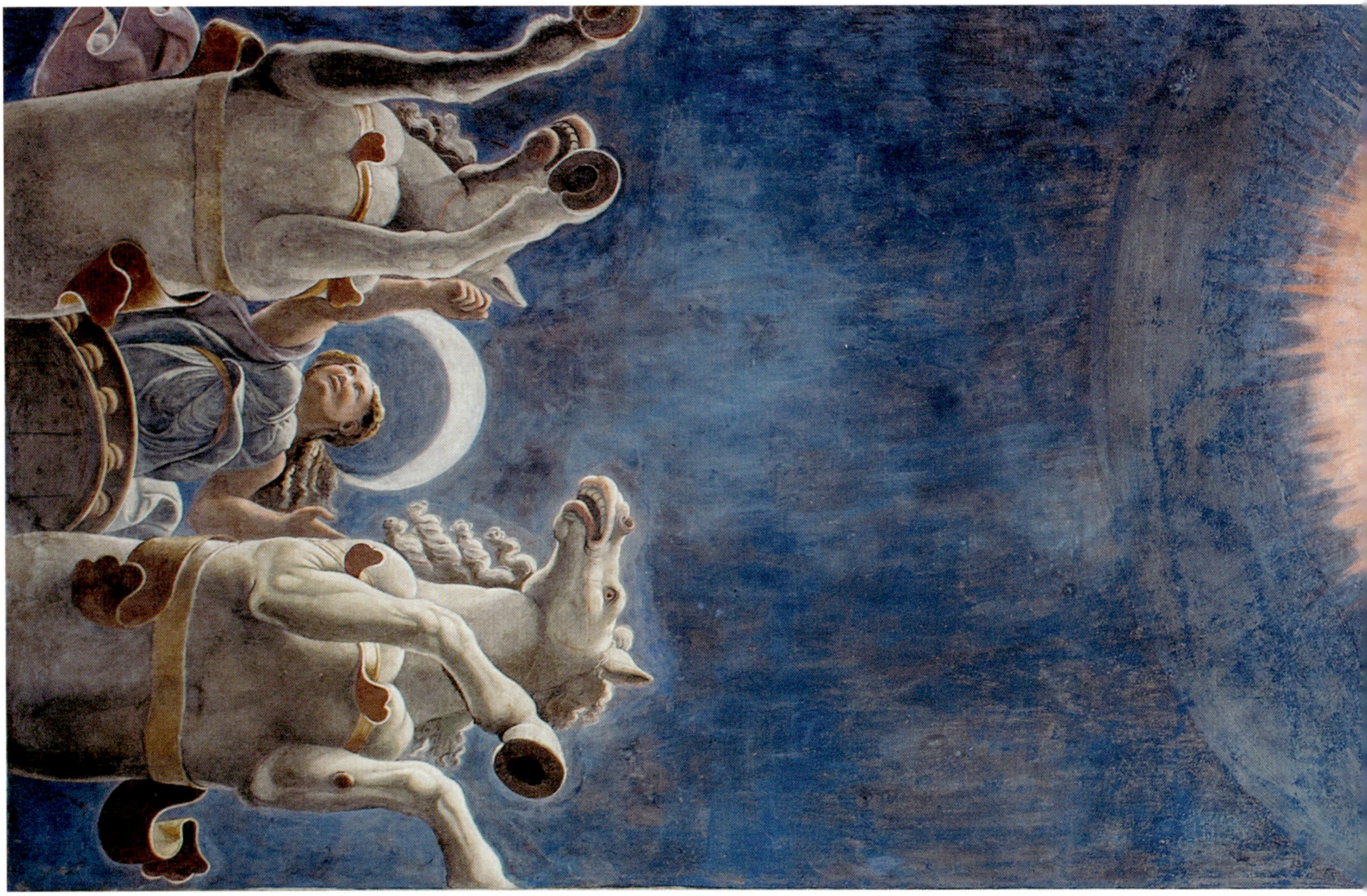

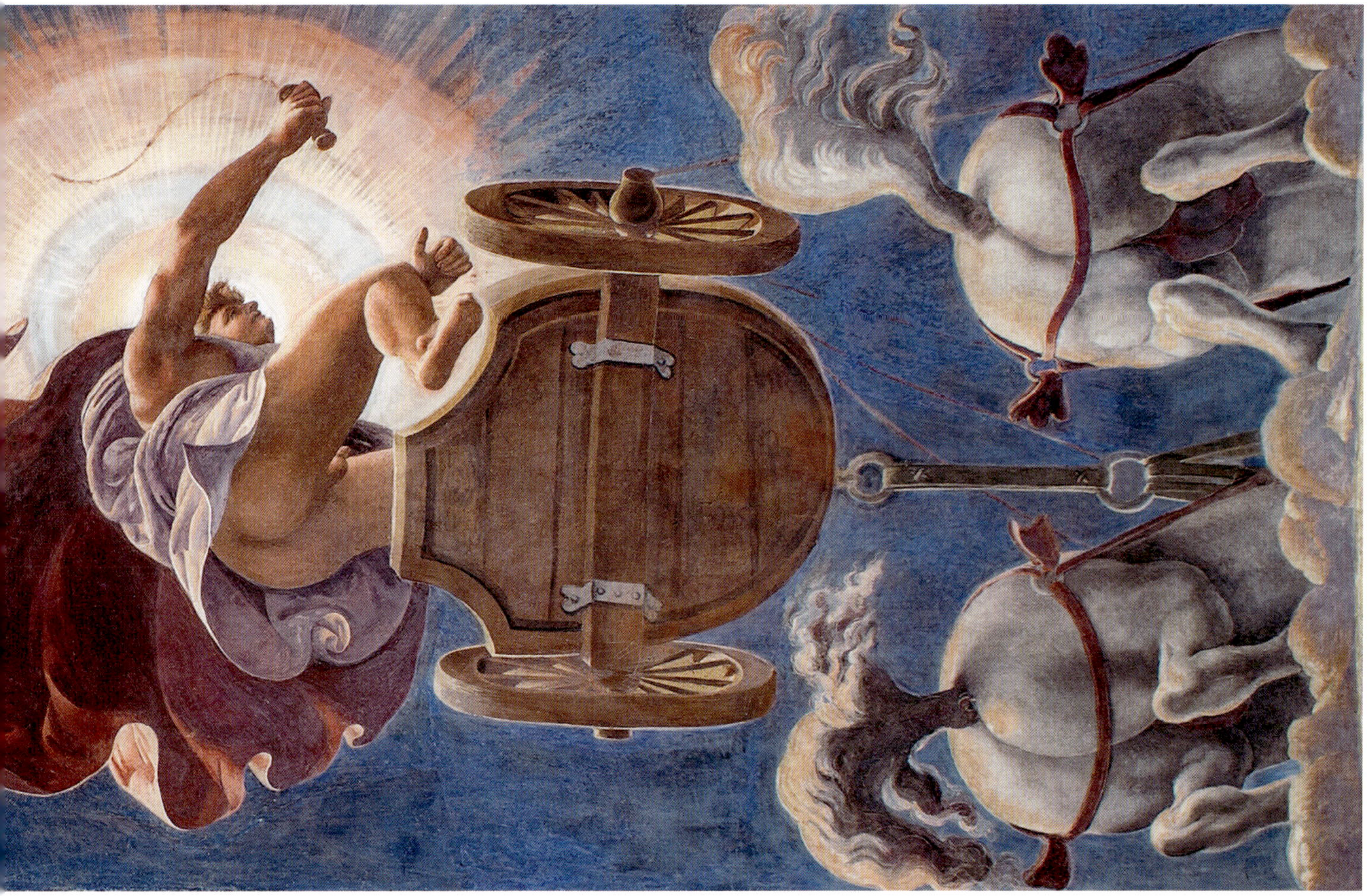

fig. 5. Primaticcio (attr.),
I carri della Luna e del Sole
[The chariots of the Sun
and the Moon], 1527-1528,
Mantova / Mantua, Palazzo Te,
Sala del Sole e della Luna /
Room of the Sun and the Moon

Metamorfosi, conoscenza e storia

> Al tempo del Grande Corvo, anche l'invisibile era visibile.
> E continuamente si trasformava.
> Gli animali allora non erano necessariamente animali.
> Poteva darsi il caso che fossero animali,
> ma anche uomini, dei, signori di una specie, demoni, antenati.
> E così gli uomini non erano necessariamente uomini,
> ma potevano anche essere la forma transitoria di qualcos'altro. [...]
> Il mutamento era continuo [...] cose, animali, uomini:
> distinzioni mai nette, sempre provvisorie[7].

Etimologicamente, nel greco antico, la parola metamorfosi si riferisce al mutamento delle forme in relazione a una sequenza temporale; la sua corrispondente di origine latina è trasformazione, andare oltre e attraverso la forma, nel tempo. Per come traspare nel mito greco, e così nel racconto poetante di Ovidio, metamorfosi allude a una particolare instabilità, a un mutare imprevedibile, dovuto all'azione plasmatrice degli dei – in particolare di Zeus – che domina il corso della natura. Si tratta di un'azione irrevocabile, tragica (soprattutto per il genere femminile), ma soprattutto enigmatica, e destinata a lasciare tracce permanenti anche se non sempre evidenti. Il senso del racconto metamorfico non è sempre lo stesso: in esso i divini sono travolti da emozioni umane e, viceversa, le passioni umane sono divinizzate. Talvolta il mito aggiunge livelli di lettura, arricchisce l'apparenza delle forme – l'alloro, dal momento in cui sono state scritte le pagine di Ovidio su Apollo e Dafne, resta una pianta che ospita la purezza di una ninfa misteriosamente refrattaria al desiderio – in altri casi invece la metamorfosi spiega una origine, come nel caso di Deucalione e Pirra che rigenerano l'umanità dalle pietre, in altri ancora semplicemente inscena un dramma emotivamente coinvolgente, come nella storia di Atteone sbranato dai suoi stessi cani.
La metamorfosi fa sì che le apparenze naturali e umane, proprio in quanto mutevoli, possano trovare nel mito una magnifica e costruttiva eloquenza. Le cose incarnano così storie, genesi, ragioni, sentimenti, normalmente espressione di un rispecchiamento tra uomini e dei. Uomini e dei: polarità tra loro radicalmente eterogenee che producono una tensione irrisolta tra caos e ordine, una genesi continua che dà forma alla storia e detta la sua leggibilità. Nel poema di Ovidio l'instabilità delle forme, l'arbitrio dell'azione divina, per quanto il racconto non manchi di venature amare, non appare come un problema, come una difficoltà che sfida l'intelletto. Qui la trasformazione è custodita, forse depotenziata, dalla scelta narrativa

Metamorphosis, Knowledge and History

> At the time of the Great Crow, even the invisible was visible.
> And it transformed continually. / The animals then were not
> necessarily animals. / Maybe they were animals,
> But they were also men, gods, lords of a species, demons,
> ancestors. / And so men were not necessarily men,
> But they could also be the transitory form of something
> else. ... / Change was continuous ... things, animals,
> men: / Never clearcut distinctions, always provisional.[7]

Etymologically, in ancient Greek, the word metamorphosis refers to the changing of forms in relation to a temporal sequence; its corresponding term of Latin origin is transformation, to go beyond and through form, in time. As it emerges in Greek myth, and so in Ovid's poetising story, metamorphosis alludes to a particular instability, to an unpredictable change, due to the shaping action of the gods—particularly Zeus—which dominates the course of nature. It is an irrevocable, tragic action (above all for the female gender), but above all it is enigmatic, and destined to leave permanent traces, even if these are not always evident. The meaning of the metamorphic tale is not always the same. In it the divine are crushed by human emotions and, likewise, human passions are deified. Sometimes myth adds levels of interpretation, enriches the appearance of forms. The laurel, from the very moment when the pages on Apollo and Daphne were written by Ovid, remains a plant that plays host to the purity of a nymph who is mysteriously unresponsive to desire. In other cases, metamorphosis explains an origin, as in the case of Deucalion and Pyrrha, who regenerate humanity from stones. In others still, it simply stages an emotionally absorbing drama, as in the story of Actaeon, torn apart by his own hounds.
Metamorphosis ensures that natural and human appearances, precisely because they are changeable, find a magnificent and constructive eloquence in myth. Things thus embody stories, geneses, reasons, feelings, normally the expression of a mirroring between men and gods. Men and gods: polarities that are radically heterogeneous, that produce an unresolved tension between chaos and order, a continuous genesis that gives form to history and dictates its legibility. In Ovid's poem, the instability of forms, the will of divine action - although stories in a bitter vein are not lacking - does not appear as a problem, a difficulty that challenges the intellect. Here the transformation is safeguarded, perhaps weakened, by the narrative decision to place it within the ancient, as an origin far removed from the present time of the poet, which was dominated by the reign of Augustus; far removed, but capable, this no

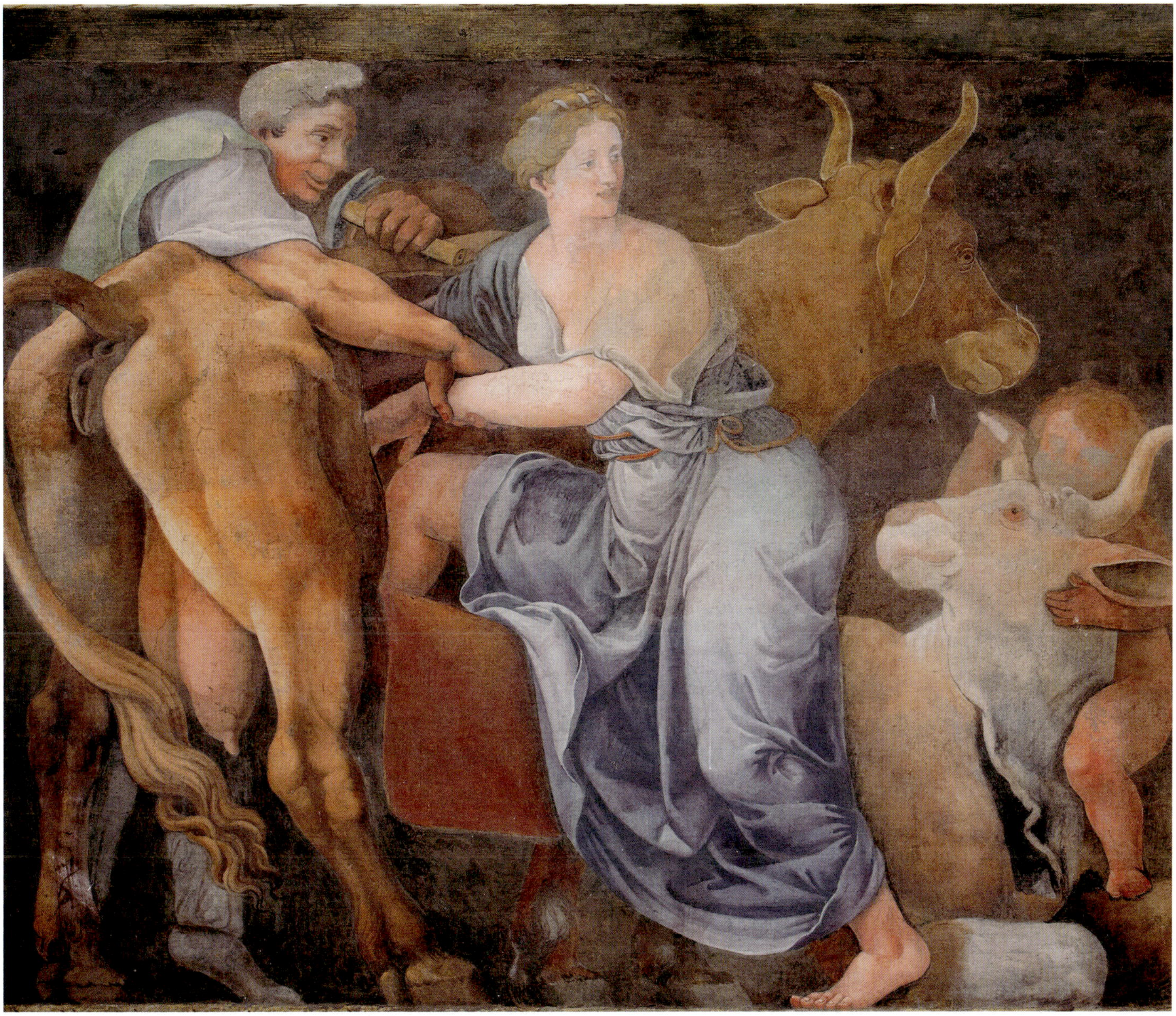

fig. 6. Giulio Romano e collaboratori /and collaborators, *Pasifae e il toro* [Pasiphae and the bull], 1526-1528 ca., Mantova / Mantua, Palazzo Te, Sala di Amore e Psiche / Room of Cupid and Psyche

pagine seguenti / following pages
fig. 7. Giulio Romano e collaboratori /and collaborators, *Banchetto rustico* [The country banquet], 1526-1528 ca., Mantova / Mantua, Palazzo Te, Sala di Amore e Psiche / Room of Cupid and Psyche, particolare / detail

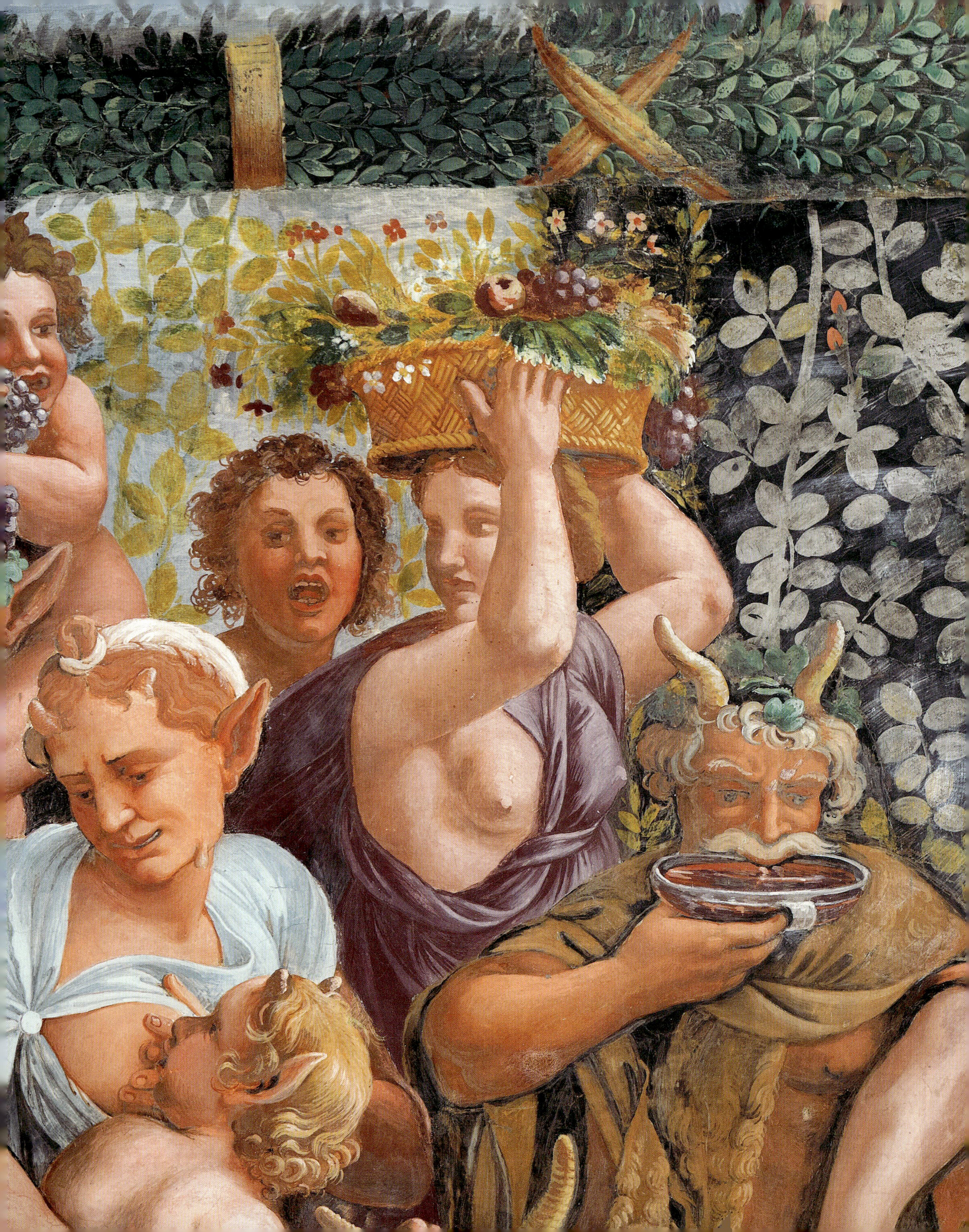

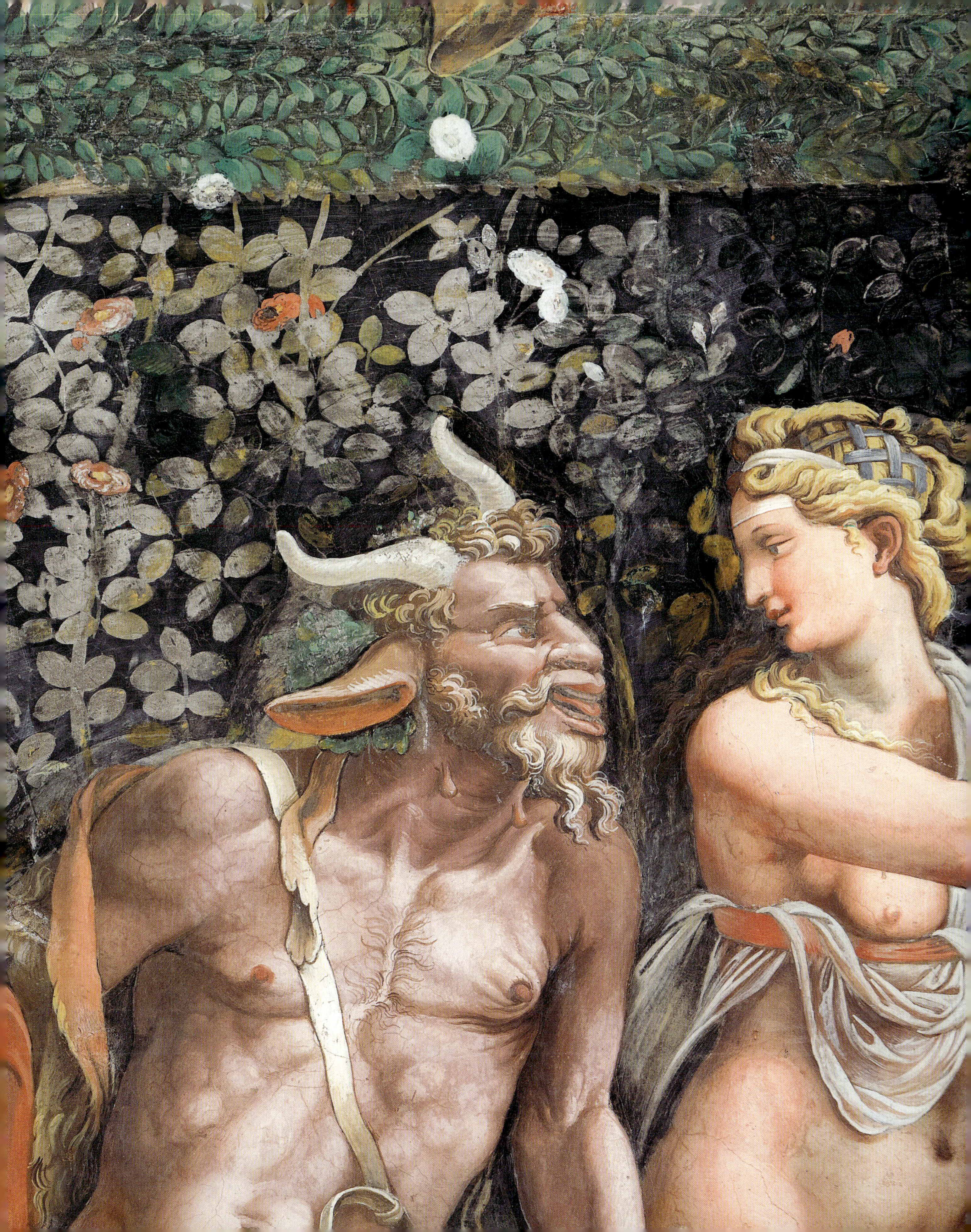

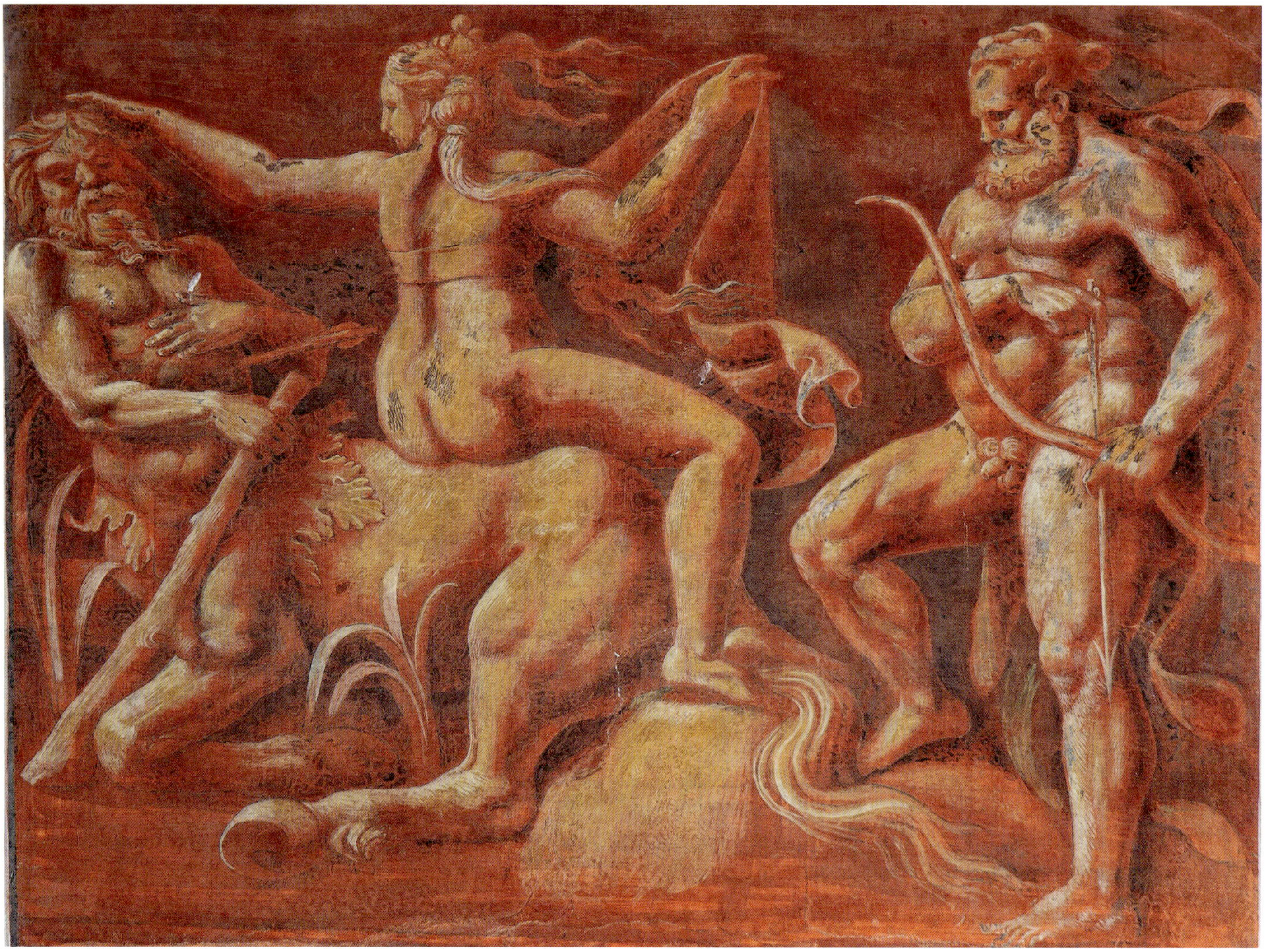

fig. 8. Benedetto Pagni, Rinaldo Mantovano, *Ercole con Nesso e Dejanira* [Hercules, Nessus and Dejanira], 1527-1528, Mantova / Mantua, Palazzo Te, Sala dei Cavalli / Room of the Horses

less, of telling of it as the outcome of a divine design, as a final order.
Changes in forms, the whims of the gods, although bearers of awful consequences, are drawn in Ovid as poetic licences. It is the fantasy that tells of a pre-logical state, indifferent to the principle of non-contradiction, yet which serves to make the present stand out against the colours of a dawn full of wonder. At the same time, also thanks to this distance, metamorphosis succeeds in subtly presenting itself as a condition of reality.
Not only is it affirmed that the world is essentially *in transformation* (metacosmesis), but that the sonorities are gathered of a world inhabited by myth, in which history is fulfilled thanks to the possibility that things can convey themselves, some within others, in a kind of magical intermodality. Human and plant; human and star or constellation, fragment of sky; human and stone: Ovid uses transformations to tell of a world the time of which is not extraneous to the divine. A world in which forms adhere to the instant without mediations, accepting in every instant, in every event, the change that is requested by the event itself (and from the god that inhabits it), drawing all its juice out of it, whether sweet or bitter.

> We are in a universe in which forms densely fill the space, continually exchanging each other's qualities and dimensions, and the flow of time is filled with a proliferation of stories and cycles of stories. Terrestrial forms and stories repeat celestial forms and stories, but both wrap around each other in a double spiral. The continuity between gods and human beings … is one of the dominant themes of the *Metamorphoses*, but it is only a particular case of the continuity between all the figures and forms of the existing. Fauna, flora, the mineral realm and the firmament encapsulate in their common substance what we are used to considering as human, as a set of corporeal, psychological and moral qualities.[8]

This strange rhetorical artifice, present in Ovid's poem, as in that of Apuleius, or in the more recent *Poimandres* and in other sapiential and poetic texts (consider Ariosto) from the time of Giulio Romano, enables the vision to emerge of a knowledge that has filtered through from time immemorial, pre-Homeric, of genesis, golden, untouched by any compromise or decline. Perhaps for this reason Roberto Calasso has touched on the hypothesis that metamorphosis outlines a kind of possible archaeology of Western thought; a place of origin, a common first principle of knowledge, a background against which the modern stands out on account of its difference, in a kind of epistemic opposition that outlines the battle between giants, between Homer and Plato, between poetry and

di collocarla nell'antico, come una origine lontana dal tempo presente del poeta, dominato da Augusto; lontana, ma capace, ciò non di meno, di raccontarlo come l'esito di un disegno divino, come ordine finale.
Il cambiamento delle forme, il capriccio degli dei, per quanto portatori di tremende conseguenze, si disegnano in Ovidio come licenze poetiche. È la fantasia che narra di uno stato prelogico, indifferente al principio di non contraddizione, che però serve a stagliare il presente sui colori di un'alba piena di meraviglia. Nello stesso tempo, anche grazie a questa distanza, la metamorfosi riesce sottilmente a proporsi come una condizione del reale. Non solo si afferma che il mondo è essenzialmente *in trasformazione* (metacosmesi), ma si raccolgono le sonorità di un mondo abitato dal mito, nel quale la storia si compie grazie alla possibilità che le cose possano transitare le une dentro le altre, in una sorta di magica intermodalità. Umano e vegetale; umano e stella o costellazione, frammento di cielo; umano e pietra: Ovidio usa le trasformazioni per raccontare un mondo il cui tempo non è estraneo al divino. Un mondo nel quale le forme aderiscono all'istante senza mediazioni, accettando in ogni istante, a ogni evento, il cambiamento che dall'evento stesso (e dal dio che lo abita) è chiesto, traendo da esso ogni succo, dolce o amaro che sia.

> Siamo in un universo in cui le forme riempiono fittamente lo spazio scambiandosi continuamente qualità e dimensioni, e il fluire del tempo è riempito da un proliferare di racconti e di cicli di racconti. Le forme e le storie terrestri ripetono forme e storie celesti ma le une e le altre si avvolgono a vicenda in una doppia spirale. La continuità tra dei ed esseri umani [...] è uno dei temi dominanti delle *Metamorfosi*, ma non è che un caso particolare della continuità fra tutte le figure e forme dell'esistente. Fauna, flora, regno minerale, firmamento inglobano nella loro comune sostanza ciò che usiamo considerare umano come insieme di qualità corporee e psicologiche e morali[8].

Questo strano artificio retorico, presente nel poema di Ovidio, così come in quello di Apuleio, o nel più recente Pimandro e in altri testi sapienziali e poetici (si pensi all'Ariosto) che abitano il tempo di Giulio Romano, lascia trasparire la visione di un sapere che filtra dalla notte dei tempi, preomerico, genetico, aureo, intoccato da ogni compromesso o decadenza. Forse per questo Roberto Calasso ha accarezzato l'ipotesi che la metamorfosi tratteggi una sorta di possibile archeologia del pensiero occidentale; un luogo di origine, una comune *arché* del conoscere, uno sfondo su cui si staglia per differenza il moderno, in una sorta di opposizione epistemica che tratteggia la battaglia tra giganti, tra

Omero e Platone, tra poesia e filosofia, tra coro e individuo. «L'uomo della metamorfosi è il primo nemico [di Platone], in quanto è colui che non solo non espelle alcun carattere, ma è in grado di passare dall'uno all'altro, come giocando su diverse tastiere e tornando infine a se stesso. Primo di questi uomini era stato Omero»[9].

Questa disposizione relega però il mito e il senso del trasformarsi magico e meraviglioso del mondo in un'epoca lontana, mitica appunto, destinata a sopravvivere oggi solo per ricordi, fragili fantasie, al più nostalgie. È questo, pur nella sua suggestione, l'unico modo di pensare al pensiero intessuto di metamorfosi e di miti? In proposito la posizione di Claude Levi Strauss è molto chiara: «Pretendere di ridurre il pensiero magico a un momento o una tappa dell'evoluzione tecnica e scientifica, significherebbe rinunciare ad ogni possibilità di comprenderlo» e continua: «Il pensiero magico [quello che ospita la centralità noetica del mito, nota di chi scrive] è un sistema ben articolato, indipendente da quell'altro sistema che la scienza sta costruendo, salvo un rapporto di analogia formale che fa del primo una sorta di espressione metaforica del secondo». Per concludere: «Invece di contrapporre magia e scienza, meglio sarebbe metterle a raffronto come due modi di conoscenza, diseguali nei risultati teorici e pratici, ma non rispetto al genere di operazioni mentali che entrambe presuppongono»[10].

Non si tratta quindi di depotenziare il mito, con i suoi riferimenti metamorfici e magici, riducendolo a una tappa superata del pensiero rispetto alla scienza, ma di osservare la coesistenza di diverse forme di conoscenza, all'interno delle quali mito e scienza costituiscono poli diversi assieme ad altri tra cui, per esempio, l'esperienza dell'arte (la poesia) e la mistica[11].

Metamorfosi dunque non può essere riferita solo a un modo «antico» del conoscere, ma a una possibilità di relazione e di conoscenza rivolta al mistero del divenire, alla instabilità delle forme, al tempo, alla mortalità, che percorre la storia della cultura europea. A questa coesistenza fa riferimento la straordinaria fortuna delle *Metamorfosi* di Ovidio che resta come un grande serbatoio di ispirazione per la letteratura e la pittura europea approdando nei cicli di pitture custodite da Palazzo Te e nella ricchezza di riferimenti metamorfici che costella l'universo immaginifico del Cinquecento: non un prima e un dopo, ma uno stare insieme, di mito e scienza, di metamorfosi e meccanica, che si presenta in tutta la sua enigmaticità e nella sua capacità di riverberare suggestioni che arrivano alla contemporaneità[12].

philosophy, between chorus and individual. "The man of metamorphosis is the first enemy [of Plato], as it is he who not only does not expel any character, but is capable of passing from one to the other, as though playing on various keyboards and finally returning to himself. The first of these men was Homer."[9]

This disposition, however, relegates myth and the sense of the magical and marvellous transformations of the world into a far-off, indeed mythical age, only destined to survive today through memories, fragile fantasies, mostly forms of nostalgia. Is this, even in its suggestion, the only way of thinking of the interwoven thought of metamorphoses and myths? The position of Claude Lévi-Strauss on the subject is very clear: "One deprives oneself of all means of understanding magical thought if one tries to reduce it to a moment or stage in technical and scientific evolution," and he continues: "Magical thought [that which entertains the noetic centrality of myth, note by the present author] forms a well-articulated system, and is in this respect independent of that other system which constitutes science, except for the purely formal analogy which brings them together and makes the former a sort of metaphorical expression of the latter." To conclude: "It is therefore better, instead of contrasting magic and science, to compare them as two parallel modes of acquiring knowledge. Their theoretical and practical results differ in value ..., not so much in kind as in the different types of phenomena to which they are applied."[10]

It is not a matter, therefore, of disempowering myth, with its metamorphic and magical references, reducing it to a stage of thought that has been surpassed by science, but of observing the coexistence of various forms of knowledge, within which myth and science form different poles together with others, including, for example, the experience of art (poetry) and mysticism.[11]

Metamorphosis, therefore, cannot be referred solely to an "ancient" mode of knowledge, but to a possibility of relating and knowing directed at the mystery of change, at the instability of forms, at time, at mortality, running through the history of European culture. This coexistence is referenced by the extraordinary success of Ovid's *Metamorphoses*, which remains a huge reservoir of inspiration for European literature and painting, arriving at the cycles of paintings in Palazzo Te and at the wealth of metamorphic references that pervade the imaginative universe of the 16th century: not a before and an after, but the joint presence of myth and science, of metamorphosis and mechanics, which is presented in all its enigmatic quality and in its capacity to reverberate suggestions that reach to the contemporary age.[12]

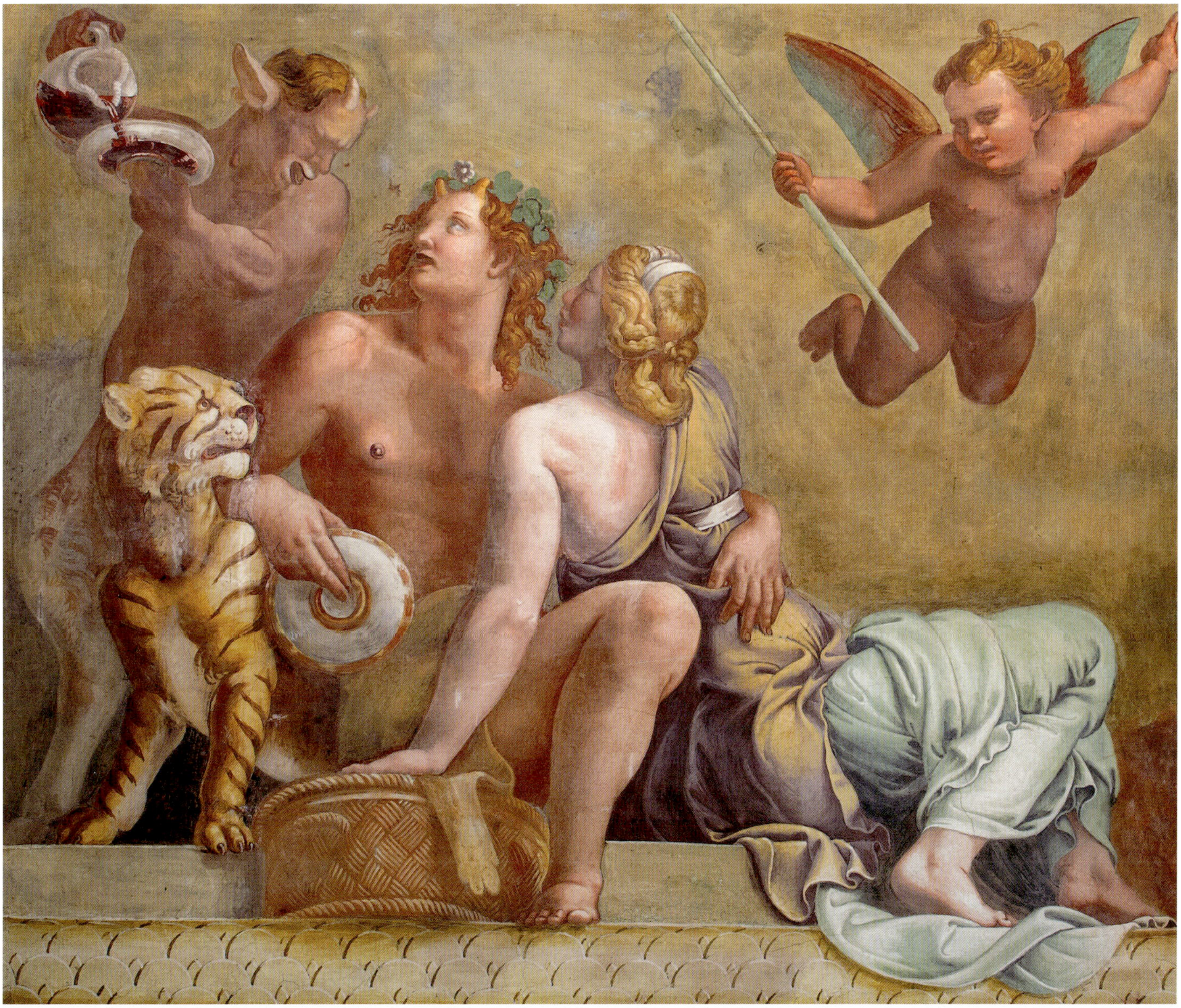

fig. 9. Anselmo Guazzi, Agostino da Mozzanica, Andrea Conti, *Bacco e Arianna* [Bacchus and Ariadne], 1527, Mantova / Mantua, Palazzo Te, Camera di Ovidio o delle Metamorfosi / Room of Ovid or Metamorphoses

pagine seguenti / following pages
fig. 10. Anselmo Guazzi, Agostino da Mozzanica, Andrea Conti, *Orfeo agli inferi con Euridice* [Orpheus and Eurydice in the underworld], 1527, Mantova / Mantua, Palazzo Te, Camera di Ovidio o delle Metamorfosi / Room of Ovid or Metamorphoses

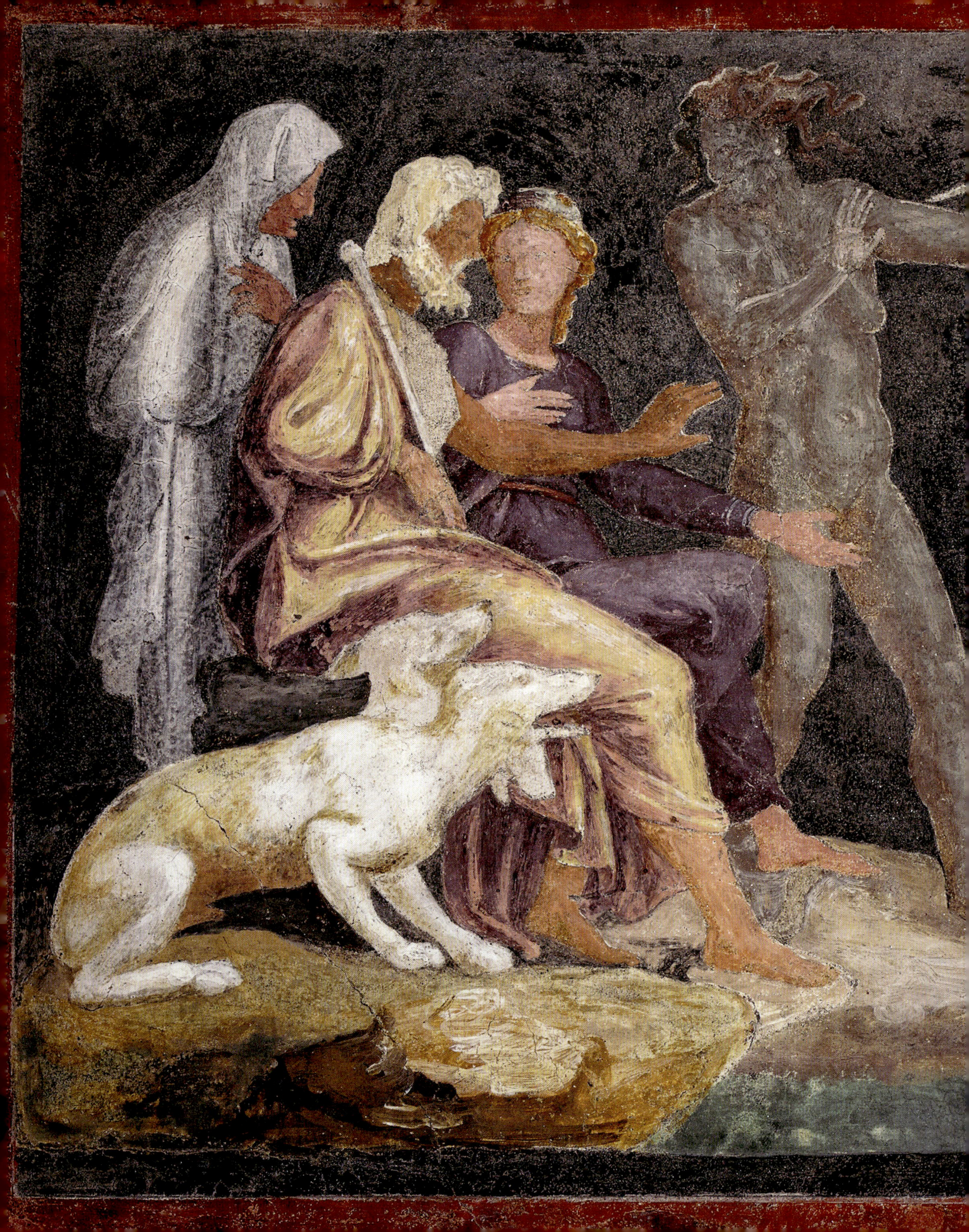

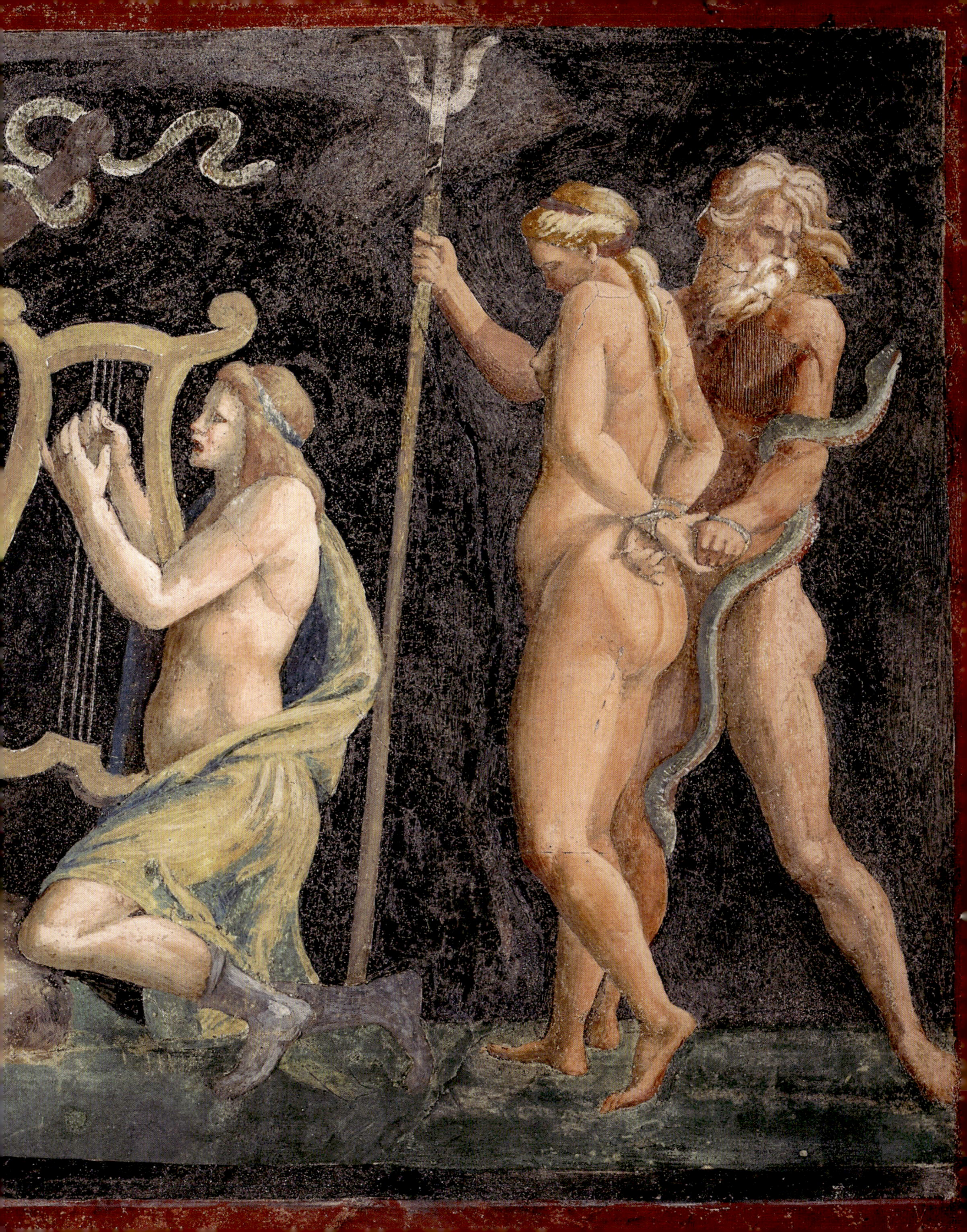

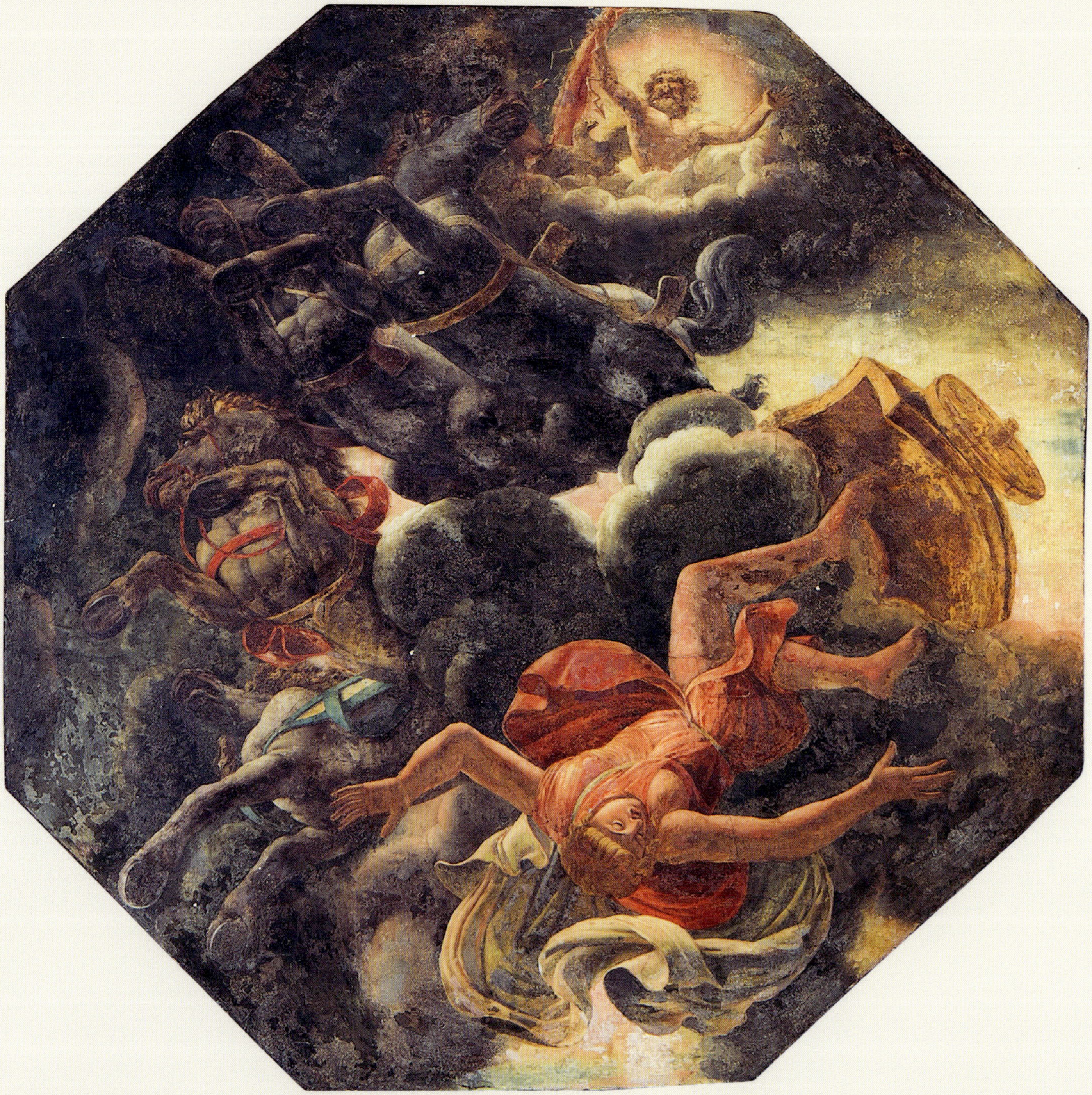

Picasso a Palazzo Te

> Se tutte le tappe della mia vita
> potessero essere rappresentate come punti
> su una mappa e unite con una linea,
> il risultato sarebbe la figura del Minotauro.
>
> Pablo Picasso, *Minotauromachia,* 1935

Si è già accennato alla centralità del tema della metamorfosi per la lettura di Palazzo Te e per la cultura cinquecentesca in generale. La decisione di approfondire, in questa prospettiva, il lavoro di Picasso è nata da una serie di conversazioni con Annie Cohen-Solal, autrice di una importante ricerca sull'artista, sulle sue complesse vicende identitarie come artista spagnolo espatriato in Francia e sulla sua capacità di articolare un rapporto con il cambiamento: sia nella sua pratica artistica che si sposta continuamente, per tutta la vita, esplorando la frontiera del possibile nell'arte contemporanea, sia nella sua presenza politica che si confronta con la precarietà amministrativa e le rigidità istituzionali.
Ad Annie, che ha curato la mostra anche con la preziosa collaborazione del Musée Picasso di Parigi e con la generosa complicità di Xavier Vilató, è affidato il compito, in questo volume, di delucidare il senso della mostra e la sequenza delle opere in essa esposte. È rilevante però, in premessa, chiarire che si tratta di una mostra di ricerca, che muove da una interrogazione provocata dal lavoro che l'artista sviluppa su commissione di Albert Skira nel 1930, sulle *Metamorfosi* di Publio Ovidio Nasone (catt. 2-4, 47-52). Questo perché, evidentemente, tale lavoro crea un ponte con gli affreschi di Giulio al Te, una relazione indiretta, ma esplicita, nel riferimento a miti comuni come quello di Fetonte (fig. 11) e quello relativo alla vicenda di Orfeo ed Euridice (fig. 10).
Esiste però anche un'altra ragione, forse più profonda: il riferimento diretto al mito antico, al tema della metamorfosi, alle storie orfiche indica una pista di ricerca, conduce in modo diretto a esplorare il rapporto dell'artista con l'esperienza e la pratica della poesia. Della poesia e dei poeti, Max Jacob e Guillaume Apollinaire tra molti, che incontra fin dal suo primo arrivo a Montmartre e che frequenta poi finché la vita glielo consente. Picasso sceglie sovente poeti come amici e compagni di viaggio, illustra i loro libri, accetta di mescolare l'arte visiva con la letteratura, e poi diventa egli stesso un poeta, scrivendo testi di straordinaria intensità, e approda proprio nel rapporto con l'arte poetica e con Ovidio alla figura – alter ego – del Minotauro. Il suo rapporto con il mito, con il racconto delle *Metamorfosi*, non sembra quindi essere

Picasso at Palazzo Te

> If all the ways I have been along
> were marked on a map
> and joined with a line,
> it might represent a Minotaur.
> Pablo Picasso, *Minotauromachy*, 1935

We have already mentioned the centrality of the theme for the interpretation of Palazzo Te and for 16th century culture in general. The decision to look deeper, from this perspective, into the work of Picasso has come about following a series of conversations with Annie Cohen-Solal, the author of an important research project on the artist, on the complex circumstances of his identity as a Spanish artist expatriated in France, and on his capacity to articulate a relationship with change: both in his artistic practice, which shifted continually throughout his life, exploring the frontier of the possible in contemporary art, and in his political presence, which came to grips with administrative instability and institutional rigidity.
In this volume Annie, who has curated the exhibition with the precious collaboration of the Musée Picasso in Paris and with the generous support of Xavier Vilató, has been entrusted with the task of shedding light on the meaning of the exhibition and the sequence of works on display in it. It is relevant, however, from the outset, to clarify that it is an exhibition of research, which moves from a discussion prompted by the work developed by the artist to a commission from Albert Skira in 1931 on the *Metamorphoses* of Publius Ovidius Naso (catt. 2–4, 47–52). This is because, clearly, this work creates a bridge with the frescos by Giulio at Palazzo Te, an indirect yet explicit relationship in the reference to common myths, such as that of Phaeton (fig. 11) and the story of Orpheus and Eurydice (fig. 10).
Yet there is also another reason, perhaps a deeper one: the direct reference to ancient myth, to the theme of metamorphosis, to the Orphic stories indicates a path for research, leading directly to an exploration of the artist's relationship with the experience and practice of poetry. Of poetry and poets, Max Jacob and Apollinaire among many, whom he met when he first arrived in Montmartre, and whom he spent time with throughout his life. Picasso often chose poets as his friends and travelling companions; he illustrated their books, he agreed to combine visual art with literature, and then he himself became a poet, writing texts of extraordinary intensity, and arrived through a relationship with poetic art and with Ovid at the figure—and alter ego—of the Minotaur. His relationship with myth, with the narrative

fig. 11. Giulio Romano (attr.), *Caduta di Fetonte* [The fall of Phaeton], 1527-1528 ca., Mantova / Mantua, Palazzo Te, Sala delle Aquile / Room of the Eagles

pagine seguenti / following pages
catt. 2, 3
PABLO PICASSO
Illustrazioni per le *Metamorfosi* di Ovidio / Illustrations for Ovid's *Metamorphoses*
Lausanne, Albert Skira, 1931
Deucalione e Pirra creano un nuovo genere umano / Deucalion and Pyrrha create a new human race, I, p. 29
Ercole uccide il centauro Nesso / Hercules slaying the centaur Nessus, IX, pp. 224-225
Parigi / Paris, 20 settembre / September 1930
Acqueforti su rame / Etchings on copper, 34,8 × 27,9 × 8,7 cm
Parigi / Paris, Musée national Picasso-Paris, dazione di / dation of Pablo Picasso, 1979

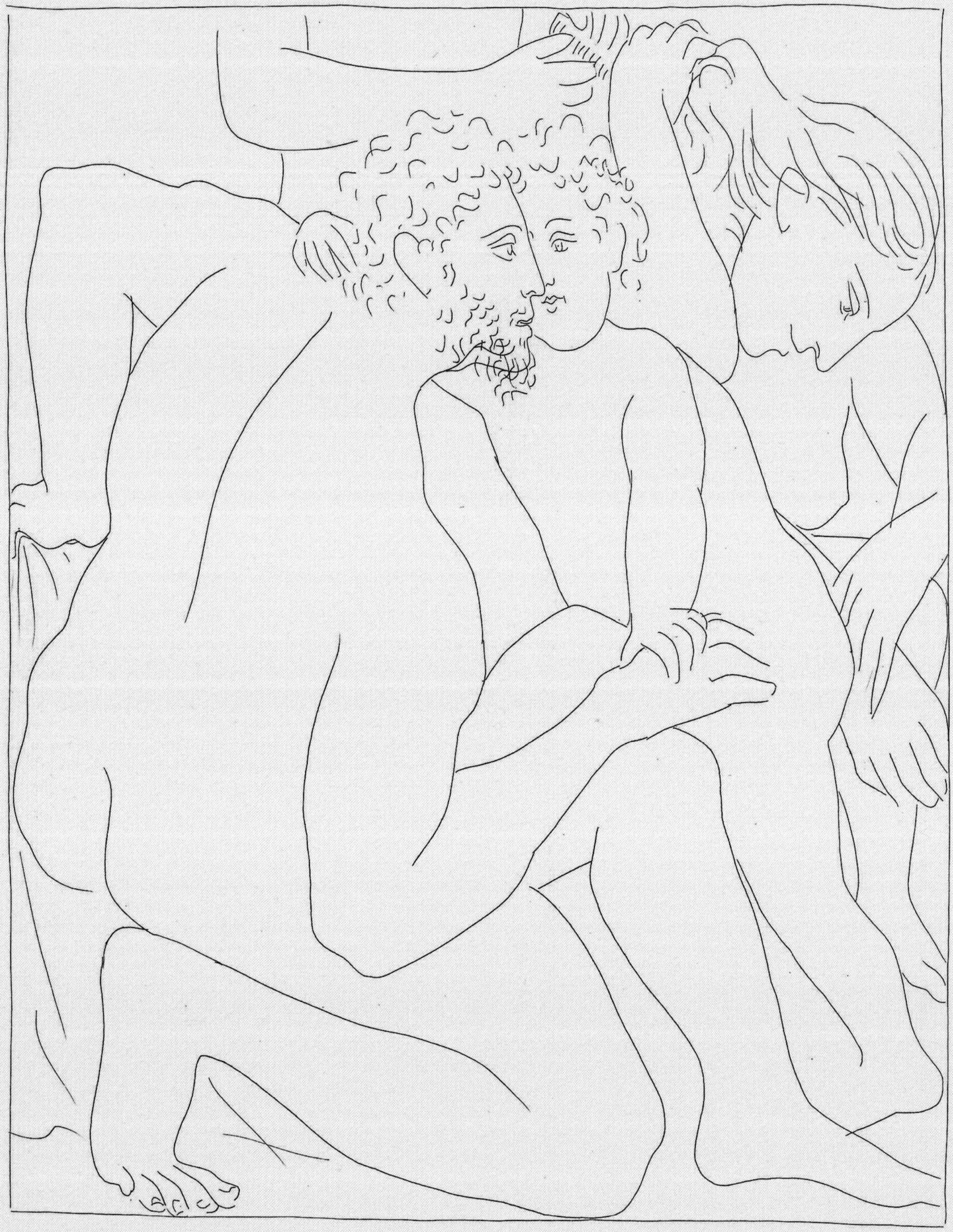

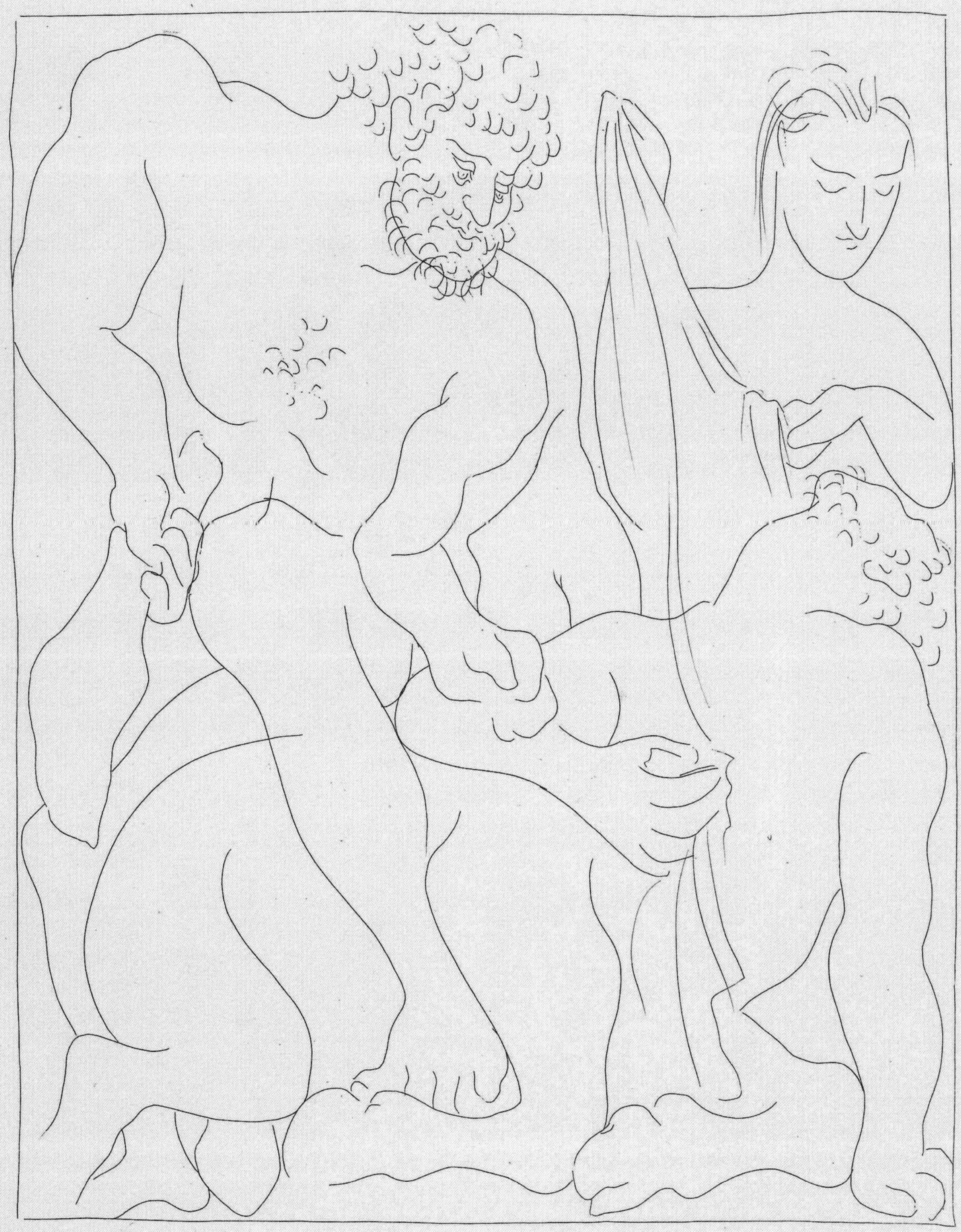

il risultato di concessioni stilistiche o mere risonanze estetiche con il classicismo, eredità dei suoi anni di formazione.
Picasso, quando usa il mito, non sta guardando indietro, piuttosto davanti a sé e dentro di sé, prendendo per mano – compagna terribile – la poesia. Assieme al mito e grazie al mito, Picasso assume la sfida – estrema – del divenire che, come nella lezione mitica, è accettato in quanto condizione inaggirabile e necessaria del vivere. L'artista guarda il tempo e la propria anima che in esso sparisce trasformandosi in segni. Segni che ogni volta raccontano la forza ineguagliabile della trasformazione e, in essa, la presenza magica e tragica del mondo. Come può farlo? Dove trova la forza erculea (e quindi mitica) per tenere lo sguardo fisso sulla metamorfosi?
Questa è al fondo la domanda cui la mostra cerca di rispondere e la ragione per cui ha senso proporla in rapporto a Giulio Romano e a Palazzo Te, un altro luogo in cui un altro grande artista ha saputo guardare la metamorfosi ed estrarne succhi preziosi lasciandosi ispirare dalla letteratura. Domande così non consentono risposte pienamente dicibili. Piuttosto inducono altre interrogazioni, piste di ricerca. Certamente una è rappresentata dalla poeticità, intesa non come esercizio letterario, ma come modo del conoscere. Una conoscenza della vita edificata sulla base di una pratica della visione, necessaria, inesorabile e dolorosa. Una conoscenza capace di render conto della passione, di esprimere lirismo e potenza, di non negare la violenza e l'angoscia; una conoscenza che vive di metafore, di tentativi, di un bricolage fenomenologico esposto al labirinto, alla perdizione: il Minotauro.

Ecco, questa esposizione rivela che Picasso, come artista e in quanto poeta – forse non come maestro, ma certamente come uomo, ovvero come mortale esposto all'angoscia della morte – è stato capace di fare amicizia con il cambiamento. La sua avventura non ci offre una pista percorribile, troppo arduo il suo cammino, ma forse nessuno può davvero consegnarci una simile offerta. Ci dona però la testimonianza estrema di come il destino della metamorfosi, l'arte, la creatività, la capacità di fare mondi nuovi, si appartengano reciprocamente in modo necessario e ineludibile.
A questa testimonianza, e alla gratitudine che essa suscita, è dedicata questa mostra.

of *Metamorphoses*, does not therefore seem to be the result of stylistic concessions or mere aesthetic resonances with classicism, a legacy of the years of his training.
When Picasso uses myth, he is not looking back, but rather in front of himself and inside himself, taking the hand of poetry—the terrible companion.
Together with myth and thanks to myth, Picasso took up the extreme challenge of change, which, as in the teachings of myth, is accepted as an unavoidable and necessary condition of life. The artist looks at time and his own soul, which disappears in it, transforming itself into signs.
Signs that in each case tell of the incomparable power of transformation and, in it, the magical and tragic presence of the world. How can he do it? Where is the Herculean (and therefore mythical) strength to keep his gaze fixed on metamorphosis?
This, deep down, is the question the exhibition attempts to answer and the reason why it is meaningful to propose it in relation to Giulio Romano and Palazzo Te, another place where another great artist knew how to fix his gaze on metamorphosis and extract precious juices from it, allowing himself to be inspired by literature. Questions such as these do not allow fully expressible answers. Rather, they prompt other questions, other paths of research. One is certainly represented by poetry, understood not as a literary exercise, but as a way of knowing. A knowledge of life built on the basis of a practice of vision, necessary, inexorable and painful. A knowledge capable of recognizing passion, expressing lyricism and potency, not denying violence and anguish; a knowledge that lives on metaphors, on attempts, on a phenomenological do-it-yourself approach exposed to the labyrinth, to perdition: to the Minotaur.

So this exhibition reveals that Picasso, as an artist and as a poet—perhaps not as a master, but certainly as a man, that is as a mortal exposed to the anguish of death—was able to form a friendship with change. This adventure of his does not offer us an easy path; it is an arduous one to walk, but perhaps nobody else can truly bring us such an offering. Yet he gives us the extreme testimony of how the destiny of metamorphosis, art, creativity, the capacity to make new worlds, all belong to each other reciprocally in a necessary and inescapable way.
This exhibition is dedicated to this testimony, and to the gratitude that it prompts.

1 «In nova fert animus mutatas dicere formas corpora. Di, coeptis – num vos mutastis et illas – adspirate meis primaque ab origine mundi ad mea perpetuum deducite tempora carmen». Ovidio, *Metamorfosi*, a cura di Piero Bernardini Marzolla, con uno scritto di Italo Calvino, Torino, Einaudi, 1979, I, 1-4.
2 «In short, the story of life on planet Earth is the story of an extraordinary and infinite metamorphosis. [...] all the creatures that have appeared on Earth from its earliest days have been metamorphic beings». Andrea Bellini, *Chrysalis. The Butterfly Dream*, catalogo della mostra (Ginevra, CAC, 25 gennaio - 4 giugno 2023), Milano, Lenz Press, 2023, p.13.
3 Si intende qui per «atomizzazione sociale» quanto definito da Hannah Arendt in *Le origini del totalitarismo* e cioè la progressiva interruzione dei legami di solidarietà tra individui, anche all'interno dei gruppi familiari, prodotta dalla progressiva emergenza di condizioni di isolamento e di paura.
4 La conoscenza di Ovidio da parte di Giulio Romano è stata plausibilmente mediata dalla traduzione e adattamento di Niccolò degli Agostini (Venezia 1522).
5 Dea dell'armonia e della generatività, Venere sembra la divinità cui massimamente le decorazioni del Te si rivolgono.

1 "In nova fert animus mutatas dicere formas corpora. Di, coeptis—num vos mutastis et illas—adspirate meis primaque ab origine mundi ad mea perpetuum deducite tempora carmen." Ovid, *Metamorphosis*, https://www.poetryintranslation.com/PITBR/Latin/Metamorph.php, I, 1-4.
2 "In short, the story of life on planet Earth is the story of an extraordinary and infinite metamorphosis. ... all the creatures that have appeared on Earth from its earliest days have been metamorphic beings." Andrea Bellini, *Chrysalis. The Butterfly Dream*, exhibition catalogue (Milan: Lenz Press, 2023),13.
3 Here "social atomisation" is understood as defined by Hannah Arendt in *The Origins of Totalitarianism,* namely the progressive breaking of the ties of solidarity between individuals, also inside family groups, produced by the progressive emergence of conditions of isolation and fear.
4 It is plausible that Giulio Romano's knowledge of Ovid was mediated by the translation and adaptation by Niccolò degli Agostini (Venice 1522).
5 The goddess of harmony and generativity, Venus seems to be the divinity whom the decorations of Palazzo Te address most of all. There are no less than twenty-seven Venuses represented at Palazzo Te. In 2021, Claudia Cieri Via explored the myth of Eros and the mysterious figure of Aphrodite-Venus in Giulio and in the painting of his contemporaries with the exhibition *Venere. Natura ombra e bellezza*, summarised in the book *Venere a Palazzo Te*. Palazzo Te is dedicated to this goddess and to the transformations that she induces: Venus is presented at the same time as a myth and a door giving access by wonder into everyday life. Claudia Cieri Via, ed., *Venere. Natura ombra e bellezza* (Milan: Skira, 2021); Claudia Cieri Via, *Venere a Palazzo Te* (Mantua: Fondazione Palazzo Te, 2021); Guido Brivio, *Paradoxa Aphroditae* (Milan: il Melangolo, 2017).
6 The transformation triggered by the divine Eros coincides with and is set, therefore, in the experience, which is also social, of wonder. In 2022 with Augusto Morari and again with Barbara Furlotti and Guido Rebecchini, in two exhibitions, *Le pareti delle meraviglie. Corami di corte tra i Gonzaga e l'Europa* and *Giulio Romano. La forza delle cose*, the palazzo was studied as a *Wunderkammer*, a theatrical space that places in sequence a broad sampling of knowledge borrowed from poetry and ancient mythology as well as from the echoes of discoveries and travels: decorations, stamped leather items and objects, which in Giulio's hands take on a formal appearance that is almost magical and apotropaic. Animals become things without forgoing their wild nature, symbols and obstacles that traverse the Mediterranean and are fixed on the leather walls of the palazzo, in an interplay of echoes, transformations and shocks that seems unending. Barbara Furlotti, Guido Rebecchini, eds., *Giulio Romano. La forza delle cose*, (Venice: Marsilio, 2022); Augusto Morari, *Le pareti delle Meraviglie, Corami di corte tra i Gonzaga e l'Europa* (Mantua: Fondazione Palazzo Te, 2022).
7 Roberto Calasso, *Il Cacciatore Celeste* (Milan: Adelphi, 2016) 13 *et seq.*
8 Italo Calvino, *Gli indistinti confini*, in Ovid, *Metamorfosi* (Turin: Einaudi, 1979), VII-XVI. "Ovidian mythology moves. It is a living thing, neither testimony nor documentary material, nor series of poetic exercises, nor decorative adornment, it is fully focused on nature and on man as a part of nature. Already the great cosmogonic section with which the poem opens presents the phenomenon of transformation, of 'metamorphosis' (and we should ask ourselves why Ovid has chosen precisely this theme), as a law of the universe." "Everything is... integrated: gods, men, animals, plants, inanimate things. And everything is in movement, driven by elementary and eternal passions: love, anger and a few others."
9 Roberto Calasso, *Il Cacciatore Celeste*, 240.
10 Claude Lévi-Strauss, *The Savage Mind* (Chicago University Press, 1962), 10-11; Remo Cantoni, *Il pensiero dei primitivi* (Milan: Il Saggiatore, 1963), 26; Ernesto De Martino, *Il mondo magico* (Turin: Einaudi, 1955).
11 "Myths and rites are far from being, as has often been held, the product of man's 'myth-making faculty', turning its back on reality. Their principal value is indeed to preserve until the present time the remains of methods of observation and reflection which were (and no doubt still are) precisely adapted to discoveries of a certain type: those which nature authorised from the starting point of a speculative organization and exploitation of the sensible world in sensible terms." Claude Lévi-Strauss, *The Savage Mind*, 8-9.
12 The obvious references on the theme are the texts of Frances Yates, in particular *The Art of Memory* and *Giordano Bruno and the Hermetic Tradition.*

Sono ben ventisette le Veneri rappresentate a Palazzo Te. Nel 2021, Claudia Cieri Via, ha esplorato il mito di Eros e la figura misteriosa di Afrodite-Venere in Giulio e nella pittura coeva con la mostra *Venere. Natura ombra e bellezza*, compendiata dal libro *Venere a Palazzo Te*. A questa dea, alle trasformazioni che essa induce, Palazzo Te è dedicato: Venere si presenta al tempo stesso come un mito e una porta che consente l'ingresso del meraviglioso nel quotidiano. Cfr. *Venere. Natura ombra e bellezza*, a cura di Claudia Cieri Via, Milano, Skira, 2021; Claudia Cieri Via, *Venere a Palazzo Te*, Mantova, Fondazione Palazzo Te, 2021; Guido Brivio, *Paradoxa Aphroditae*, Milano, il Melangolo, 2017.
6 La trasformazione innescata dal divino Eros coincide e si ambienta, dunque, nella esperienza anche sociale della meraviglia. Nel 2022 con Augusto Morari e ancora con Barbara Furlotti e Guido Rebecchini, in due mostre: *Le pareti delle meraviglie. Corami di corte tra i Gonzaga e l'Europa* e *Giulio Romano. La forza delle cose*, si è studiato il palazzo come una Wunderkammer, uno spazio teatrale che mette in sequenza un ampio campionario sapienziale mutuato dalla poesia e dalla mitologia antica così come dagli echi delle scoperte e dei viaggi: decorazioni, corami, oggetti, che sotto la mano di Giulio assumono una *vis* formale quasi magica e apotropaica. Animali che diventano cose senza recedere dalla loro natura selvaggia, simboli e nodi che attraversano il Mediterraneo e si fissano sulle pareti di cuoio del palazzo, in un gioco di echi, trasformazioni e stupore che sembra non finire mai. *Giulio Romano. La forza delle cose*, a cura di Barbara Furlotti, Guido Rebecchini, Venezia, Marsilio, 2022; Augusto Morari, *Le pareti delle meraviglie. Corami di corte tra i Gonzaga e l'Europa*, Mantova, Fondazione Palazzo Te, 2022.
7 Roberto Calasso, *Il Cacciatore Celeste*, Milano, Adelphi, 2016, p.13 sgg.
8 Italo Calvino, *Gli indistinti confini*, in Ovidio, *Metamorfosi*, cit., pp. VII-XVI. «La mitologia ovidiana si muove. È una cosa viva, né testimonianza, né materiale documentario, né serie di esercitazioni poetiche, né addobbo decorativo, è centrata integralmente sulla natura e sull'uomo come parte della natura. Già la grande sezione cosmogonica con cui si apre il poema, presenta il fenomeno della trasformazione, della "metamorfosi" (e dovremmo chiederci perché Ovidio abbia scelto proprio questo tema), come una legge dell'universo». «Tutto è [...] integrato: dei, uomini, animali, vegetali, cose inanimate. E tutto è in movimento, sotto la spinta di passioni elementari ed eterne: l'amore, l'ira e poche altre».
9 Roberto Calasso, *Il Cacciatore Celeste*, cit., p. 240.
10 Claude Levi Strauss, *Il pensiero selvaggio*, Milano, Net, 2003; Remo Cantoni, *Il pensiero dei primitivi*, Milano, Il Saggiatore, 1963, p. 26; Ernesto De Martino, *Il mondo magico*, Torino, Einaudi, 1955.
11 «I miti e i riti, lungi dall'essere opera di una "funzione fabulatrice", come spesso si sostiene, hanno il grandissimo merito di preservare fino a noi, in forma residua, modi di osservazione e di riflessione che furono (e probabilmente restano) esattamente adeguati a un certo tipo di scoperte: quelle consentite dalla natura, a cominciare dalla possibilità di organizzare e sfruttare il mondo sensibile in termini di sensibile». Claude Levi Strauss, *Il pensiero selvaggio*, cit., p. 29.
12 Sul tema il riferimento ovvio è ai testi di Frances Yates, in particolare *L'arte della memoria* e *Giordano Bruno e la tradizione ermetica.*

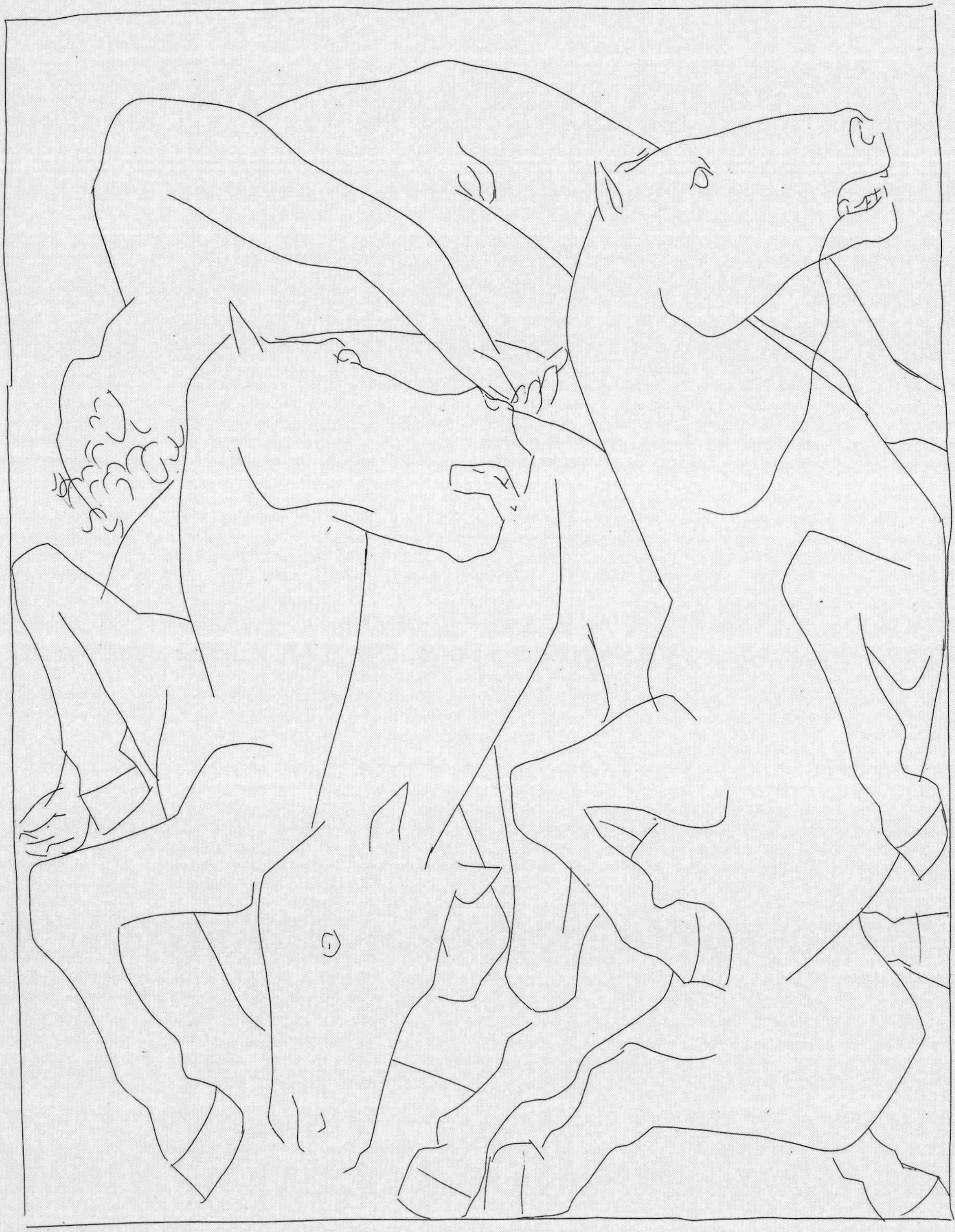

A Mercurial Artist: Picasso!

Un artista-Mercurio: Picasso!

ANNIE COHEN-SOLAL

The Subversive Exploration of Possible Worlds

Inviting Picasso to Palazzo Te is insightful in more ways than one.[1] It may seem strange at first to draw a comparison between Picasso and an artist like Giulio Romano, who lived in very different places and four centuries apart. Nevertheless, both of them took up challenges that dragged them into creative adventures, which they managed to carry off with astonishing panache. Think of Giulio in the early sixteenth century, when conflicts, both political (between the papacy and secular potentates), and religious (between Catholics and Protestants), were raging in the very heart of the borderlands of Mantua—between Venice and Turin, Genoa and Milan, Rome and Padua. In this respect, Stefano Baia Curioni, in *The Message of Palazzo Te* analyses the analogies between the two artists, starting from their shared interest in *Ovid's Metamorphoses*: "Palazzo Te … was conceived as a chamber of wonders, a labyrinth of metamorphoses. In ten years, it was raised to splendour … by drawing explicit inspiration from Ovid." And he adds that this "research exhibition" starts from the illustrations "that the artist developed to a commission from Albert Skira in 1930, on the *Metamorphoses* of Ovid. … This work creates a bridge with the frescoes by Giulio at Palazzo Te, an indirect but explicit relationship in the reference to common myths, such as that of Phaethon, and of Orpheus and Eurydice." An exhibition that, in looking at Picasso's case, examines "his complex identity as a Spanish expatriate artist in France, and his ability to articulate a relationship with change."[2] And in his painting *Adolescent* (1969, cat. 5)—perhaps a self-portrait—didn't Picasso perhaps stress that, until the end, he was concerned with the theme of metamorphosis? Presented at the Palais des Papes in Avignon during his last exhibition, the work is reproduced on the cover of our catalogue, with its magnificent transitions from pink to green to yellow. I would like to take this opportunity to extend my very warm thanks to Stefano Baia Curioni, to whom I owe the exciting though difficult task of bringing this project to life. So originally, in both cases, it is a story of displacement. In 1525, Giulio Romano, Raphael's favorite pupil in Rome, went to Mantua in order to reinvent himself. In 1900, Pablo Ruiz Picasso, a young talent from Barcelona, travelled to Paris in order to build his career as an artist.

L'esplorazione sovversiva di mondi possibili

Invitare Picasso a Palazzo Te è opportuno per molte ragioni[1]. Infatti, anche se può sembrare strano avvicinarlo a un artista come Giulio Romano, vissuto in luoghi molto diversi ben quattro secoli prima, entrambi hanno raccolto sfide che li hanno trascinati in avventure creative che sono stati capaci di affrontare dando prova di bravura sbalorditiva. Pensiamo a Giulio nel primo Cinquecento, mentre imperversano conflitti politici (tra papato e potentati laici), religiosi (tra cattolici e protestanti), nel cuore stesso dello spazio di frontiera costituito da Mantova, tra Venezia e Torino, Genova e Milano, Roma e Padova. Non a caso, Stefano Baia Curioni, ne *Il messaggio di Palazzo Te*, propone un approfondimento del confronto tra i due artisti, a partire dall'interesse condiviso per le *Metamorfosi* di Ovidio: «Palazzo Te [...] è stato concepito come una camera delle meraviglie, come un labirinto di metamorfosi che in dieci anni è stato portato allo splendore [...] traendo esplicitamente ispirazione da Ovidio». E aggiunge che questa «mostra di ricerca» prende le mosse dalle illustrazioni «che l'artista sviluppa su commissione di Albert Skira nel 1930, sulle *Metamorfosi* di Publio Ovidio Nasone. [...] tale lavoro crea un ponte con gli affreschi di Giulio a Palazzo Te, una relazione indiretta, ma esplicita, nel riferimento a miti comuni come quello di Fetonte e quello relativo alla vicenda di Orfeo ed Euridice». Una mostra che, nel guardare al caso di Picasso, esamina le sue «complesse vicende identitarie come artista spagnolo espatriato in Francia» e la sua «capacità di articolare un rapporto con il cambiamento»[2]. E con il dipinto *Adolescent* (1969, cat. 5) – forse un autoritratto – esposto al Palais des Papes di Avignone durante la sua ultima mostra, con le magnifiche transizioni dal rosa al verde al giallo, Picasso non sta forse sottolineando che, fino alla fine, permane attento al tema della metamorfosi?

cat. 4
PABLO PICASSO
Illustrazione per le *Metamorfosi* di Ovidio / Illustration for Ovid's *Metamorphoses*
Lausanne, Albert Skira, 1931
Caduta di Fetonte con il carro del sole / The fall of Phaethon with the chariot of the sun, II, pp. 44-45
Parigi / Paris, 20 settembre / September 1930
Acquaforte su rame / Etching on copper, 34,8 × 27,9 × 8,7 cm
Parigi / Paris, Musée national Picasso-Paris, dazione di / dation of Pablo Picasso, 1979

Colgo l'occasione per rivolgere un sentito ringraziamento a Stefano Baia Curioni, al quale devo l'esaltante se pur difficile incarico di dare vita a questo progetto. In principio, quindi, la storia di entrambi è basata sullo spostamento. Giulio Romano, allievo prediletto di Raffaello a Roma, si reca a Mantova, per «reinventarsi», nel 1525. Nel 1900, Pablo Ruiz Picasso, giovane talento di Barcellona, si trasferisce a Parigi per farsi strada.
Con l'Esposizione universale che, durata otto mesi, ha accolto cinquanta milioni di visitatori, Parigi diventa la capitale indiscussa della modernità in occidente: costruzione della linea della metropolitana che, in soli ventisette minuti, collega la Porte Maillot alla Porte de Vincennes, del nuovo ponte Alexandre III, del Petit Palais, del Grand Palais e finanche del primo marciapiede mobile. Nei quartieri alti, il presidente Émile Loubet celebra «la Francia, fedele alla sua storia, [...] paese delle iniziative coraggiose all'insegna del buon senso, dei progressi generosi concepiti con prudenza e preparati con metodo, il paese insomma della pace e del lavoro»[3]. Eppure, nella metropoli trionfante dell'Esposizione universale, Picasso entra dalla porta di servizio. Mentre il padiglione spagnolo espone una delle sue opere – onore raro per un artista così giovane – viene accolto dagli amici di Barcellona nel ghetto catalano della collina di Montmartre, zona periferica di Parigi, sordida e abbandonata a se stessa, dove «l'ambiente dedito al piacere incrociava quello dell'anarchia»[4], dove frequenta il popolino dei bassifondi, affronta pericoli e precarietà, incrocia i temibili Apache. Picasso arriva a Parigi proprio nel periodo in cui le autorità del paese mettono a punto una nuova «definizione di straniero» e viene anche lui definito tramite una serie di indicatori che costituiscono altrettanti ostacoli sulla strada dell'integrazione: permesso di soggiorno, carta d'identità a uso degli stranieri, domicilio (fatiscente), cognome, lingua, tipo di abbigliamento.
Di fatto Parigi è una capitale chiusa a doppia mandata. La Francia ha da poco vissuto alcuni pesanti traumi: l'umiliante sconfitta contro l'eterna nemica, la Germania, nel 1871; gli attentati anarchici, uno dei quali, nel 1894, è costato la vita al presidente Sadi Carnot; e per finire il caso Dreyfus, che ha posto in luce l'antisemitismo dell'esercito e ha profondamente diviso il paese tra il 1894 e il 1906. La Francia poggia su due grandi istituzioni: la polizia addetta alla sorveglianza degli stranieri che tutela la «purezza della nazione» e l'Académie des beaux-arts, garante del «buon gusto francese». Al cospetto di queste due imponenti colonne erette per arginare i «pericoli esterni», Picasso è per forza di cose collocato tra gli esclusi-emarginati-paria, come uomo e come artista. Benché un autorevole critico d'arte, fin dal 17 giugno 1901, mentre è in corso la sua prima mostra francese, tessa le lodi del «giovanissimo pittore spagnolo, frenetico amante della vita moderna [...] al quale, presto, si farà festa»[5], il giorno successivo, il 18 giugno,

With the Exposition Universelle, which lasted eight months and welcomed fifty million visitors, Paris became the undisputed capital of modernity in the Western world. It built the Metro line connecting Porte Maillot to Porte de Vincennes in just twenty-seven minutes, the new Alexandre III bridge, the Petit Palais, the Grand Palais and even the first moving walkway. In the city's fashionable quarters, the President Émile Loubet celebrated "France, faithful to its history, ... a country of courageous initiatives under the banner of common sense, of generous progress conceived with prudence and prepared with method, in short, the country of peace and work."[3] And yet Picasso entered this glorious city through the back door. While the Spanish pavilion was exhibiting one of his works—a rare honor for such a young artist—he was welcomed by his friends from Barcelona to the Catalan ghetto on the hill of Montmartre, an eccentric and shabby neighborhood, where "the world of pleasure met that of anarchy."[4] There, he rubbed shoulders with the people of Paris in the urban underworld, where he faced street gangs ("Les Apaches"), and insecurity. Picasso arrived in the French capital at a time when the country's authorities were developing a new "definition of the foreigner."
In this context, he was also defined through a series of indicators that created many obstacles on his path to integration: his residence permit, his foreigner's identity card, his name, his disgraceful lodging, his awkward language, his dress code.
In fact, Paris was a stratified capital. France had recently experienced some serious traumas: humiliating defeat against its eternal enemy Germany in 1871; anarchist attempts, one of which, in 1894, cost the life of the President Sadi Carnot; and finally, the Dreyfus affair, which revealed anti-Semitism in the army and deeply divided the country between 1894 and 1906. France was then resting on two essential institutions: the police of foreigners, which maintained the "purity of the nation," and the Académie des Beaux-Arts, which protected "French good taste." Given these two pillars that safeguarded the country against "external perils", as a man and an artist, Picasso was inevitably classified among the excluded, outcasts and pariahs. As early as 17 June 1901 when the artist's first French exhibition was under way, an authoritative art critic praised this "very young Spanish painter, a frenetic lover of modern life, ... who will soon be celebrated."[5] But on the very next day, after being identified by police informants scouring the Catalan ghetto of Montmartre, Picasso was registered in a "dossier d'étranger number 74,664" with a red cover that said: "Ruiz Picasso, known as Picasso,

cat. 5
PABLO PICASSO
Adolescent
[Adolescente / Adolescent]
2 agosto / August 1969
Olio su tela / Oil on canvas,
130 × 97 cm
Parigi / Paris, collezione privata / private collection

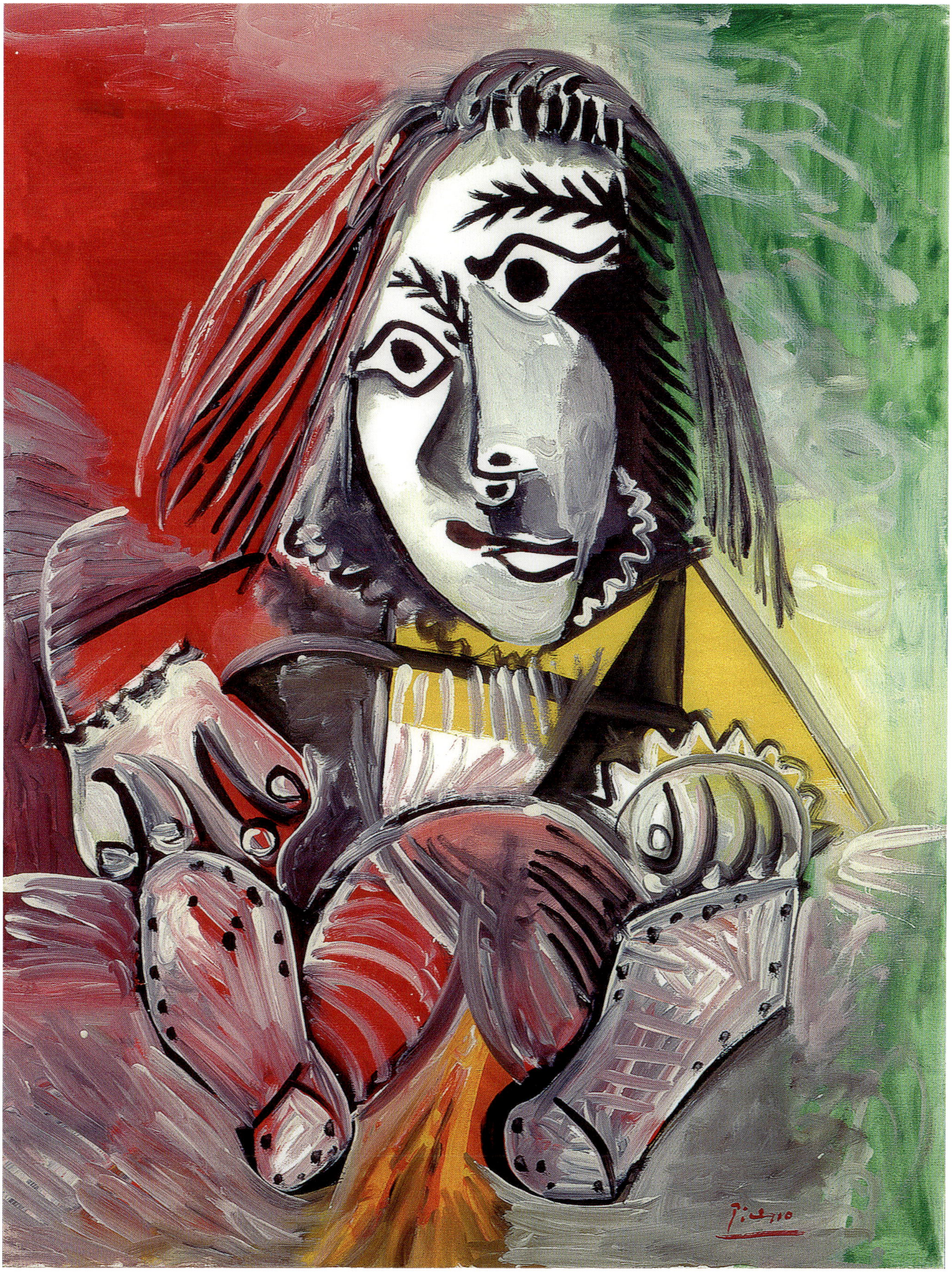

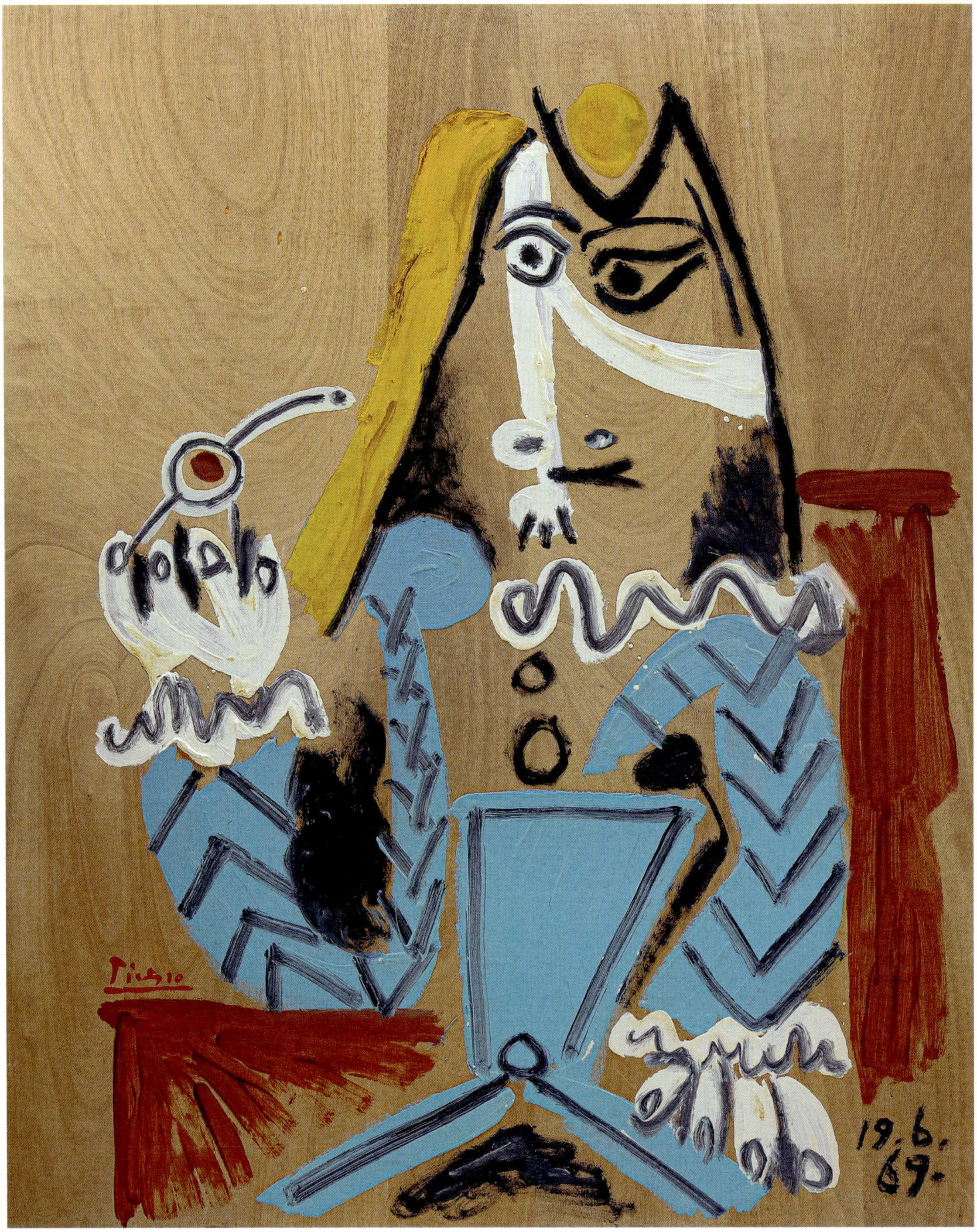

cat. 6
PABLO PICASSO
Fumeur
[Fumatore / Smoker]
19 giugno / June 1969
Catalogo / Catalogue Palais des Papes, Zervos n. 38
Olio su compensato / Oil on plywood, 146 × 114 cm
Parigi / Paris, collezione privata / private collection

cat. 7
PABLO PICASSO
Homme dans un fauteuil
[Uomo in poltrona / Man in an armchair]
4 maggio / May 1969
Catalogo / Catalogue Palais des Papes, Zervos n. 26
Olio su tela / Oil on canvas, 146 × 114 cm
Parigi / Paris, collezione privata / private collection

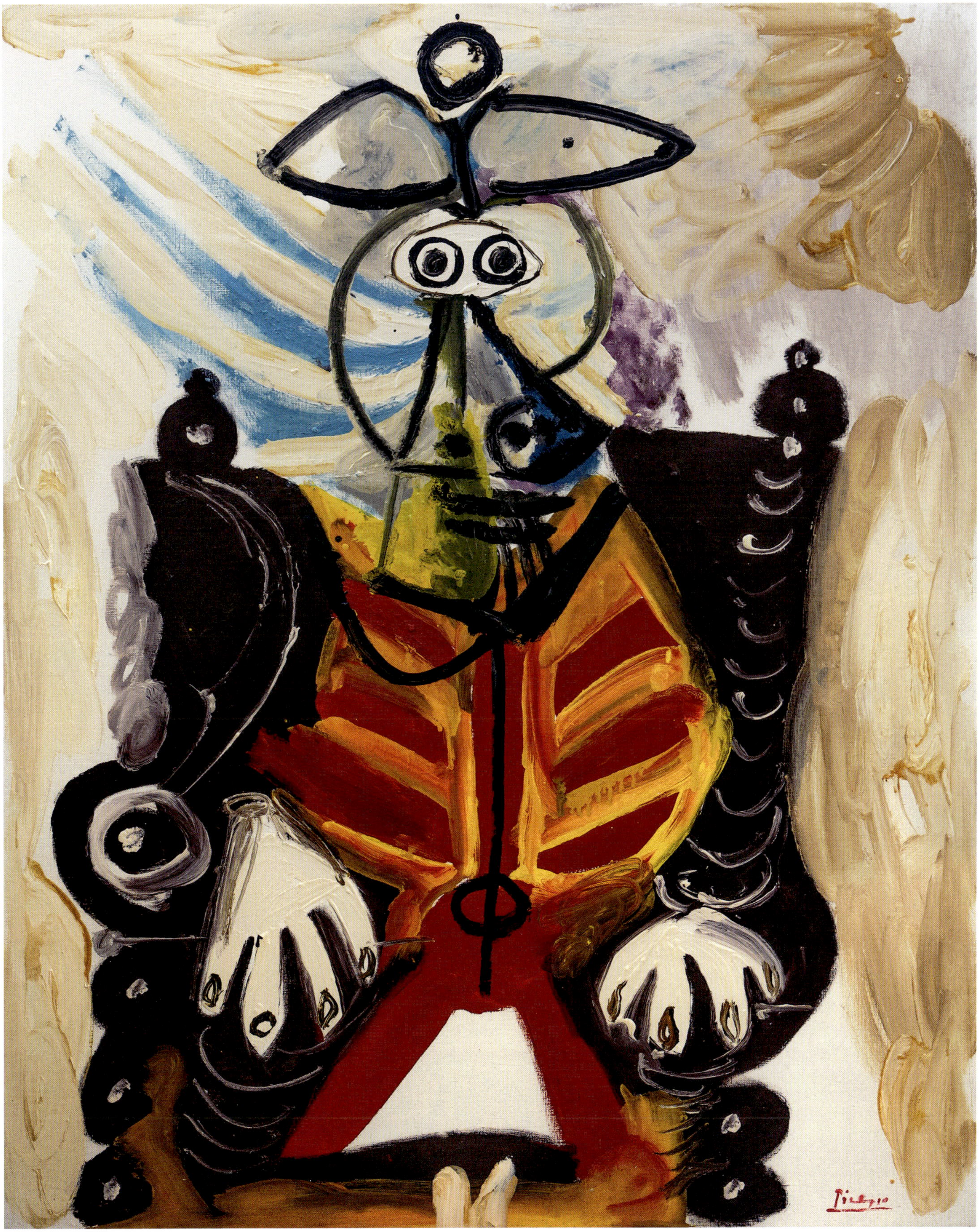

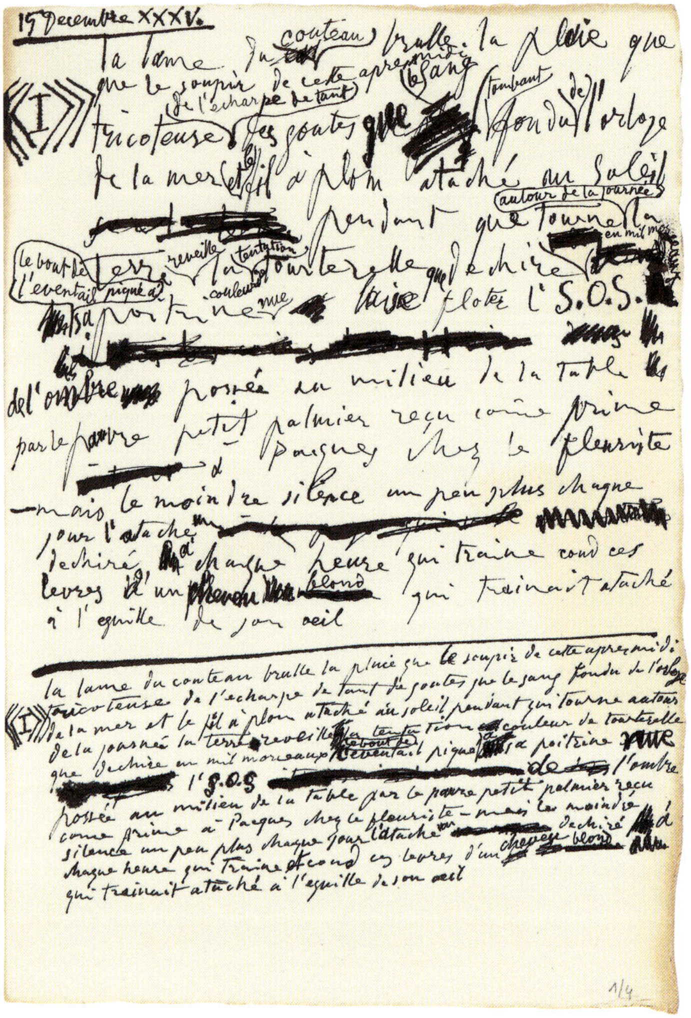

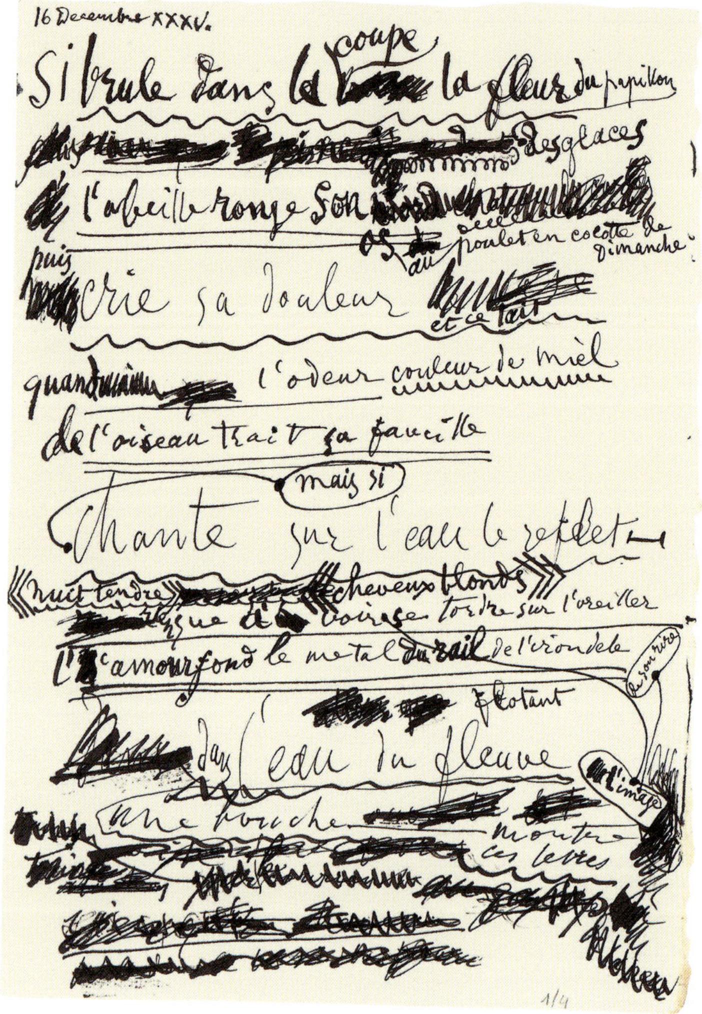

cat. 8
PABLO PICASSO
«I. la lame du couteau […]»
«II. la lame du couteau […]»
[«I. lama del coltello […]» «II. lama del coltello» / "I. the blade of the knife […]" "II. the blade of the knife"]
recto, pagina / page 1
15 dicembre / December 1935
Penna e inchiostro su carta Arches spessa / Pen and ink on thick Arches paper,
25,5 × 34,5 cm
Archivi privati / Private archives
Parigi / Paris, Musée national Picasso-Paris, dazione di / dation of Pablo Picasso, 1979

cat. 9
PABLO PICASSO
«Si brule dans la coupe […]»
«Si subitement […]»
[«Se brucia nella coppa […]» «Così all'improvviso […]» / "If it burns in the cup […]" "So suddenly […]"
recto, pagina / page 1
16 dicembre / December 1935
Penna e inchiostro su carta Arches spessa / Pen and ink on thick Arches paper
25,5 × 34,5 cm
Archivi privati / Private archives
Parigi / Paris, Musée national Picasso-Paris, dazione di / dation of Pablo Picasso, 1979

identificato dagli informatori della polizia che perlustrano il ghetto catalano di Montmartre, viene schedato nel «fascicolo straniero Ruiz Picasso, detto Picasso, Pablo» dalla copertina rossa, numero 74.664, che lo segna vita natural durante. Lo straniero «non sa parlare francese e a malapena riesce a farsi capire», annota il commissario André Rouquier. E aggiunge: «Si evince da quanto sopra che Picasso condivide le idee del suo compatriota Mañach, che gli ha dato asilo. Di conseguenza, va considerato anarchico»[6]. Alcuni anni dopo, con la nascita del cubismo, in veste di artista d'avanguardia, Picasso provocherà la diffidenza e il rifiuto da parte dei musei francesi: un'ostilità destinata a durare quasi cinquant'anni[7].
Immerso in un secolo caratterizzato da incertezze e rischi politici, percorso da due guerre mondiali, una guerra civile, una guerra fredda, in un'Europa dilacerata dai nazionalismi, come farà a imporre la sua opera eccezionale? Come si organizza per gestire alleanze, strategie, territori? Deve decifrare la capitale francese, stabilirvisi, esistere, sopravvivere, esporre, trovare punti di riferimento, esplorare i musei, imporsi di fronte all'avanguardia. Ma come si fa a impadronirsi di un territorio senza conoscerne né la topografia, né la lingua, né i codici? Come si fa a orientarsi in un labirinto se si cammina alla cieca? Come fa un bolide in corsa a sopportare l'ostacolo degli intermediari, le furberie dei mercanti d'arte, la tortuosità dell'apparato di polizia, la lentezza della comunicazione verbale? Uno che ha fretta, come fa a muoversi tra mille impedimenti?
Picasso si dedica con impegno indefettibile all'esplorazione del nuovo contesto urbano. Per capire il tracciato del labirinto che ha scoperto gli serviranno quattro soggiorni; per riuscire a raccapezzarsi, vari anni. Lo salverà il suo pragmatismo, condito da una buona dose di abilità strategica e di adattabilità. Non tarda a scegliere la strada della metamorfosi: anzitutto rinuncia al cognome paterno, Ruiz, col quale lo avevano schedato come anarchico. Poi prende le distanze dalla comunità catalana, da tempo sorvegliata dalla polizia. E capisce in fretta che gli si offre una sola possibilità: affidarsi a esperti (poeti, scrittori, mercanti d'arte, collezionisti) e, soprattutto, individuare personalità che, diversamente da lui, conoscano utili vie d'accesso e vie d'uscita. Con rara intelligenza, costruisce il proprio inserimento nella capitale francese. Lavora, disegna il suo percorso e costruisce una fitta rete di contatti e conoscenze. Picasso è naturalmente noto come maestro indiscusso delle arti plastiche, ma il suo rapporto con la lingua, la letteratura e specialmente la poesia è degno di particolare attenzione. Immediatamente, fin dal 1901, il mondo dei poeti lo attira e poi lo terrà avvinto, naturalmente, inesorabilmente, per sempre. Tutti i poeti che incontrerà sulla sua strada partecipano a questa magnifica odissea. Perché non incontrarli anche qui, adesso?

Pablo," marking him for life. This foreigner "speaks a very poor French and can barely be understood," noted Commissioner André Rouquier, before adding: "From the foregoing, it is concluded that Picasso shares the ideas of his compatriot Manach who is granting him asylum. Consequently, he must be considered an anarchist." [6]
A few years later, with the birth of Cubism, it was as avant-garde artist that Picasso was to provoke distrust and rejection from the French museum directors, a hostility that lasted almost five decades.[7]
In a century racked by uncertainty and political risks, ravaged by two world wars, a civil war and the cold war, in a Europe riven by nationalism, how would he succeed in gaining acceptance for his exceptional work? How would he organise his alliances, strategies and territories? He would have to decipher the French capital, settle there, exist, survive, exhibit, find landmarks, explore museums, and tame the avant-garde. But how could he carve out a space for himself without knowing its topography, language, or codes? How could he find his way through the maze if he was walking blind? Rushing headlong, how could he endure the hassles of its intermediaries—the cunning of art dealers, the trammels of the police, the slowness of verbal communication? How could he find a path through the endless obstacles when he was in a hurry?
Picasso embarked on the exploration of the city with obsessive commitment. It took him four stages before he was able to penetrate the labyrinth he had discovered, and several years to get his bearings. He would be saved by his pragmatism, seasoned with a good dose of strategic skill and adaptability. It did not take him long to choose the path of metamorphosis. First, he renounced his paternal surname Ruiz, by which he had been classified as an anarchist. He then distanced himself from the Catalan community, which had long been under police surveillance. And he quickly realised that he was offered only one option: to rely on experts (poets, writers, art dealers, collectors) and, above all, to identify figures who, unlike him, knew the useful ins and outs of Paris. With rare intelligence, he devised his own way into the French capital. He worked, planning his path and building a dense network of contacts and acquaintances. While Picasso masterfully explored every possible genre of the visual arts, his work with language, literature and especially poetry merits special attention. Immediately, as early as 1901, he was attracted to poets, and he became hooked inexorably and forever. All the poets he met on his way took part in this magnificent odyssey. Why not meet them right now?

Con le comunità dei poeti

Max Jacob

Il 24 giugno 1901, alla galleria Vollard, dopo l'inaugurazione della sua prima mostra, Picasso incontra un artista squattrinato, sovraccarico di molteplici identità: è bretone, poeta, omosessuale, ebreo e di lì a poco cattolico. Affascinato dal giovane pittore, si dedica a uno studio di chiromanzia – arte in cui eccelle – sulla mano di Picasso. «È stata come la prima scintilla di un fuoco d'artificio. La luce viva d'una stella del genere si incontra di rado e solo tra i predestinati [...]. Talento per tutte le arti»[8]. Per Picasso, Max Jacob diventa precettore, ospite, mediatore, agente. Gli insegna la lingua e le poesie di Alfred de Vigny e di Paul Verlaine, gli mette a disposizione un letto, il cibo, la sua minuscola stanza, va addirittura nelle gallerie e nelle redazioni delle riviste parigine a vendere disegni e illustrazioni di Pablo. «Mon vieux Max» gli scrive Picasso mentre è bloccato a Barcellona «ye panse á la chambre du Buolevard Voltaire et á les omeletes les aricots et le fromage de Brie et les pommes frites me ye pense aussi á les jours de misere et se vien triste et ye mant souviens de les espagnols de la Rue de Seine avec degut. Ye pen[s]e re[s]ter ici l'iver prochain pour fer quelque chose. ye te anbrase to vieux ami, Picasso»[9]. Successivamente, Max prenderà un appunto in cui descrive con precisione le caratteristiche disarmanti del nuovo amico: «Picasso. Piccolo, moro, tarchiato, irrequieto, occhi scuri penetranti, piedi piccoli, e mani piccole / disordine selvaggio e colorito / tavola accogliente per tutti. Non è fatto per Parigi [...] materasso per gli amici»[10].

Guillaume Apollinaire

Il 1° marzo 1905, alla galleria Charpentier, Picasso e Jacob si imbattono in un poeta apolide, nato a Roma da padre ignoto. Entrambi, prima Picasso poi Jacob, scrivono nome e indirizzo sul *carnet de visites* di Apollinaire (cat. 11). Come dicono gli archivisti, trattasi di un minuscolo oggetto di soli 18 × 10 cm, di formato in-dodicesimo. La rilegatura, usurata con il passare del tempo, si è staccata: è una raccolta di centosei fogli ingialliti e laceri a cui il poeta, tra il gennaio e l'aprile del 1905, ha affidato le tracce di incontri, viaggi, scritti. A pagina 49 risaltano alcune annotazioni in tedesco che precedono un componimento erotico: «Aus den Memorien einer Sängerin / die schöne Mathilde oder / Leben und Abenteuer einer jungen Modistin»[11]. Sulla pagina opposta, leggiamo un appunto veloce, nervoso, scritto fitto, seguito da un frego orizzontale deciso: «Picasso 13 rue Ravignan»; poi il tratto si placa, la calligrafia diventa morbida, sciolta: «Max Jacob 33 Boulevard Barbès».

With the Communities of Poets

Max Jacob

On 24 June 1901, at the Galerie Vollard, after the opening of his first exhibition, Picasso met a penniless artist struggling with multiple identities. He was a Breton, a poet, a homosexual, a Jew, and soon after a Catholic. Fascinated by the young painter, Jacob carried out a chiromancy study on Picasso's hand - a practice in which he excelled. "It is like the first spark of a firework. The living light of such a star is seldom and only found among the predestined. .... Talent for all the arts."[8] For Picasso, Max Jacob became a mentor, a guest, a mediator and an agent. He taught him French through poems by Alfred de Vigny and Paul Verlaine, provided him with a bed, food, his tiny room, and even went to galleries and the editorial offices of Parisian magazines to sell Picasso's drawings and illustrations. "Mon vieux Max," Picasso wrote to him when he was stuck in Barcelona, "ye panse á la chambre du Buolevard Voltaire et á les omeletes les aricots et le fromage de Brie et les pommes frites me ye pense aussi á les jours de misere et se vien triste et ye mant souviens de les espagnols de la Rue de Seine avec degut. Ye pen[s] e re[s]ter ici l'iver prochain pour fer quelque chose. ye te anbrase to vieux ami, Picasso."[9] Later, Max made a note in which he described very precisely the attractive qualities of his new friend: "Picasso. Small, dark, stocky, restless, piercing dark eyes, small feet, and small hands/wild and colorful disorder/welcoming table for all. He's not made for Paris ... mattress ready for his friends."[10]

Guillaume Apollinaire

On 1 March 1905, at the Galerie Charpentier, Picasso and Jacob came across a stateless poet, born in Rome to an unknown father. Both of them, first Picasso and then Jacob, wrote their name and address in Apollinaire's *carnet de visites* (cat. 11). As the archivists would say, it is a tiny duodecimo booklet measuring only 18 × 10 cm. It has lost its binding, worn by the passing of time. It is a collection of 106 yellowed and tattered sheets, to which the poet, between January and April 1905, entrusted a record of meetings, travels and writings. Page 49 has some notes in German that precede an erotic poem: " Aus den Memorien einer Sängerin / die schöne Mathilde oder / Leben und Abenteuer einer jungen Modistin."[11] On the opposite page, in rapid, nervous, dense handwriting, underscored by a bold horizontal line, one can read: "Picasso 13 rue Ravignan;" then in a calm, supple and relaxed hand, it is followed by: "Max Jacob 33 Boulevard Barbès."

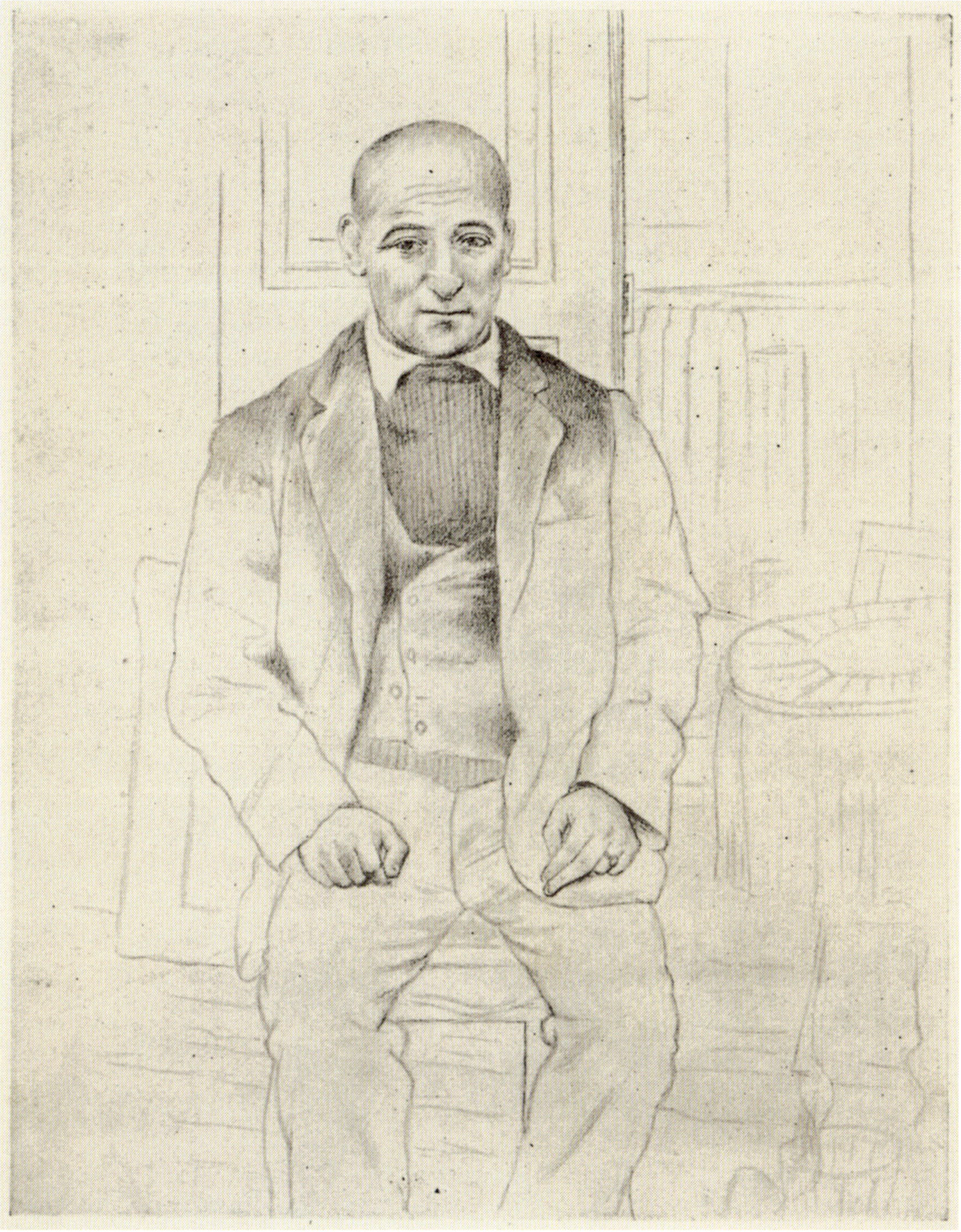

cat. 10
PABLO PICASSO
«Le Cornet à dés» de Max Jacob
[*Le Cornet à dés* di Max Jacob / Max Jacob's *Le Cornet à dés*]
recto
1917

Esemplare su carta Hollande con riproduzione del ritratto dell'autore realizzato da Picasso / Copy on Hollande paper with a reproduction of Picasso's portrait of the author, 19,9 × 15,5 × 2,8 cm
Parigi / Paris, Musée national Picasso-Paris, acquisizione / acquisition, 2000

Uno scambio del tutto banale di dati scarni, nomi e indirizzi, buttati giù a matita, in fretta, a fine serata, tanto per non perdersi di vista. Ma il piccolo taccuino di Apollinaire troneggia, come un gioiello, nella prima sala della mostra, perché contiene la testimonianza dei magici incontri di Picasso. «Se sapessimo, tutti gli dei si scuoterebbero dal sonno», scriverà di lì a poco Apollinaire in un testo altamente suggestivo. «Questo malaghese ci lasciava i lividi come un gelo rapido. Le sue meditazioni si denudavano nel silenzio. Egli veniva da lontano, dalle ricchezze compositive e dalla decorazione brutale degli spagnoli del XVII secolo»[12].
Picasso quindi sceglie la complicità e l'empatia con il gruppo dei più marginali tra i marginali, come vuole la tradizione dei cenacoli dei poeti esuli o espatriati che, suscitando l'odio dei benpensanti, si è sviluppata a Parigi da decenni, tra il culto della droga caro a Baudelaire e l'omosessualità praticata da Verlaine e Rimbaud. «Ha sempre provato attrazione per gli estrosi», commenta Xavier Vilató. «E quando li incontra entra in perfetta simbiosi con gente che esalta i suoi desideri, i suoi sogni, vale a dire con persone che fanno cose straordinarie, ma non le fanno dove andrebbero fatte. Per capire Pablo dobbiamo per forza tener presente questo percorso, questi incontri fondamentali degli esordi parigini. I poeti che frequenta vivono completamente ai margini, e cercano una modernità di nuovo conio, ma *altrove*. Anche a non dire che ci sono diversi elementi che sfuggono sia all'esperienza concreta sia alla pura razionalità». «Anche lui fa parte degli irregolari e, ovviamente, ne incontrerà molti altri con i quali si sentirà in sintonia», continua Vilató. «Tutti i poeti di cui parliamo sono lontanissimi dallo stile accademico: sono dei marginali e, per Pablo, dei compagni di vita da bohème»[13].
Parigi diventa così la «protagonista implicita» di Picasso. Come tutte le metropoli, attinge la linfa vitale nella creatività degli artisti subalterni, circondati da una «una folla di indigenti, di immigrati, di popolazioni non assimilate che vivono in quartieri degradati. [...] La città ha bisogno di migranti ma anche di poliziotti per controllarli», perché quelle popolazioni sono «contemporaneamente fonte di fermento creativo e di disordine»[14].
Apollinaire lo spinge ad affrontare la metropoli moderna, a sfondare le barriere che lo imprigionano nel labirinto degli esordi, e gli infonde il coraggio che serve per impadronirsi di Parigi. Adesso, sulla porta d'ingresso del suo atelier al Bateau-Lavoir Picasso scrive: «Au rendez-vous des poètes» [il ritrovo dei poeti]. Il suo studio è «stracolmo di disegni [...] che per forza calpestavamo, e chiunque poteva portarseli via liberamente, era aperto a tutti i giovani artisti, a tutti i giovani poeti»[15]. D'altro canto, il gruppo di guitti spaventosamente soli, che

A strictly banal exchange of meagre data, names and addresses, written down in pencil, in a hurry, at the end of the evening, just to avoid losing track of each other. But if Apollinaire's small notebook stands out, like a jewel, in one of the first rooms of the exhibition, it is because it bears witness to one of Picasso's most magical encounters. "If we knew, all the gods would awake," Apollinaire would write shortly after this in a strikingly evocative text. "This Malagueño leaves us bruised like a sharp frost. His meditations are stripped bare in silence. He comes from afar, from the compositional richness and brutal decoration of the 17th century Spaniards."[12]
So Picasso chose complicity and empathy with the group of the most outcast among the outcasts, in the tradition of the groups of exiled or expatriate poets that had been gathering in Paris for decades, against all the *bien-pensants*, between the cult of drugs, as in the case of Baudelaire, or homosexuality, in the case of Verlaine and Rimbaud. "He is always attracted to those who were not 'respectable'," argues Xavier Vilató. "And when he meets these people, he's completely in tune with what he wants, what he dreams of; in other words, he's in tune with people who do extraordinary things, but who don't do them *where they should be done*. This is a very important key to understanding him. And these encounters are obviously the most fundamental ones of the period for him. After all, these poets, who were completely on the fringe, were trying to create a modernity, *but elsewhere*. Furthermore, there's an additional factor, and that's the order of the stars and of what we can't control. He is a garden weed and he will of course meet other weeds and find affinities with them. All the poets we're talking about are a long way from any sense of academicism: they are outsiders and, in Pablo's case, bohemian brothers."[13]
In this way, Paris became Picasso's "implicit protagonist." Just like any other metropolis, it drew its lifeblood from the creativity of subaltern artists, surrounded by a "crowd of poor people, immigrants, unassimilated populations living in the city's decayed quarters. ... The city needs immigrants, but it also needs policemen to control them," because those populations are "a source of both creative ferment and disorder."[14]
By spurring Picasso on when confronted to the big city, Apollinaire broke another lock in his initial labyrinth and emboldened him. Now, on the front door of his studio at the Bateau-Lavoir, Picasso wrote: "Au rendez-vous des poètes." His place was "strewn with drawings, ... which we had to walk on, and anyone could take them away freely. It was open to all young artists, to all young

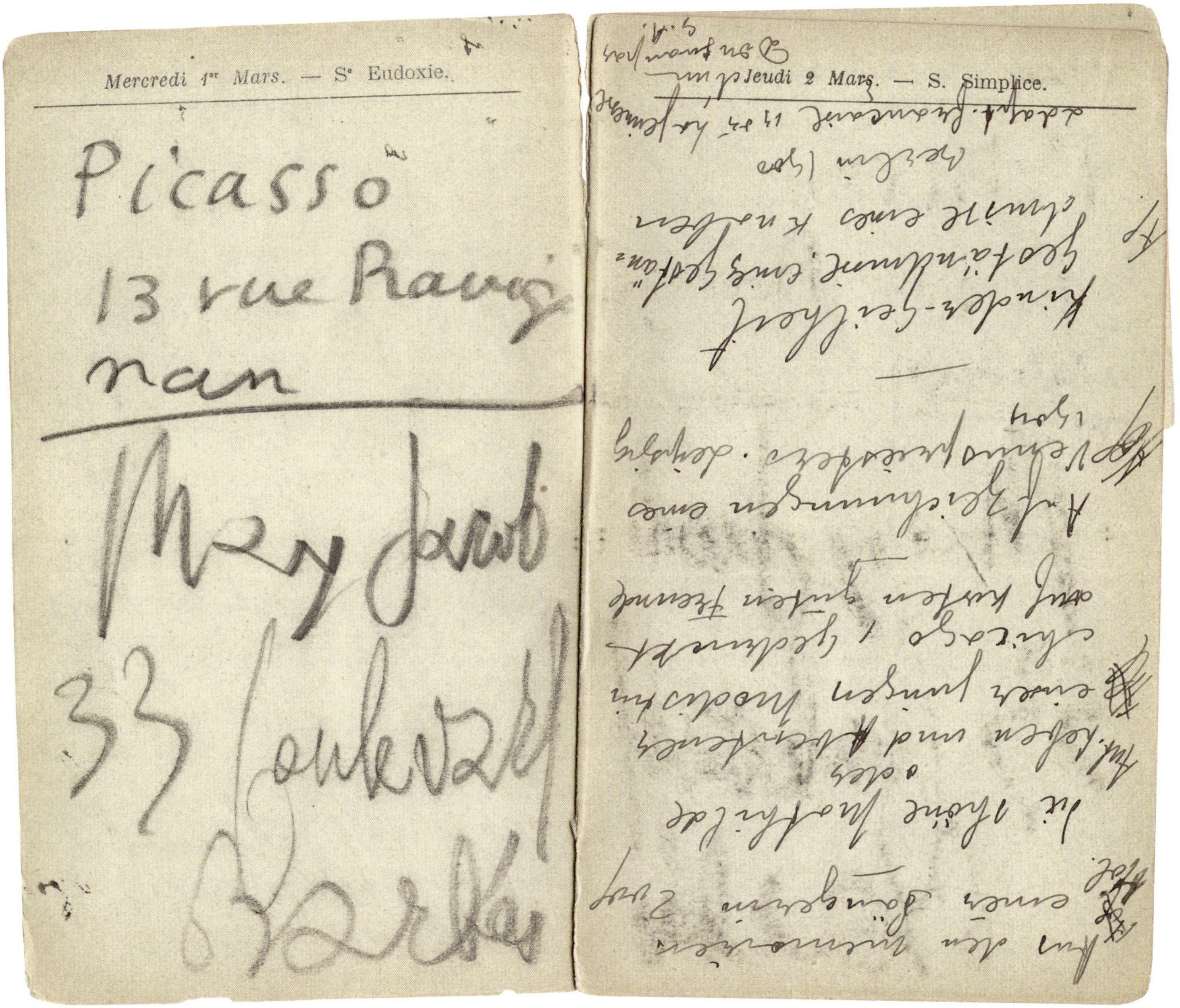

cat. 11
GUILLAUME APOLLINAIRE
Agenda autographe et carnet de visites
[Agenda autografa e taccuino dei visitatori / Autograph diary and visitors' notebook]
Villefranche, gennaio-febbraio-marzo-aprile / January-February-March-April, 1905
In-dodicesimo 106 pagine, non rilegato, sottocopertina stampata usurata, custodia, iscrizioni manoscritte in inchiostro o grafite / 12mo, 106 pages, unbound, printed cover, slipcase, handwritten inscriptions in ink or pencil, 14,5 × 9 × 1,5 cm
Collezione / Collection Pedro Corrêa do Lago

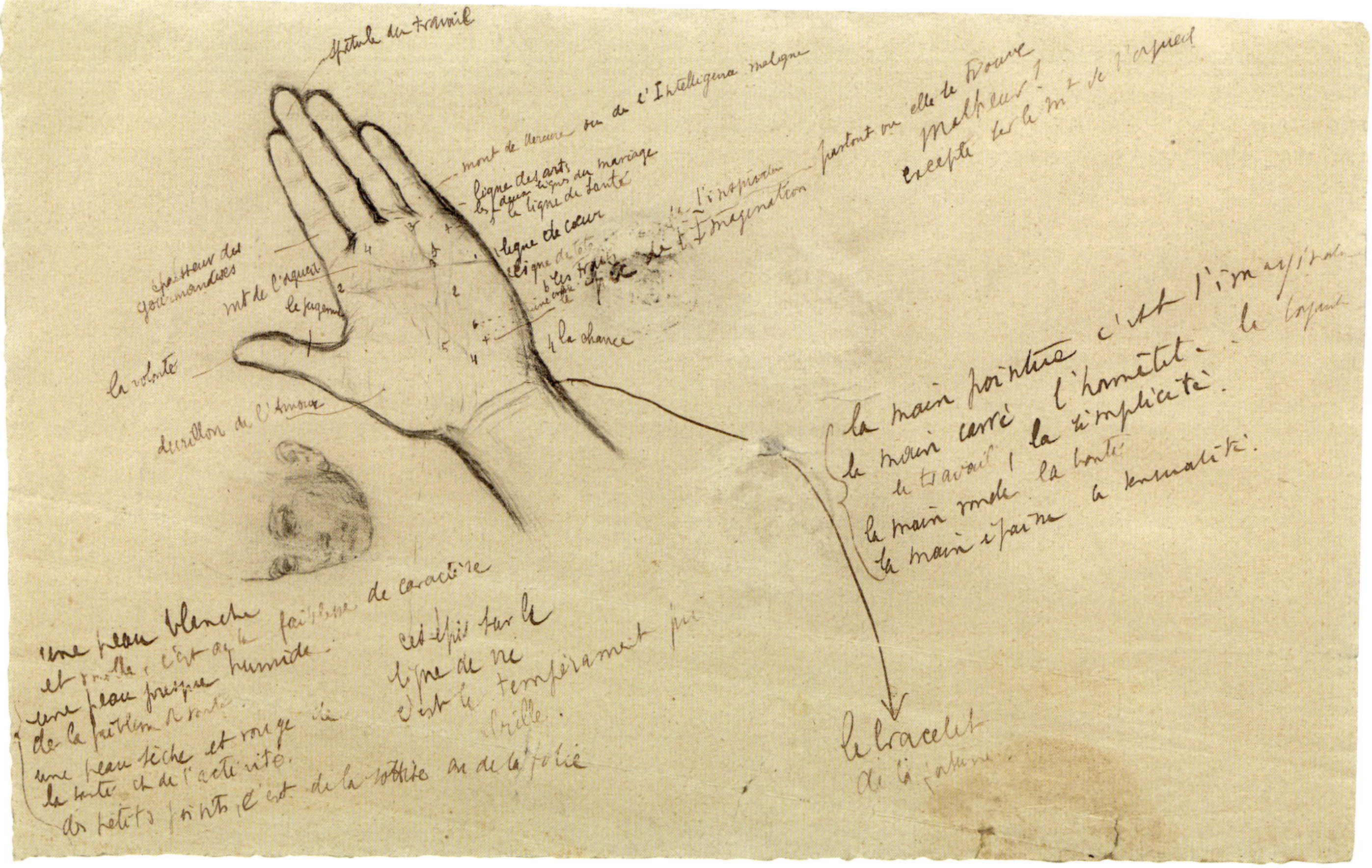

cat. 12
PABLO PICASSO
Cabeza de Max Jacob y estudio de quiromancia con las claves para su interpretación
[Testa di Max Jacob e studio di chiromanzia con le chiavi di lettura / Head of Max Jacob and study of chiromancy with keys to interpretation]
Parigi / Paris, 1902
Matita di grafite e inchiostro a penna su carta / Graphite pencil and pen and ink on paper, 29,6 × 19 cm
Barcellona / Barcelona, Museu Picasso, donazione di / donation by Pablo Picasso, 1970

cat. 13
PABLO PICASSO
Estudio de quiromancia de Picasso con texto de Max Jacob
[Studio di chiromanzia di Picasso con testo di Max Jacob / Study of chiromancy of Picasso's hand with text by Max Jacob]
Parigi / Paris, 1902
Matita di grafite e inchiostro a penna su carta / Graphite pencil and pen and ink on paper, 29 × 18,9 cm
Barcellona / Barcelona, Museu Picasso, donazione di / donation by Pablo Picasso, 1970

M X J. 3 TECIE

tempérament ardent, réussites

ligne de vie. jusqu'à 68 ans
faiblesse et maladie (à la fin de la vie) grave

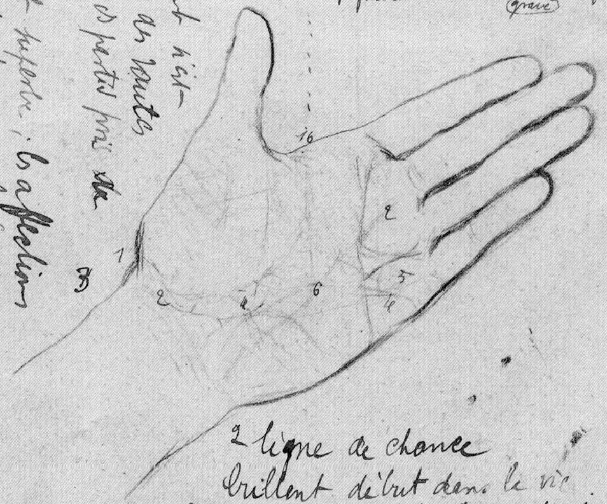

2 ligne de chance
brillent début dans la vie
au point de vue pratique rudes déceptions
et changement de fortune avant 30 ou 35 ans
mais réussite dans les arts — brillante. (carré sur la ligne de vie)
La vie sera apaisée vers la fin.
On peut espérer la fortune (bracelet 3)
4. la ligne hépatique est divisée, faible
ligne d'une santé médiocre
5 le m^t de Mercure est développé. intelligence
mais la 1ère phalange du petit doigt est courte.
naïveté.

Remarque particulière. Toutes les lignes semblent
naître à la base de la ligne de chance de cette main,
c'est comme la première étincelle d'un feu d'artifice.
Cette sorte d'étoile vivante ne se rencontre que
rarement et chez les individus prédestinés. Une gerbe
retire vers le mont de l'inspiration nous indiquerait un
tempérament poétique si la forme allongée de la main ne
nous avait déjà induit à le juger tel.

La base de la main est large, carrée, signe de
sensualité mais aussi de franchise et d'esprit de bonne humeur.
La main en forme de flamme est aux natures charmantes
sociables.
Le pouce est court, peu de volonté, la ligne de vie [illegible]

et la perd, le pugement n'est
peut-être pas à l'abri des vautes
de l'imagination ou des partis pris et
préconçus.
La ligne de cœur est superbe ; les affections
seront nombreuses et chaudes, les déceptions
aussi de ce côté seront cruelles, j'en ai peur.
La distance entre la ligne de cœur et la ligne de tête
annonce une âme large et profonde
La ligne de tête inclinée vers le m^t de la lune annonce que le cœur
saura trouver du tact.
Il est fâcheux que cette main soit envahie par des fibrilles venues du m^t de Vénus
et qui font croire que l'amour jouera dans cette vie un trop grand rôle.
Note : Aptitude à tous les arts.
gourmandise. Activité et paresse à la fois. Esprit religieux sans austérité. Culture d'esprit.
Esprit sarcastique sans méchanceté.
Indépendance.

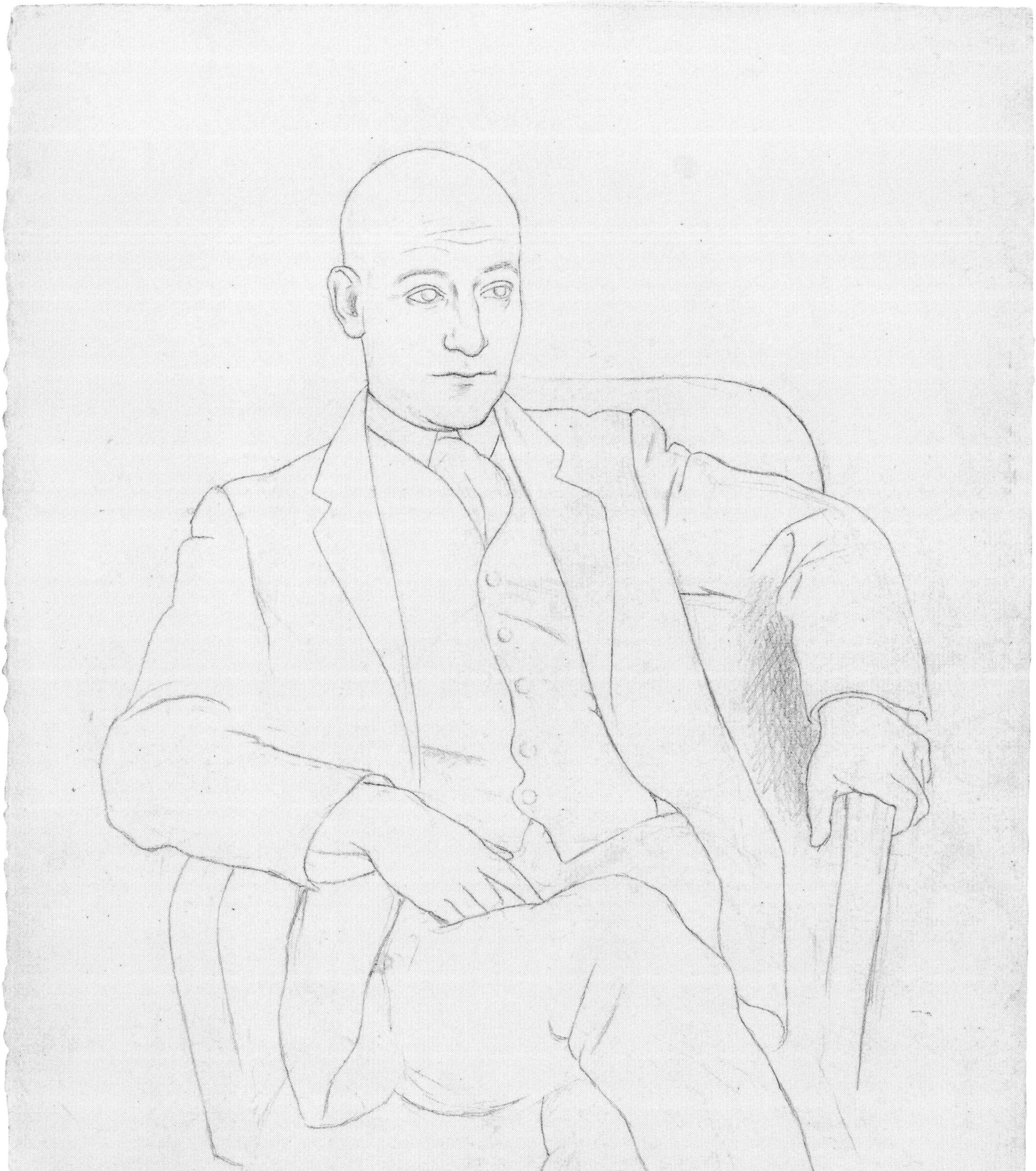
A mon ami Max Jacob
Picasso
22 R. Victor Hugo
montrouge (seine)

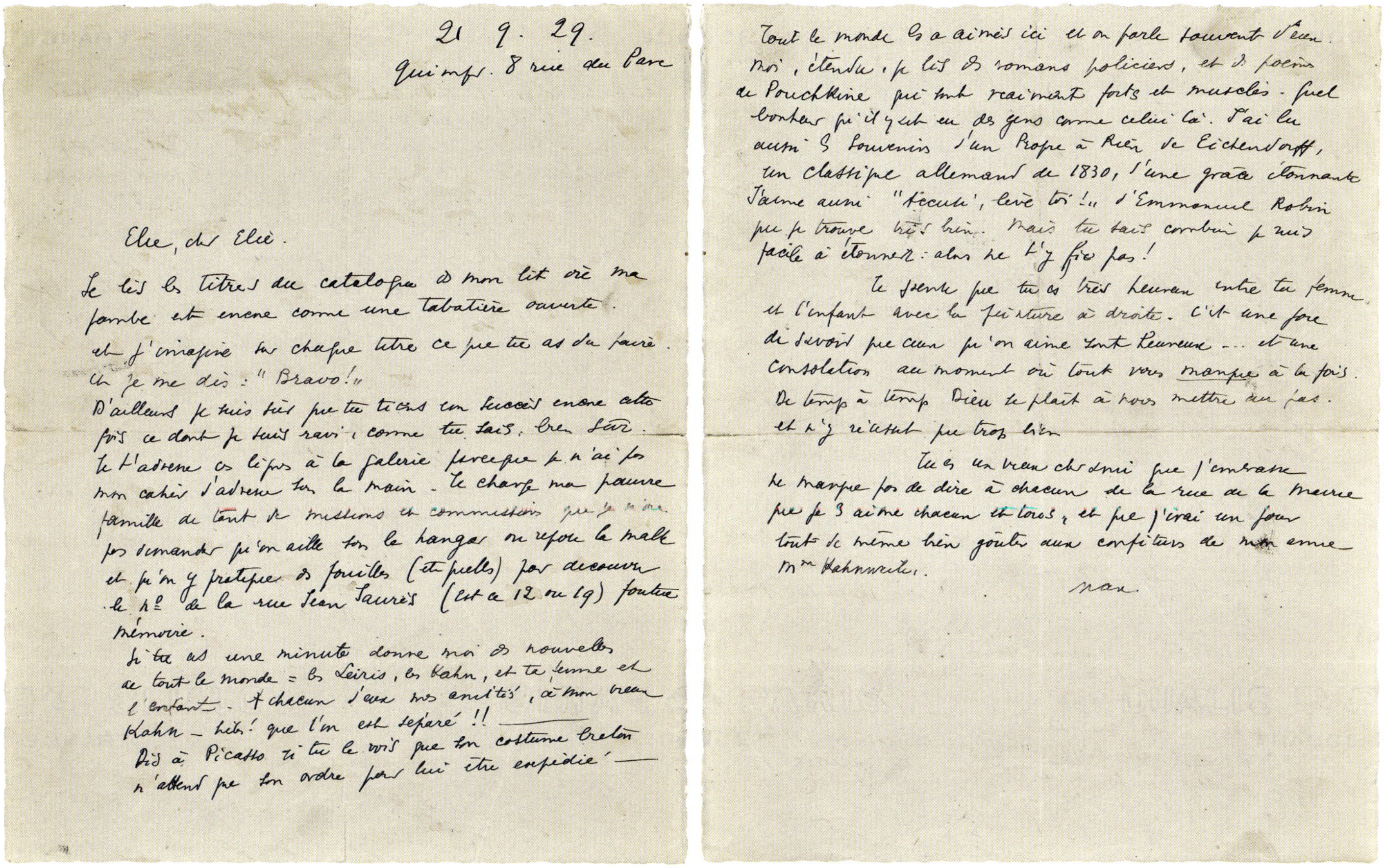

21. 9. 29.
Quimper. 8 rue du Parc

Elie, cher Elie.

Je lis les titres du catalogue de mon lit où ma jambe est encore comme une tabatière ouverte.
et j'imagine sur chaque titre ce que tu as du faire.
Et je me dis : "Bravo !"
D'ailleurs je suis sûr que tu tiens un succès encore cette fois ce dont je suis ravi, comme tu sais, bien sûr.
Je t'adresse ces lignes à la galerie parce que je n'ai pas mon cahier d'adresse sous la main. Je charge ma pauvre famille de tant de missions et commissions que je n'ose pas demander qu'on aille sous le hangar où repose la malle et qu'on y pratique des fouilles (et quelles) pour découvrir le n° de la rue Jean Jaurès (est-ce 12 ou 19) fautive mémoire.
Si tu as une minute donne moi des nouvelles de tout le monde = les Leiris, les Kahn, et ta femme et l'enfant. A chacun d'eux mes amitiés, à mon vieux Kahn – hélas ! que l'on est séparé !!
Dis à Picasso si tu le vois que son costume breton n'attend que son ordre pour lui être expédié —

Tout le monde les a aimés ici et on parle souvent d'eux. Moi, étendu, je lis des romans policiers, et des poésies de Pouchkine qui sont réellement forts et musclés. Quel bonheur qu'il y ait eu des gens comme celui là. J'ai lu aussi les Souvenirs d'un Propre à Rien de Eichendorff, un classique allemand de 1830, d'une grâce étonnante. J'aime aussi "Lazare, lève toi !" d'Emmanuel Robin que je trouve très bien. Mais tu sais combien je suis facile à étonner : alors ne t'y fie pas !

Je pense que tu es très heureux entre ta femme et l'enfant avec la peinture à droite. C'est une joie de savoir que ceux qu'on aime sont heureux ... et une consolation au moment où tout vous manque à la fois. De temps à temps Dieu se plaît à nous mettre au pas. et n'y réussit que trop bien.

Tu es un vieux cher ami que j'embrasse. Ne manque pas de dire à chacun de la rue de la Mairie que je les aime chacun et tous, et que j'irai un jour tout de même bien goûter aux confitures de mon amie Mme Kahnweiler.

Max

cat. 14
PABLO PICASSO
Portrait de Max Jacob
[Ritratto di Max Jacob / Portrait of Max Jacob]
recto
Montrouge, 1917
Matita di grafite su carta / Graphite pencil on paper, 32,6 × 25, 3 cm,
con l'annotazione: «Al mio amico Max Jacob, Picasso, 22 R. Victor Hugo, Montrouge (Seine)» / with the annotation: "To my friend Max Jacob, Picasso, 22 R. Victor Hugo, Montrouge (Seine)"
Parigi / Paris, Musée national Picasso-Paris, dazione di / dation of Pablo Picasso, 1979

cat. 15
Lettera di Max Jacob a Élie Lascaux / Letter from Max Jacob to Élie Lascaux
21 settembre / September 1929
Testo su carta / Text on paper, 27 × 21 cm
Parigi / Paris, collezione privata / private collection

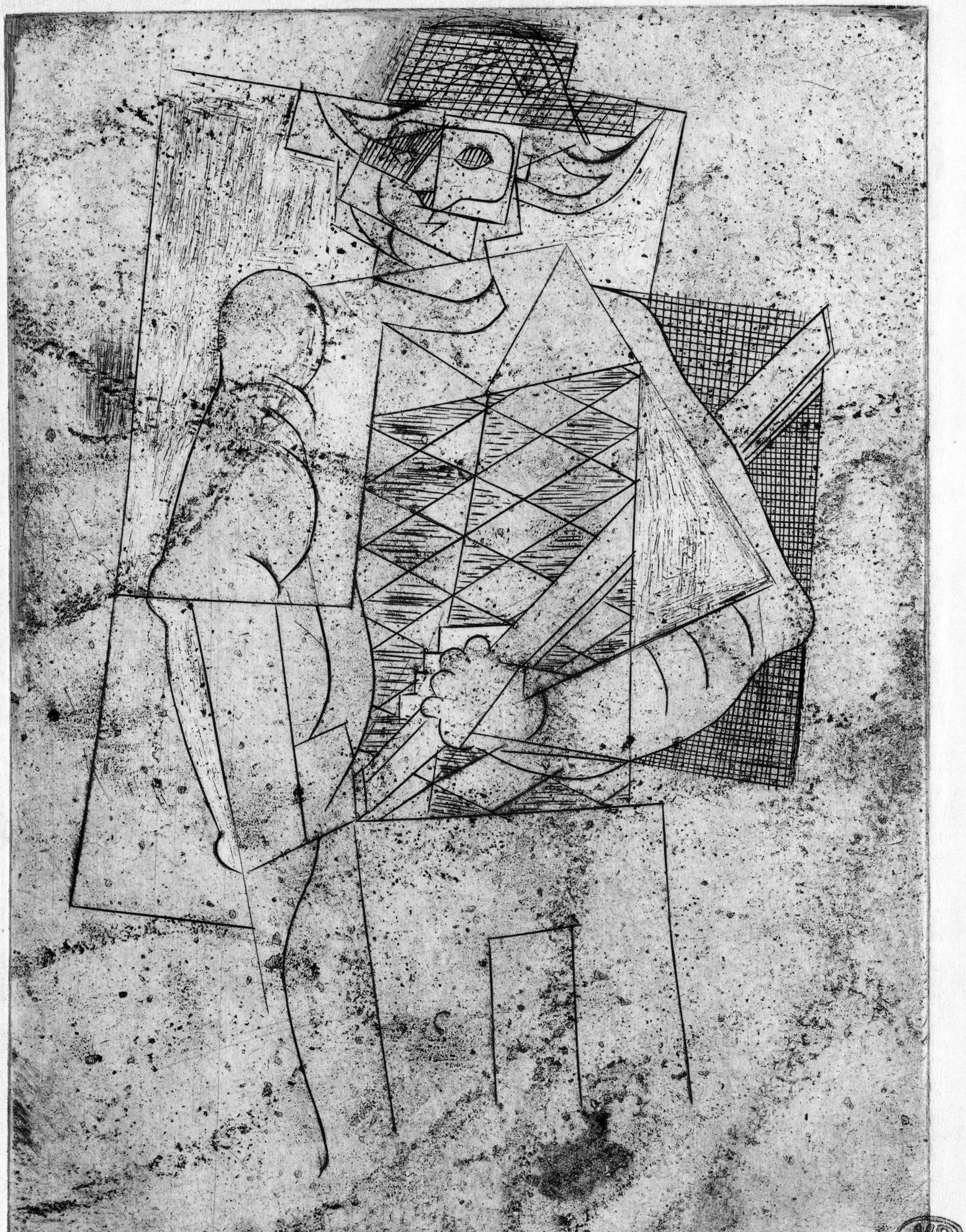

poets."[15] Indeed, in *Family of Saltimbanques* (1905), his first masterpiece, it is certainly the appalling solitude of a group of acrobats stopped in their tracks in front of a mute city, that Picasso decided to depict. Furthermore, this group self-portrait remains truly inseparable from two major poets: Guillaume Apollinaire, who inspired it, and Rainer Maria Rilke, who grasped its philosophical significance?[16]

Gertrude Stein

On 29 November 1905, Leo Stein, an American expatriate, wrote to a friend that he had become fervent collector of a "young Spaniard named Picasso," whom he considered "a genius of considerable magnitude and one of the most notable draughtsmen living."[17] Stein had arrived in Paris together with his sister Gertrude a few years before. They were rich, cultured, eccentric—as Apollinaire ironically pointed out, calling them "millionaires in sandals" and "the most unlikely patrons"[18] of the day. In their Montparnasse apartment, surrounded by their impressive collection of contemporary art (Matisse, Cézanne, Picasso), they held a salon with Saturday evenings open to all,[19] encouraging Picasso to fit into Parisian life, for example by introducing him to Matisse. Picasso started work on a portrait of the writer, which took no less than ninety sittings (between the winter of 1905 and spring of 1906), engaging in an artistic duet with Gertrude—painting for the one, poetry for the other. On canvas, he made her a sort of universal poet. Meanwhile, she developed a personal Cubist aesthetic, writing a curious portrait of Picasso: "One that some were certainly following was a completely fascinating one. One that some certainly followed was a fascinating one. One that some were following was a completely fascinating one. One that some were following was certainly one that was completely fascinating."[20]

Jean Cocteau

On 25 September 1915, it was the turn of a mainstream French poet with right-wing political views to seek the artist's friendship. "Dear Picasso, you have to make my portrait quickly, because I'm going to die soon,"[21] he wrote. In December 1914, with the outbreak of World War I, all of Picasso's Cubist works in the hands of Daniel-Henry Kahnweiler, his trusted art dealer—a German, a foreigner, an enemy, a "Boche"—were seized by the French state, and Picasso, a collateral victim of French xenophobia, was in despair. Cocteau enabled his friend to get back on his feet by introducing him to the founder

sembrano sostare al cospetto della città muta, ritratti dal pittore nel dipinto *Family of Saltimbanques* (1905), non è forse un autoritratto di gruppo indissociabile da Guillaume Apollinaire che lo ha ispirato e da Rainer Maria Rilke che ne ha colto il senso filosofico[16]?

Gertrude Stein

Il 29 novembre 1905, Leo Stein e la sorella Gertrude, americani espatriati a Parigi, scrivono a un'amica che sono diventati ferventi collezionisti di un «giovane spagnolo, tale Picasso» che considerano «un genio di valore inestimabile e, attualmente, uno dei migliori disegnatori»[17]. Sono ricchi, colti, eccentrici – come sottolinea Apollinaire che, ironico, li definisce «i miliardari coi sandali» e «i più improbabili mecenati»[18] del momento. Nell'appartamento di Montparnasse, circondati dalla loro impressionante collezione d'arte contemporanea (Matisse, Cézanne, Picasso), tengono un salotto aperto a tutti e, il sabato, serate aperte a tutti[19], aiutando Picasso a inserirsi nella vita parigina, per esempio facendogli fare conoscenza con Matisse. Picasso mette in cantiere un ritratto della scrittrice per il quale occorreranno non meno di novanta sessioni di posa (tra l'inverno del 1905 e la primavera del 1906), impegnandosi in una sorta di duetto artistico con Gertrude: pittura per l'uno, poesia per l'altra. Sulla tela, ne fa una sorta di poetessa universale. Intanto, lei elabora una personale estetica cubista, scrivendo un curioso ritratto di Picasso: «One whom some were certainly following was one who was completely charming. One whom some were certainly following was one who was charming. One whom some were following was one who was completely charming. One whom some were following was one who was certainly completely charming»[20].

Jean Cocteau

Il 25 settembre 1915, in piena guerra, un giovane poeta francese che vive lontano dai cenacoli dei marginali e vicino agli ambienti della destra conservatrice cerca di fare amicizia con l'artista. «Caro Picasso, dovrebbe farmi il ritratto in fretta perché presto morirò»[21], gli suggerisce. Dal dicembre 1914, con lo scoppio del primo conflitto mondiale, tutte le opere cubiste di Picasso affidate a Daniel-Henry Kahnweiler, il suo mercante d'arte di fiducia – tedesco, straniero, nemico, «crucco» – sono state messe sotto sequestro dallo stato e l'artista, vittima collaterale della xenofobia francese, è ridotto alla disperazione. Cocteau gli consente di rimettersi in sesto presentandogli il fondatore dei Ballets Russes, Sergej Djagilev, con il quale l'artista firma un contratto per le scene

cat. 16
PABLO PICASSO
Arlequin
[Arlecchino / Harlequin]
Frontespizio per gli esemplari dell'edizione a tiratura limitata di / Frontispiece for the limited edition copies of Max Jacob, *Le Cornet à dés*, Paris, 1918
recto
autunno / autumn 1917 - inverno / winter 1918
2° stato, bulino e raschietto su rame, prova stampata da Delâtre / 2nd state, engraving and scraper on copper, proof printed by Delâtre, 19,5 × 15,9 cm
Parigi / Paris, Musée national Picasso-Paris, dazione di / dation of Pablo Picasso, 1979

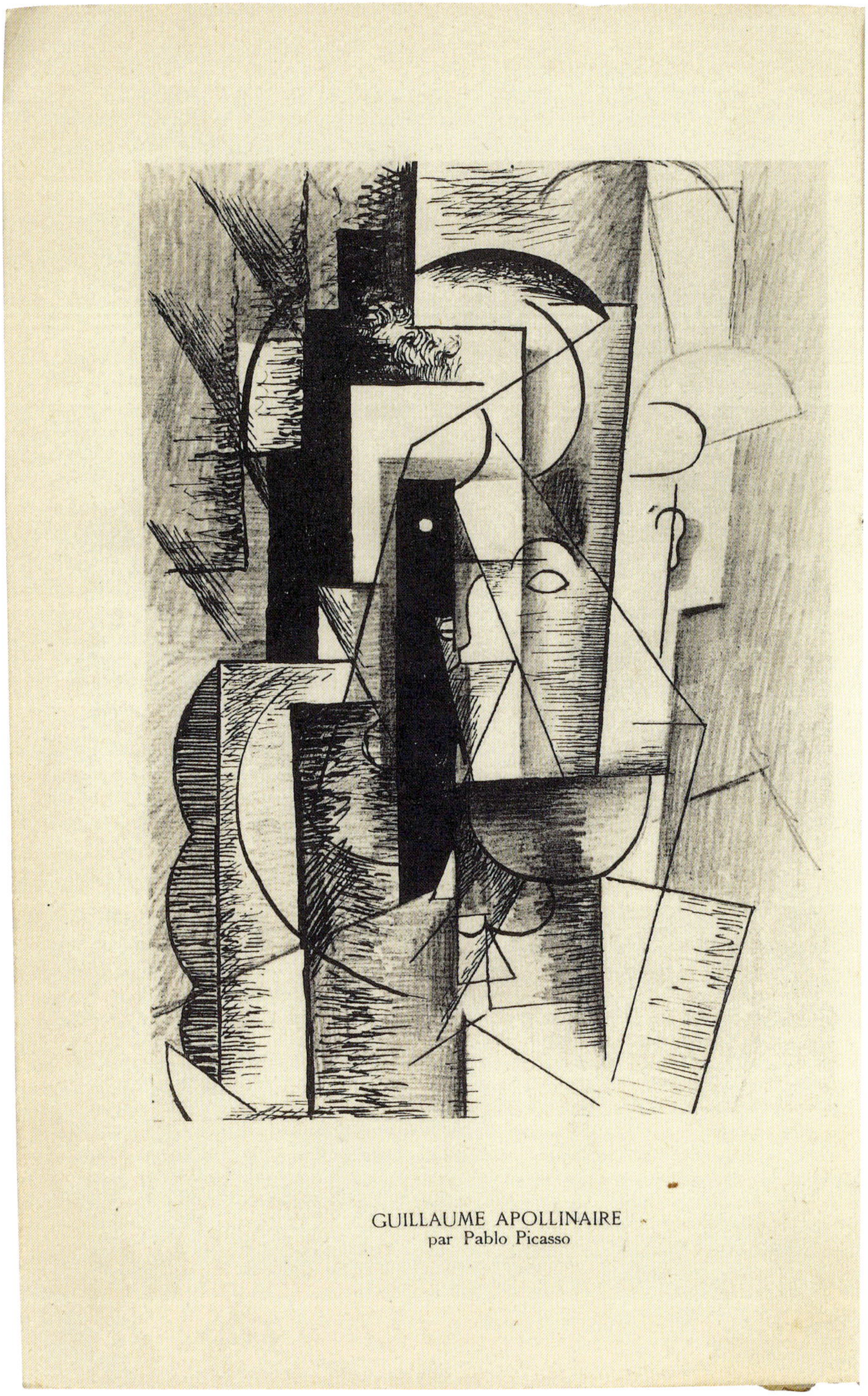

cat. 17
PABLO PICASSO
Guillaume Apollinaire
Ritratto per la raccolta di poesie / Portrait for the collection of poems *Alcools,* di / by *Guillaume Apollinaire*, composta tra il / composed between 1898 e il / and 1913 copia della prima edizione, su carta velina, numerata 519 / copy of the first edition, on tissue-like paper, numbered 519, 18,5 × 12 × 2,5 cm
Parigi / Paris, Musée national Picasso-Paris, acquisizione / acquisition, 2002

cat. 18
PABLO PICASSO
Figure: projet pour un monument à Guillaume Apollinaire
[Figura: progetto per un monumento a Guillaume Apollinaire / Figure: project for a monument to Guillaume Apollinaire]
Parigi / Paris, ottobre / October 1928
Filo di ferro e lamiera / Iron wire and sheet metal, 37,5 × 10 × 19,6 cm
Parigi / Paris, Musée national Picasso-Paris, dazione di / dation of Pablo Picasso, 1979

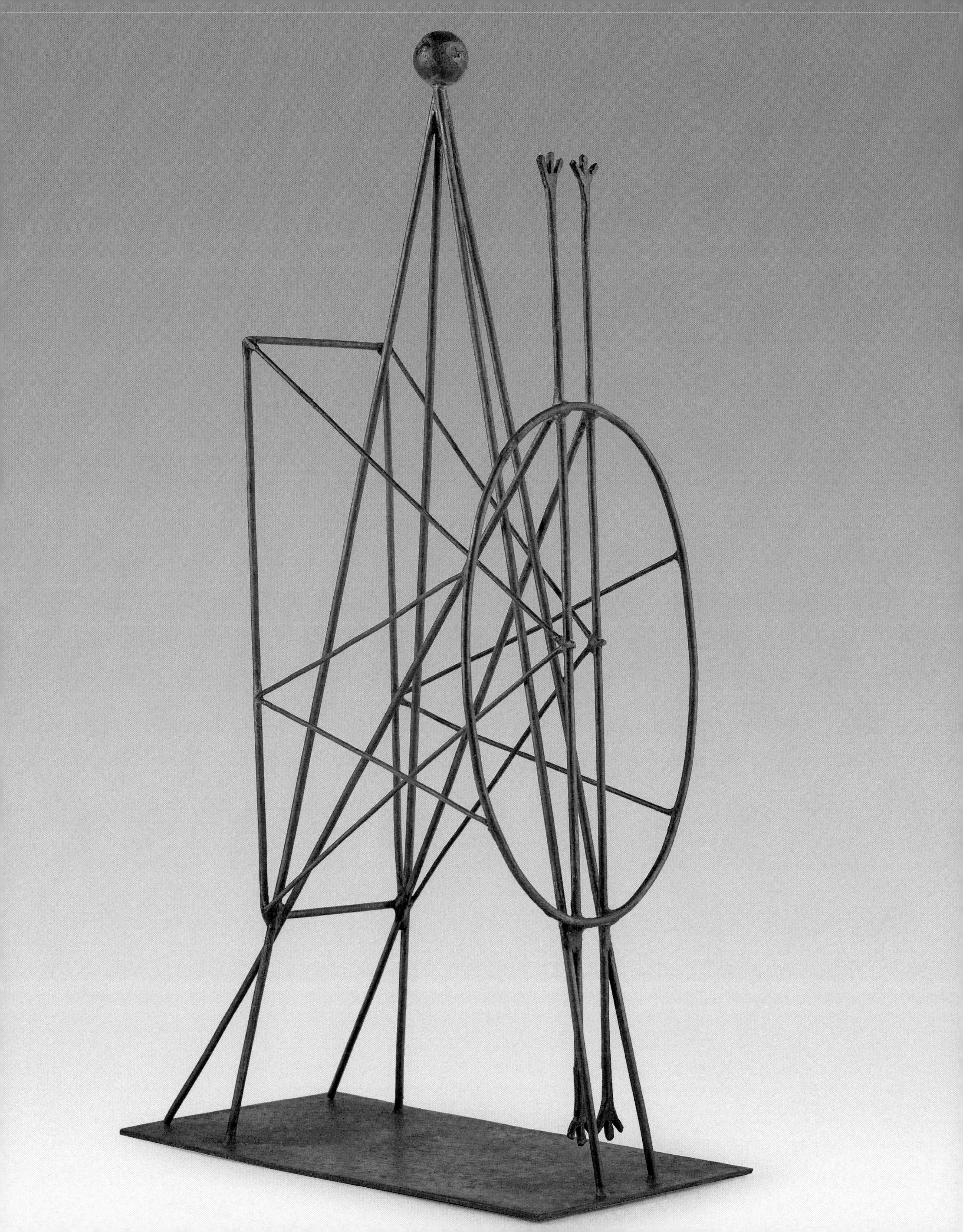

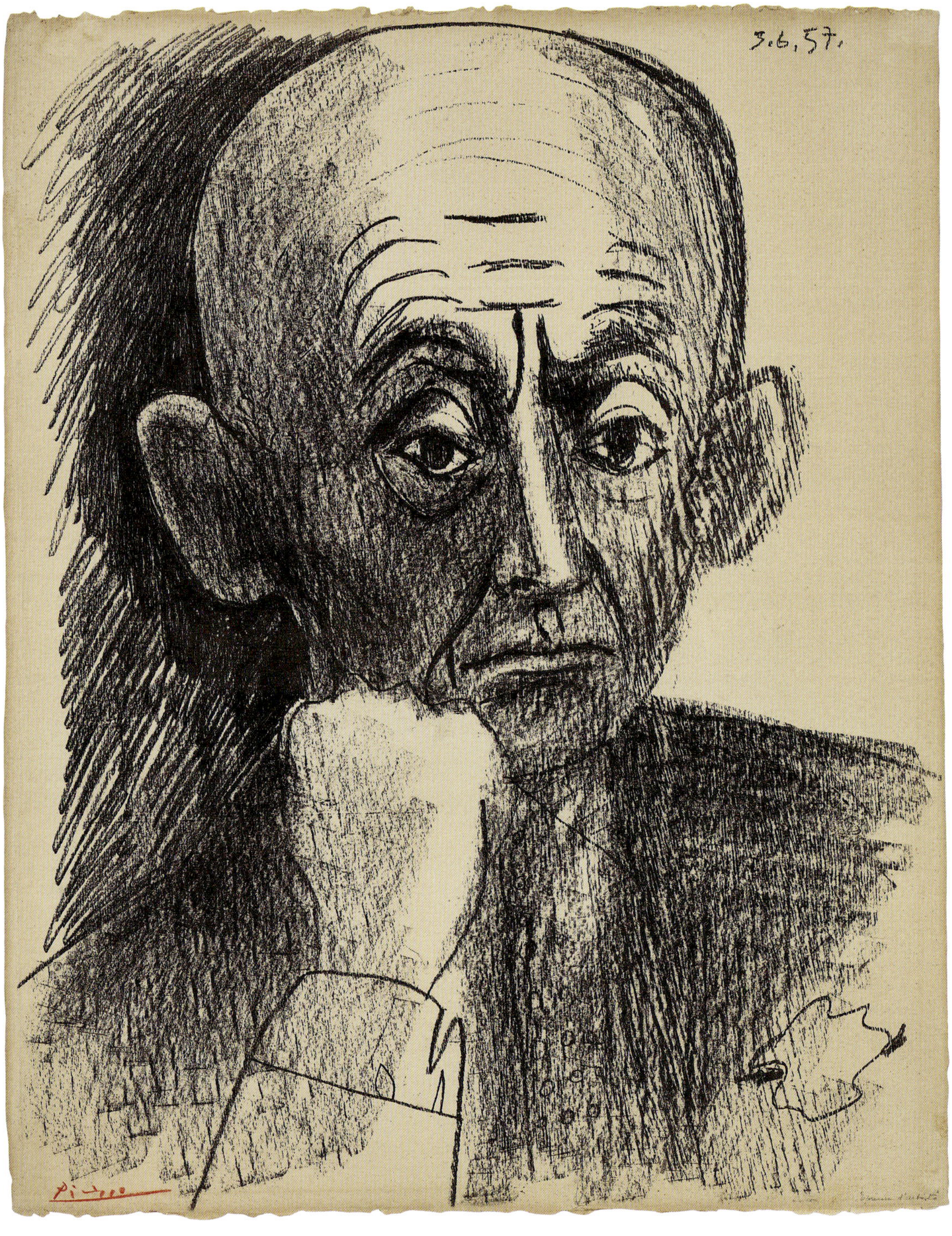

cat. 19
PABLO PICASSO
Portrait de Daniel-Henry Kahnweiler II
[Ritratto di Daniel-Henry Kahnweiler II / Portrait of Daniel-Henry Kahnweiler II]
1957

Catalogo / Catalogue Bloch
n. 835
Litografia / Lithograph,
foglio / sheet, 65,5 × 50,5 cm
Parigi / Paris, collezione privata / private collection

of the Ballets Russes, Sergei Diaghilev, who signed him up as a set and costume designer. Thanks to *Parade* (1917), *Le Tricorne* (1919), *Pulcinella* (1920), *Cuadro Flamenco* (1924) and *Le Train bleu* (1924), Picasso had the opportunity to work with outstanding composers, such as Erik Satie, Igor Stravinsky and Manuel de Falla. From then on, despite the resurgence of nationalism, hardening of borders, and accusations of treason against all those who who threatened the idea of national purity, Picasso managed to step into another international artistic movement: the Ballets Russes. Relations between Picasso and Cocteau later cooled, especially during World War II, given their different political positions.

André Breton, Louis Aragon, Paul Eluard & Co.
On 1 November 1918, André Breton rang the bell of the studio in Rue Victor Hugo, at Montrouge, where he met Picasso for the first time. They came across again a few days later at Apollinaire's funeral. Gradually, among the young poets, a veritable cult of Picasso developed. The artist was progressively co-opted by the ever-shifting group, which was to include Philippe Soupault, Robert Desnos, Pierre Naville, Benjamin Péret, Tristan Tzara, and other devotees of the Dadaist spirit. This self-proclaimed subversive circle had its legendary figures, such as Rimbaud, Baudelaire, Antonin Artaud, the Marquis de Sade, Freud, Lautréamont, Alfred Jarry, Ferdinand Cheval (known as the Facteur Cheval), Apollinaire and Arthur Cravan. "In defiance of the recognition he has received, Picasso has never ceased to spread a modern disquiet and constantly produce its highest expression," wrote Breton in 1924, in *Hommage à Picasso* signed by fourteen writers and artists. "Today he embodies youth and indisputably dominates the situation."[22]
Breton, acting as an intermediary and as leader of the group (first of the Dadaists and then the Surrealists), as well as an artistic advisor to the collector Jacques Doucet, quickly enforced praise of Picasso's work in French avant-garde circles. "Picasso is the only true genius of our time, an artist like no other, except perhaps in Antiquity," he declared excitedly.[23] But the political disagreements and sectarian mistrust of many would eventually sink these friendships. Picasso broke first with Breton and then with Aragon. The bond of friendship held strong only with Paul Éluard. He represented Picasso in Madrid in 1936 when the painter, who had remained in Paris due to family problems, gave up the idea of returning to his homeland.

e i costumi. Grazie a *Parade* (1917), *Le Tricorne* (1919), *Pulcinella* (1920), *Cuadro Flamenco* (1924), *Le Train bleu* (1924), Picasso avrà modo di collaborare con musicisti del calibro di Erik Satie, Igor Stravinskij, Manuel de Falla. E, nonostante il ripristino delle frontiere, l'imperversare dei nazionalismi, le accuse di tradimento scagliate contro tutti coloro che offuscano l'idea della purezza nazionale, Picasso riesce a inserirsi, dopo il cubismo, in un altro movimento artistico internazionale: i Ballets Russes. Successivamente i rapporti tra Picasso e Cocteau si allentano, specie durante la Seconda guerra mondiale e in ragione delle diverse prese di posizione politiche.

André Breton, Louis Aragon, Paul Éluard & C.
Il 1° novembre 1918, André Breton suona il campanello dello studio di rue Victor Hugo, a Montrouge, dove avviene il primo incontro con Picasso, che rivedrà alcuni giorni dopo alle esequie di Apollinaire.
Pian piano, tra i giovani poeti, matura un vero e proprio culto di Picasso. L'artista si lascia cooptare dal gruppo, non sempre stabile, a cui appartengono Philippe Soupault, Robert Desnos, Pierre Naville, Benjamin Péret, Tristan Tzara e altri adepti della vena dadaista, una cerchia sovversiva che si autoproclama legata a personalità leggendarie come Rimbaud e Baudelaire, Antonin Artaud e il marchese de Sade, Freud e Lautréamont, Alfred Jarry e Ferdinand Cheval (detto il postino Cheval), Apollinaire e Arthur Cravan. «Senza badare a omaggi e riconoscimenti, Picasso non ha mai smesso di diffondere l'inquietudine moderna e di produrne costantemente l'espressione più elevata», scrive Breton nel 1924, nell'*Hommage à Picasso* sottoscritto da quattordici scrittori e artisti: «Oggi incarna la giovinezza e domina inconfutabilmente la situazione»[22].
Breton, fungendo sia da tramite sia da leader del gruppo (prima dei dadaisti e poi dei surrealisti) e consigliere artistico del collezionista Jacques Doucet, riuscirà a imporre in Francia, nelle nicchie d'avanguardia, l'esaltazione dell'opera di Picasso. «Picasso è l'unico autentico genio del nostro tempo, un artista come non ce ne sono stati mai, eccetto forse nell'Antichità», afferma infervorato[23]. Ma i dissapori politici e la diffidenza settaria di molti finiranno con l'affossare queste amicizie: Picasso rompe prima con Breton e poi con Aragon. Soltanto con Paul Éluard (che rappresenterà Picasso a Madrid nel 1936 quando il pittore, rimasto a Parigi per problemi familiari, rinuncia a tornare nel paese d'origine), il legame d'amicizia rimarrà saldo nel tempo.

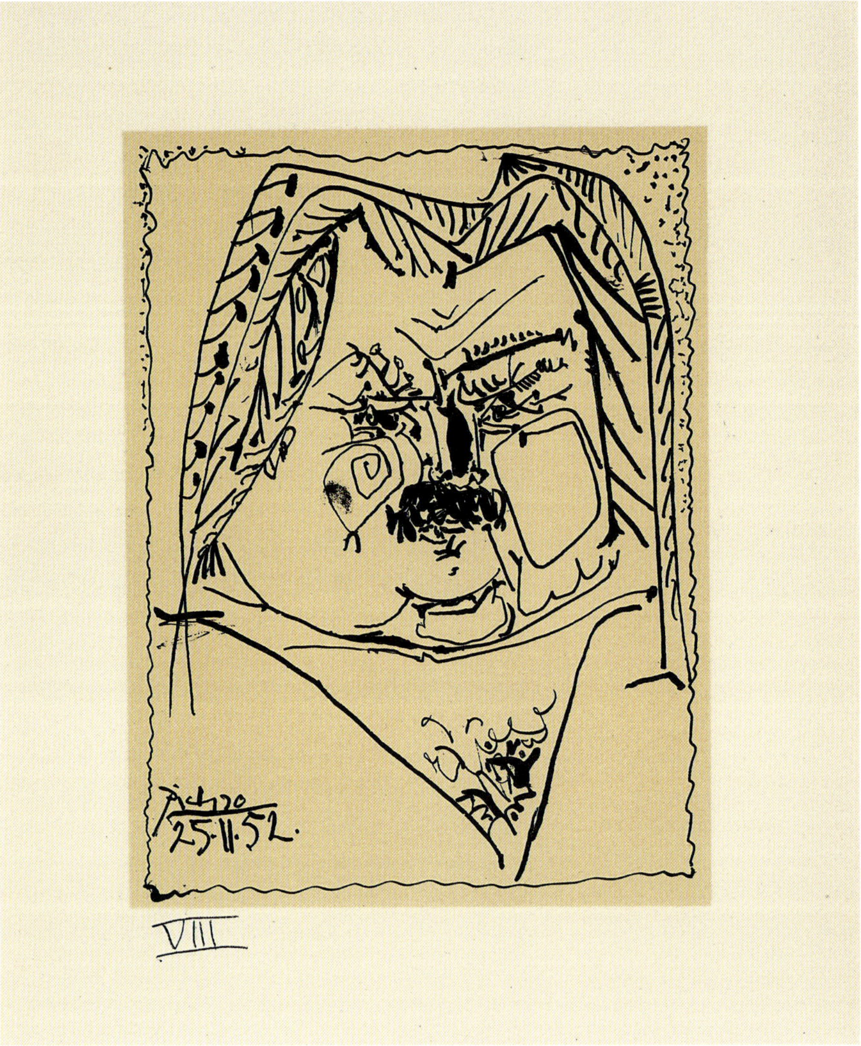

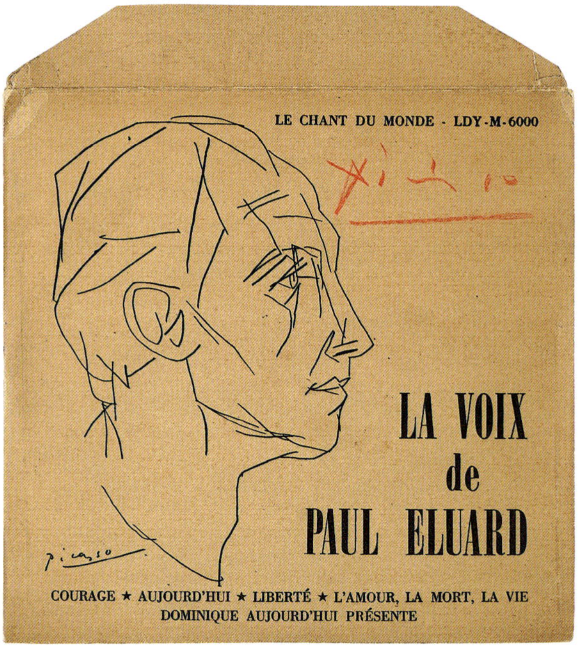

cat. 20
MICHEL LEIRIS
Balzacs en bas de casse et Picassos sans majuscule
[Balzac in minuscolo e Picasso senza maiuscole / Balzacs in lowercase and Picassos without capitalisation]
25 febbraio / February 1952
Cramer n. 86
Libro illustrato, cofanetto / Illustrated book, slipcase
95,5 × 67,2 cm (aperto / open), 34,5 × 26,5 × 1,6 cm (chiuso / closed), stampa / print n. 7, 33,3 × 25,3 cm
Parigi / Paris, collezione privata / private collection

cat. 21
La voix de Paul Éluard
[La voce di Paul Éluard / The Voice of Paul Éluard]
1954
Disco 45 giri con firma di Pablo Picasso, vinile / 45 rpm record with Pablo Picasso's signature, vinyl, 19 × 21,5 × 2 cm
Parigi / Paris, collezione privata / private collection

Michel Leiris
One Sunday in 1930, in Daniel-Henry Kahnweiler's salon in Boulogne-sur-Seine, Picasso met this young Surrealist poet, not yet a famous ethnologist. He was a frequent guest at the weekly gatherings, where Max Jacob and Kahnweiler propitiated the meeting between long-time Cubists and artists in the making. Leiris was soon describing the artist as a "genius," a term that he always used from then on with endless variations, finally presenting him as "genius without a pedestal,"[24] but without ever defining the term, since "the characteristic of genius is to cut short any kind of commentary."[25] In 1937, he presented *Guernica* with extreme restraint: "There is no need to look for words to describe this epitome of our catastrophe. … In a black and white rectangle like that of ancient tragedy, Picasso sends us our letter of mourning: everything we love will die. … Between Picasso's fingers the black and white vapors crystallise and mineralise, the last gasp of a dying world."[26] During the years of Nazi occupation, the bond between them was strengthened and, during the 1944 Salon d'Automne, Leiris sharply denounced the exclusion that French society inflicted on Picasso. They remained lifelong friends.

Jacques Prévert
In the 1930s, at Adrienne Monnier's bookshop near the Odéon, the young Prévert met Breton and Éluard, then Marcel Duhamel, Raymond Queneau, Yves Tanguy and Joseph Kosma. He called himself an "anarchist with a heart," a "dreamer" and an "artisan" rather than a "poet." He loved Paris (especially Montmartre and Saint-Germain-des-Prés), and became a screenwriter, lyricist and poet. With *Lanterne magique de Picasso* and *La promenade de Picasso*, two splendid texts published in *Cahiers d'Art* (1940–4) edited by Christian Zervos, the country's most popular poet, beloved of schoolchildren all over France, endowed Picasso with the power of myth. They would continue to meet in Provence, as good artisans, surrounded by ceramists, photographers and sculptors.

Aimé Césaire
From 19 to 22 September 1956, the first "Congrès des écrivains et artistes noirs" was held at the Sorbonne, attended by some sixty delegates from Africa, the Indian Ocean, the Caribbean and continental America. Picasso designed the poster with the portrait of Jacques Césaire, son of the poet and mayor of Fort-de-France. "Artists and poets always

Michel Leiris
Una domenica del 1930, nel salotto di Daniel-Henry Kahnweiler a Boulogne-sur-Seine, Picasso incontra il giovane poeta surrealista, a quei tempi non ancora celebre etnologo, assiduo ospite delle riunioni settimanali in cui Max Jacob e Kahnweiler propiziano l'incontro tra cubisti di lungo corso e artisti in divenire. Ben presto Leiris attribuisce all'artista il qualificativo di «genio» che da allora utilizzerà sempre con infinite modulazioni, fino ad approdare a «genio senza piedestallo»[24], ma senza mai darne una definizione, visto che «la caratteristica del genio è di troncare qualsiasi tipo di commento»[25]. Nel 1937, presenta *Guernica* con estrema sobrietà: «Non serve cercare parole per descrivere questa sintesi della nostra catastrofe. [...] In un rettangolo bianco e nero come quello della tragedia antica, Picasso dà forma al lutto: tutto ciò che amiamo morirà [...] tra le dita di Picasso si cristallizzano e si mineralizzano i vapori bianchi e neri, il rantolo di un mondo agonizzante»[26]. Negli anni dell'occupazione nazista, il legame che li unisce si rinsalda e, durante il Salon d'automne del 1944, Leiris denuncia senza mezzi termini l'esclusione che la società francese fa subire a Picasso. Rimarranno amici per tutta la vita.

Jacques Prévert
Alla libreria di Adrienne Monnier vicino all'Odéon, il giovane Prévert incontra Breton ed Éluard, poi Marcel Duhamel, Raymond Queneau, Yves Tanguy e Joseph Kosma. Dice di essere «anarchico col cuore», «sognatore» e «artigiano» anziché «poeta». Innamorato di Parigi (specie di Montmartre e del quartiere di Saint-Germain-des-Prés), diventerà sceneggiatore, paroliere e poeta. Con *Lanterne magique de Picasso* e *La promenade de Picasso*, due splendidi testi usciti su «Cahiers d'Art» (1940-1944), la rivista diretta da Christian Zervos, il poeta più popolare del paese, amatissimo dagli scolari di tutta la Francia, conferisce a Picasso la potenza del mito. Continueranno a vedersi in Provenza, da buoni artigiani, attorniati da ceramisti, fotografi e scultori.

Aimé Césaire
Dal 19 al 22 settembre 1956, alla Sorbona, si svolge il primo «Congrès des écrivains et artistes noirs», a cui partecipano una sessantina di delegati provenienti dall'Africa, dai territori dell'Oceano Indiano, dai Caraibi e dall'America continentale. Picasso appronta il manifesto con il ritratto di Jacques Césaire, figlio del poeta nonché sindaco di Fort-de-France. «Artisti e poeti, di qualunque colore siano, ritornano

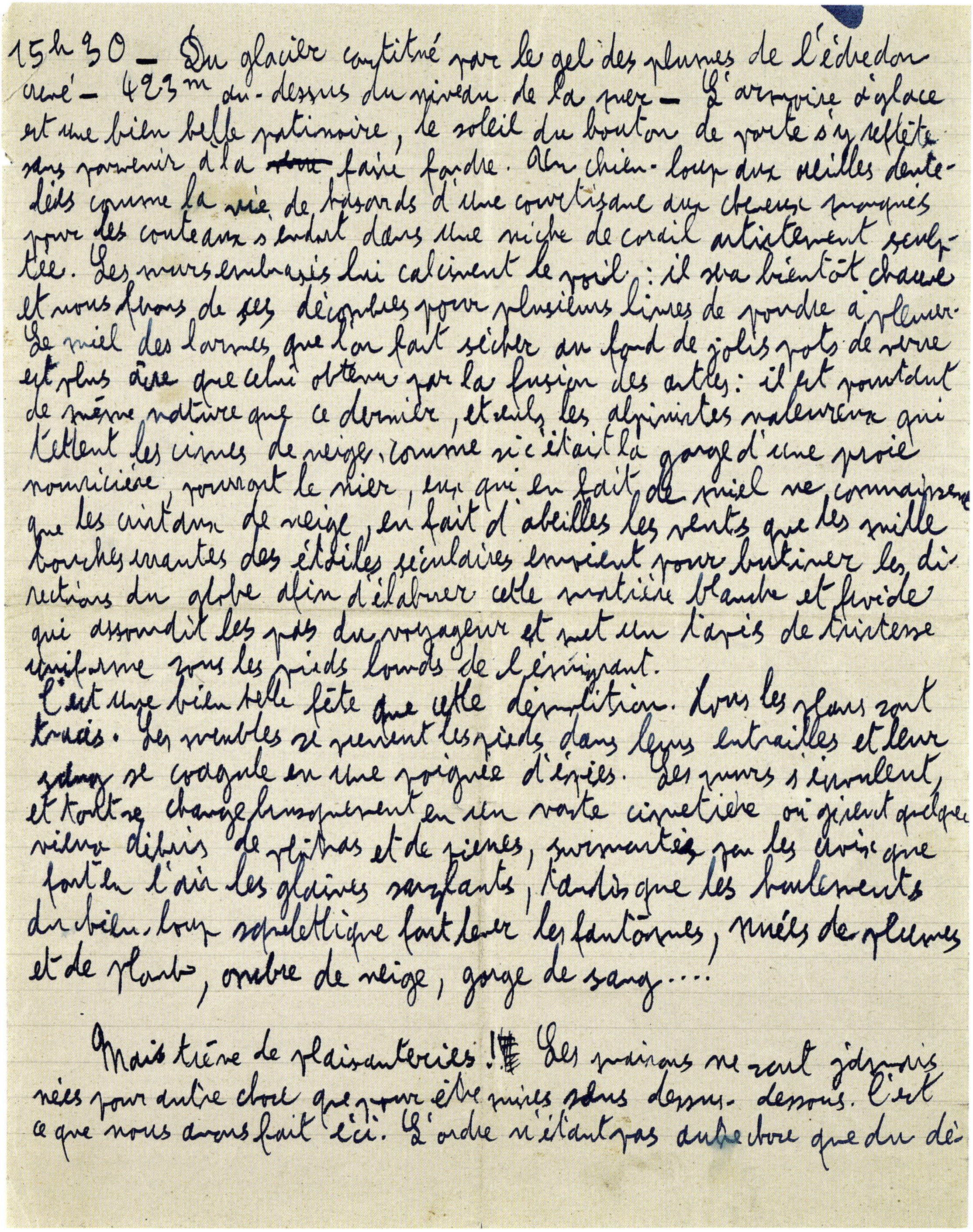

15h30 — Du glacier constitué par le gel des plumes de l'édredon crevé — 423m au-dessus du niveau de la mer — L'armoire à glace est une bien belle patinoire, le soleil du bouton de porte s'y reflète sans parvenir à la ~~fon~~ faire fondre. Un chien-loup aux oreilles dentelées comme la vie de hasards d'une courtisane aux cheveux marqués pour des couteaux s'endort dans une niche de corail artistement sculptée. Les murs embrasés lui calcinent le poil : il sera bientôt chauve et nous ferons de ses dépouilles plusieurs livres de poudre à plomer.
Le miel des larmes que l'on fait sécher au fond de jolis pots de verre est plus dure que celui obtenu par la fusion des astres : il est pourtant de même nature que ce dernier, et seuls les alpinistes valeureux qui têtent les cimes de neige, comme si c'était la gorge d'une proie nourricière, pourront le nier, eux qui en fait de miel ne connaissent que les cristaux de neige, en fait d'abeilles les vents que les mille bouches errantes des étoiles séculaires envoient pour butiner les directions du globe afin d'élaborer cette matière blanche et froide qui assourdit les pas du voyageur et met un tapis de tristesse uniforme sous les pieds lourds de l'émigrant.
C'est une bien belle fête que cette démolition. Tous les plans sont tracés. Les meubles se prennent les pieds dans leurs entrailles et leur sang se coagule en une poignée d'épées. Les murs s'écroulent, et tout se change brusquement en un vaste cimetière où gisent quelques vieux débris de plâtras et de pierres, surmontés par les croix que font en l'air les glaives sanglants, tandis que les hurlements du chien-loup squelettique font lever les fantômes, nés de plumes et de plâtre, ombre de neige, gorge de sang....

Mais trêve de plaisanteries ! Les maisons ne sont jamais nées pour autre chose que pour être mises sens dessus-dessous. C'est ce que nous avons fait ici. L'ordre n'étant pas autre chose que du dé-

catt. 22, 23
MICHEL LEIRIS
Nous avons fait de l'ordre
[Abbiamo fatto ordine /
We have made order]
ca. 1925
Testo su carta / Text on paper,
27 × 21 cm
Parigi / Paris, collezione
privata / private collection

sordre, puis retourné, et le bon sens ne pouvant être atteint qu'en poussant la folie jusqu'à son comble, c. à. d. son point de départ

AINSI, NOUS AVONS FAIT

DE

L'ORDRE

sempre allo stesso paese natale. Un saluto fraterno al congresso degli uomini di cultura del mondo nero», scrive l'artista nella dedica, con la solita, splendida calligrafia. L'anno successivo confezionano insieme la raccolta *Corps perdu*: dieci poesie di Césaire illustrate da trentadue incisioni di Picasso. Il pittore ha ideato ibridazioni, donne-fiore, uomini-albero, genitali-radice, all'unisono con i versi di Césaire, ricchi di eruzioni vulcaniche, fioriture arboree e forze telluriche radicate nella vegetazione lussureggiante. Sul frontespizio ha collocato l'effigie di un poeta nero con la fronte cinta di alloro così da attribuire all'arte nera il massimo riconoscimento europeo, conferito dai Greci al vincitore del certame di poesia e di canto[27].

È evidente che i poeti sono sempre rimasti nella sfera esistenziale dell'artista, tra solidarietà necessarie, amicizie durature e legami occasionali, nonostante i dissensi politici e le rotture temporanee o insanabili. Così finisce questo breve *excursus*, anche se molti altri nomi sarebbero possibili: Paul Salmon, Blaise Cendrars, René Char, Pierre Reverdy, Federico García Lorca e non solo.

Con il linguaggio dei poeti

Durante gli anni del cubismo, influenzato da Braque, artigiano di formazione e di estrazione, Picasso innesta materiali prosaici (*papiers collés*, oggetti disparati ed eterocliti, pezzi di corda ecc.) sulle forme d'arte nobili (pittura e scultura) che coltiva: osando «fecondare» le arti auliche con oggetti triviali, semina sconcerto tra i fautori del rigore accademico. E però, mentre si impegna nel settore delle arti plastiche con le risorse del suo impressionante talento, non si può dire che faccia altrettanto nel settore della poesia. E quindi non è semplicissimo affrontare il suo percorso nel mondo della letteratura. I libri sono parte integrante della sua esistenza, la letteratura è onnipresente nei rapporti e nei carteggi con la famiglia, specie grazie al cognato, Juan Vilató, il quale gli suggerisce di continuo titoli e gli manda libri. La scrittura (in lingua spagnola) tiene uniti per decenni Picasso e la madre, Picasso e la cultura del paese d'origine: migliaia di lettere viaggiano tra Barcellona e Parigi. Nel 1900, quando arriva per la prima volta a Parigi, Picasso non sa una parola di francese.

Nel 1935, è messo alle strette da due crisi concomitanti. Dal punto di vista affettivo e a livello finanziario è combattuto tra esigenze contraddittorie e tre poli: la moglie Olga Kholkhlova e il figlio Paulo; l'amante Marie-Thérèse Walter e la figlia Maya; la nuova compagna, Dora Maar, e i progetti condivisi. A livello politico, anche se da straniero

return to the same homeland, whatever their color. A fraternal greeting to the congress of men of culture of the black world," he wrote in his dedication, in his usual fine handwriting. The following year together they produced *Corps perdu*: ten poems by Césaire illustrated with thirty-two engravings by Picasso. The painter created hybrids of flower-women, tree-men, root-genitals, in unison with Césaire's verses, rich in volcanic eruptions, trees blossoming, and telluric forces rooted in lush vegetation. In the frontispiece he placed the likeness of a black poet crowned with laurel, so endowing black art with the supreme European accolade, bestowed by the Greeks on the winners of the contests of poetry and song.[27]

Thus, between necessary solidarity, lasting friendships and occasional ties, despite political disagreements and temporary or irreconcilable ruptures, poets always remained in the artist's existential sphere. So ends this brief excursus, although many other names might be mentioned, such as Paul Salmon, Blaise Cendrars, René Char, Pierre Reverdy, Federico Garcia Lorca.

With the Language of Poets

During the years of Cubism, influenced by Braque, a craftsman by training and extraction, Picasso grafted prosaic materials (*papiers collés*, disparate and incongruous objects, pieces of rope, etc.) onto the noble artforms (painting and sculpture) that he cultivated. By fecundating the fine arts with mundane objects, he sowed confusion among the inflexible advocates of academic art. And yet, while he invested the visual arts with all the tools of his breathtaking virtuosity, he hardly did the same in poetry. Hence it is not easy to examine his development in literature. Books were an integral part of his life; literature is omnipresent in his relationships and his correspondence with his family, above all due to his brother-in-law Juan Vilató, who regularly suggested titles and sent him books to read. Furthermore, for decades, writing (in Spanish) went on bonding Picasso with his mother and his original culture, when thousands of letters passed between Barcelona and Paris. But still, in 1900, when he first arrived in Paris, Picasso did not know a word of French.

In 1935, the artist felt trapped by two crises that undermined him. Emotionally and financially, he was torn between contradictory needs and three poles: his wife Olga Khokhlova and their son Paulo; his lover Marie-Thérèse Walter and their daughter Maya; his new partner, Dora Maar, and their shared projects. Politically, even though his precarious status as a

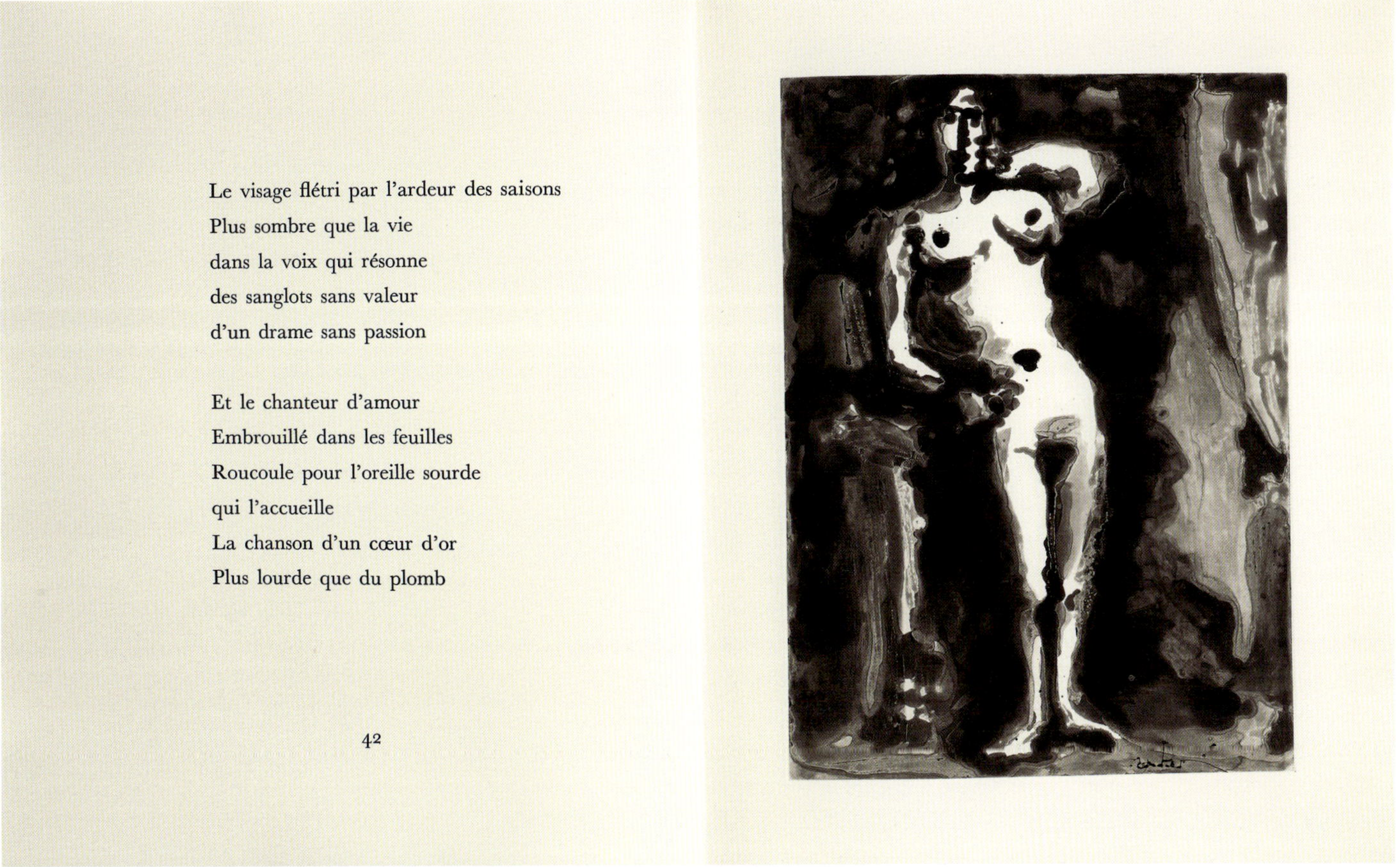

Le visage flétri par l'ardeur des saisons
Plus sombre que la vie
dans la voix qui résonne
des sanglots sans valeur
d'un drame sans passion

Et le chanteur d'amour
Embrouillé dans les feuilles
Roucoule pour l'oreille sourde
qui l'accueille
La chanson d'un cœur d'or
Plus lourde que du plomb

42

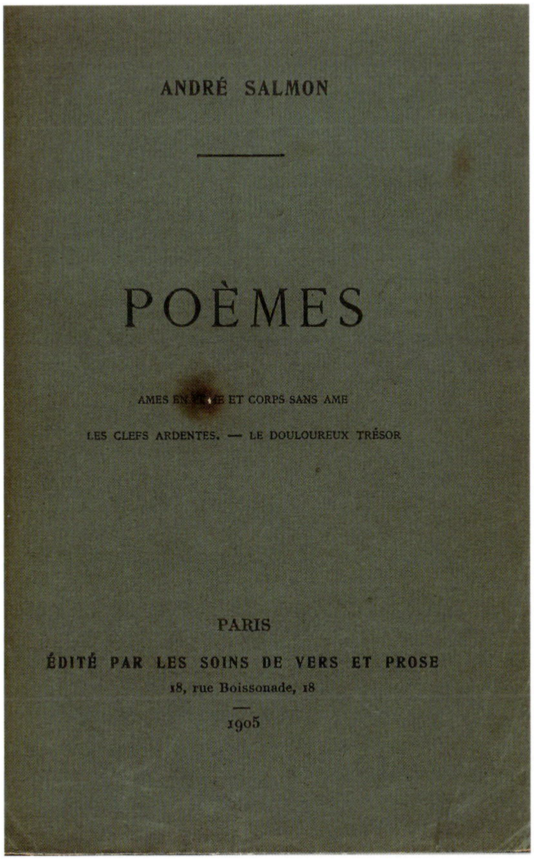

ANDRÉ SALMON

POÈMES

AMES EN [illegible] ET CORPS SANS AME
LES CLEFS ARDENTES. — LE DOULOUREUX TRÉSOR

PARIS
ÉDITÉ PAR LES SOINS DE VERS ET PROSE
18, rue Boissonade, 18
1905

cat. 24
PIERRE REVERDY
Sables mouvants
[Sabbie mobili / Quicksand]
1966
Cramer n. 136
Libro illustrato, cofanetto / Illustrated book, slipcase, 51,5 × 84 cm (aperto / open), 51,5 × 42 × 7,2 cm (chiuso / closed)
Parigi / Paris, collezione privata / private collection

cat. 25
ANDRÉ SALMON
Poèmes
[Poesie / Poems]
1905
Libro illustrato / Illustrated book, esemplare su carta di puro cotone non numerato / copy on unnumbered pure cotton paper, 18,8 × 12,4 × 1,9 cm
Parigi / Paris, Musée national Picasso-Paris, acquisizione / acquisition, 2003

in posizione precaria sa di dover tacere per non rischiare l'espulsione, sente il richiamo di sollecitazioni che, con l'ascesa dei fascismi, gli indicano l'unica strada possibile, quella dell'impegno militante. Proprio nel pieno di questa crisi profonda, in balia di una situazione che non controlla, in circostanze tanto gravi e complesse, oltre che rischiosissime, Picasso si immerge nella lingua per diventare artigiano delle parole: le parole che è capace di amalgamare facendo poesia dada. Nel 1935, concedendosi un «curioso anno sabbatico»[28] (gennaio 1935 - marzo 1936), Picasso si allontana dal disegno, dalla pittura, dalla scultura, e si lancia (senza rete) verso altre forme espressive, dedicandosi alla ristrutturazione del proprio mondo attraverso un'attività creativa che lo salverà. Scrive in francese, castigliano, catalano, imponendo alla parola quanto aveva già imposto alla tela. Si immerge nelle lingue, giocandoci, muovendosi dall'una all'altra. «Lo spagnolo di Picasso era di tipo tradizionale e pieno di consonanti dalla sonorità trepidante», scrive Jèssica Jaques Pi, la sua traduttrice in castigliano e in catalano. «Il suo francese era altamente sofisticato sia nel lessico che nella dimensione fonica. Il suo catalano era quello dell'attivismo intellettuale di Els Quatre Gats, un locale di cabaret modernista in cui si respiravano le avanguardie poetiche e dove il giovane Picasso strinse rapporti di amicizia destinati a durare tutta la vita, in particolare con Jaume Sabartés, amico di gioventù che lo accompagnò anche come collaboratore quotidiano a partire dal 1935 e con il quale parlava spesso la lingua che li univa»[29]. «Le lingue di Picasso: ibridazioni, tensioni, ventriloqui, silenzi e numeri», puntualizza Jèssica Jaques Pi[30]. La prima poesia di Picasso, spiega, «è in spagnolo»[31] il 18 aprile 1935, mentre la prima poesia in francese, scritta simultaneamente anche in spagnolo, viene composta tra il 21 e il 27 ottobre 1935, vale a dire durante la settimana del suo cinquantaquattresimo compleanno. Tre giorni dopo, il 28 ottobre 1935, prosegue in francese:

> Si je pense dans une langue
> et j'écris «le chien cours
> derrière le lièvre dans le
> bois» et veux l'traduir
> //////// dans
> une autre je dois dire
> «la table en bois blanc
> enfonce ses pates dans
> le sable et meurt
> presque de peur de
> se savoir si sôtté»[32]

foreigner forced him to remain silent for fear of expulsion, he was called upon by necessities which, with the rise of fascism, indicated the only path to follow, that of commitment. And so, cornered in a dramatic crisis, faced with an uncontrollable situation, grave and difficult circumstances, in a state of extreme risk, Picasso dived into language to become a craftsman of words that he moulded his heart's content, blending them with Dada poetry.
In 1935, on the eve of a "curious sabbatical year"[28] (January 1935–March 1936), he distanced himself from drawing, painting and sculpture, and launched himself without a safety net into other forms of expression, in the effort to restructure his world through a creative practice that would save him. He wrote in French, Castilian and Catalan, imposing on language what he had already imposed on canvas. He immersed himself in languages, playing with them, moving from one to the other. "Picasso's Spanish was traditional and rich in consonants with a thrilling resonance," writes Jèssica Jaques Pi, his translator into Castilian and Catalan. "His Catalan was that of the intellectual activism of *Els Quatre Gats*, a modernist cabaret with the environment of the poetic avant-garde, in which the young Picasso would form friendships that lasted his whole life. The most notable was with Jaume Sabartés, a friend from his youth who also accompanied him as a collaborator in his day-to-day life, starting in 1935, and with whom he frequently spoke the language that united them."[29] "Picasso's languages: hybridizations, tensions, ventriloquisms, silences and numbers," Jèssica Jaques Pi observes.[30] Picasso's first poem, she explains, was in Spanish,[31] written on 18 April 1935, while his first poem in French, written at the same time and also in Spanish, was composed between 21 and 27 October 1935, during the week of his fifty-fourth birthday. Three days later, on 28 October 1935, he continued in French:

> Si je pense dans une langue
> et j'écris "le chien cours
> derrière le lièvre dans le
> bois" et veux l'traduir
> //////// dans
> une autre je dois dire
> "la table en bois blanc
> enfonce ses pates dans
> le sable et meurt
> presque de peur de
> se savoir si sôtté"[32]

Where did this creative impulse that gripped him at that time come from? "Picasso's poetry—the 340 or so poems that branch out into multiple states and variants, written between 18 April 1935 and 20 August 1959—is deeply imbued with a sense of the instability of things, associated with childhood and the dream world,"[33] argues Johan Popelard in *The poet, or the game of metamorphoses.*[34] The poetic text is like a "workshop of illusions [that] is thus constructed as a game of reflections and shimmers, of appearances and disappearances in successive waves, loops of images that turn on themselves, a fluid world in permanent recomposition." The last verses, written by Picasso in 1959, which close *L'Enterrement du comte d'Orgaz*, again evoke the liquid form of the world: "an onion unrolls its strings in the caramel awakening of the moon—the silver lace raised by the pigeons coo their sorrows." Carlos Ferrer Barrera, for his part, stresses "the references to animals, to music" that Picasso inserts in his verses, "with a clear Orphic inspiration from the very first lines: 'Si yo fuera fuera las fieras vendrían a comer en mis manos y mi cuarto aparecería sino fuera de mi otros sueldos irían alrededor del mundo hecho trizas'."[35] In his essay, *Between Orpheus and Minotaur*, Ferrer Barrera also evokes Paul Éluard's perceptive observation that Picasso felt like "an old painter and a recently born poet."[36]
Indeed, why did poetry resurface in June 1937? In his new studio on Rue des Grands-Augustins, with his extraordinary ability to seize the moment, the *kairos*,[37] Picasso, with the assistance of Dora Maar, had just completed *Guernica*, spending five weeks on it. He then returned to poetry, and his words, recalled by Androula Michael—a "fried cod sorbet," a "soup of nails"— became "the metonymy of horror," a "litany of cries of pain, in which familiar things that have come alive say with him pain and sadness: 'Cries of children cries of women cries of birds cries of flowers cries of roofs cries of stones cries of bricks cries of furniture of beds of chairs of curtains of pans of cats and of papers, cries of smells that scratch each other cries of smoke that pinch the neck cries that cook in the cauldron and cries of the rain of birds flooding the sea'."[38] Picasso's poetry welled up when he felt himself on the edge of a precipice, caught in a serious impasse; but it also accompanied his most significant creative cycle and political commitment, as a salutary outburst, a liberating cry.

A che cosa possiamo attribuire l'impeto creativo da cui è preso? «La poesia di Picasso – le circa trecentoquaranta poesie che si diramano in molteplici stati e varianti, scritte tra il 18 aprile 1935 e il 20 agosto 1959 – è profondamente intrisa di questo senso di instabilità delle cose, associata all'infanzia e al mondo onirico»[33], sostiene Johan Popelard ne *Il gioco della metamorfosi*[34]. Il testo poetico è come un «laboratorio di illusioni [che] si costruisce così come un gioco di riflessi e di bagliori, di apparizioni e di sparizioni a ondate successive, di cicli di immagini che girano su se stesse, un mondo fluido in perenne ricomposizione». Gli ultimi versi, scritti da Picasso nel 1959, che chiudono *L'Enterrement du comte d'Orgaz*, evocano nuovamente la forma liquida del mondo: «Una cipolla srotola i suoi fili nel risveglio caramello della luna – i merletti d'argento sollevati dai piccioni tubano i loro dolori». Carlos Ferrer Barrera, invece, sottolinea i «riferimenti agli animali, alla musica» che Picasso inserisce nei suoi versi, «con una chiara ispirazione orfica sin dai primi versi: "Si yo fuera fuera las fieras vendrían a comer en mis manos y mi cuarto aparecería sino fuera de mi otros sueldos irían alrededor del mundo hecho trizas"»[35].
In *Tra Orfeo e Minotauro*, rievoca inoltre la suggestiva osservazione di Paul Éluard quando diceva che Picasso si sentiva «un pittore vecchio e un poeta appena nato»[36].
Perché mai la poesia torna ad affacciarsi nel giugno del 1937? Nel nuovo studio di rue des Grands-Augustin, con la sua capacità straordinaria di cogliere l'attimo, il *kairos*[37], Picasso, con l'aiuto di Dora Maar, ha appena finito *Guernica*, elaborato in cinque settimane. Dopo aver ultimato *Guernica*, Picasso torna alla poesia, e le sue parole, rammentate da Androula Michael – un «sorbetto di baccalà fritto», una «minestra di chiodi» – diventano «la metonimia dell'orrore», una «litania di grida di dolore, in cui le cose familiari divenute vive dicono con lui il dolore e la tristezza: "Grida di bimbi grida di donne grida di uccelli grida di fiori grida di tetti grida di pietre grida di mattoni grida di mobili di letti di sedie di tende di pentole di gatti e di carte grida di odori che si graffiano grida di fumo che pizzicano il collo grida che cuociono nella caldaia e grida della pioggia di uccelli che inondano il mare"»[38]. L'attività poetica di Picasso nasce quando si sente sull'orlo di un precipizio, imprigionato in una grave impasse; ma accompagnerà altresì il suo ciclo creativo più significativo e il suo impegno politico, come uno sfogo salutare, come un grido liberatorio.

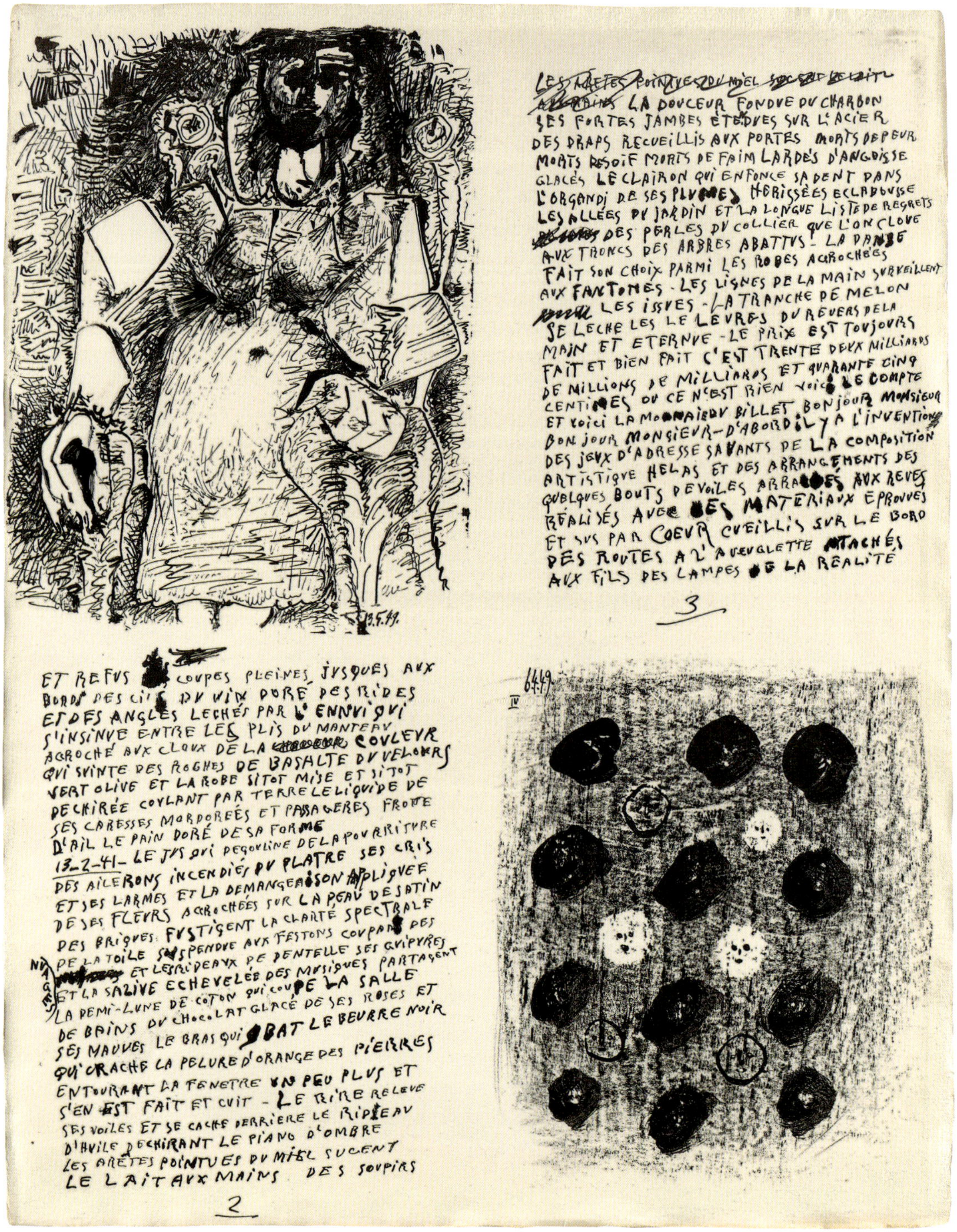

catt. 26, 27
PABLO PICASSO
Poèmes et lithographies
[Poesie e litografie /
Poems and lithographs]
6 aprile / April 1949
Portfolio di 14 litografie, pubblicato dalla / Portfolio of 14 lithographs, published by Galerie Louise Leiris, Mourlot Frères, Parigi / Paris
recto

Composizione in inchiostro litografico, penna, matita litografica e gouache su fogli di carta da lucido / Composition in lithographic ink, pen, lithographic pencil and gouache on sheets of tracing paper, 25 × 32 cm ciascuno / each, assemblati in set di 4 esemplari / assembled in sets of 4 copies, 65 × 50 cm
Parigi / Paris, Musée national Picasso-Paris

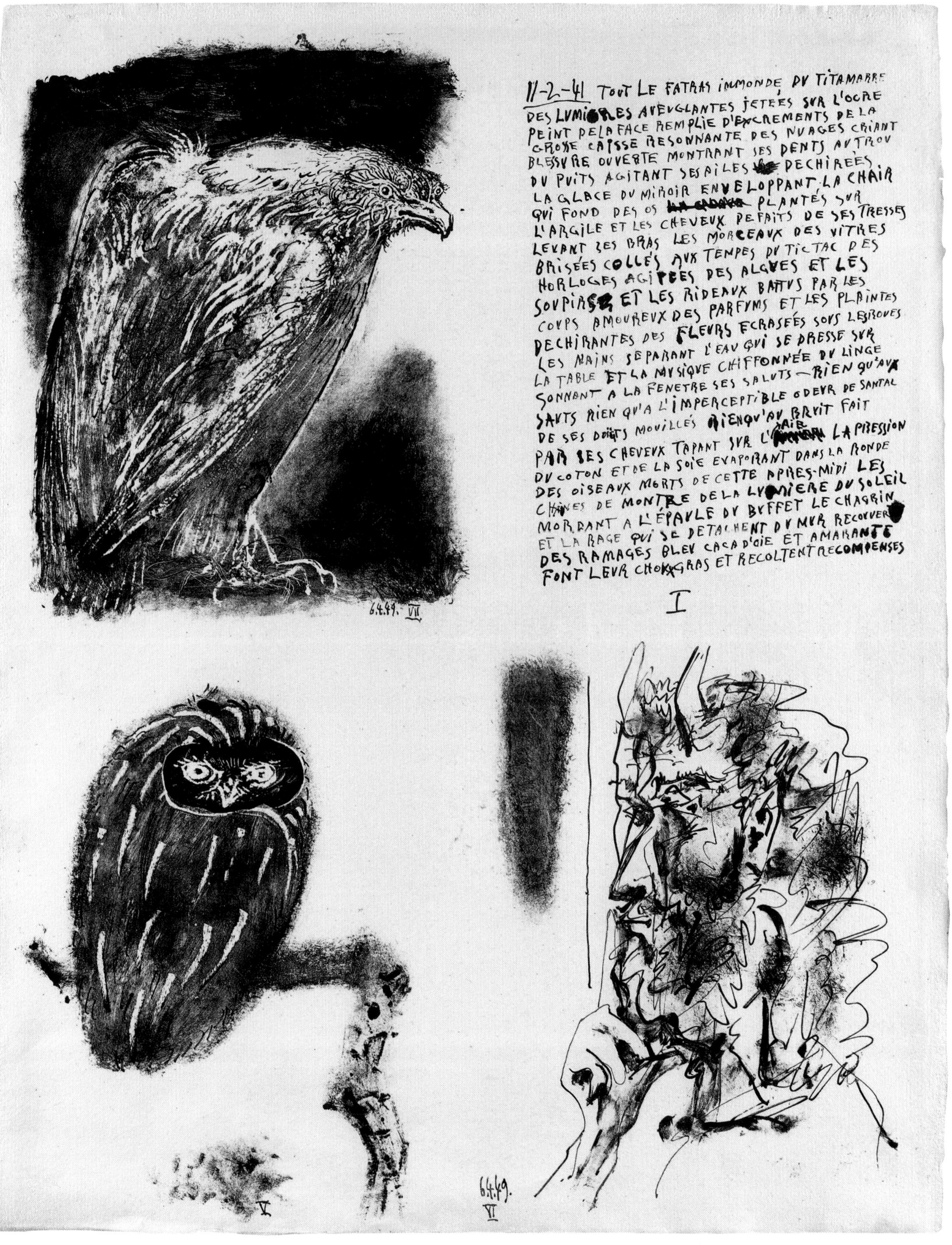
11-2-41 TOUT LE FATRAS IMMONDE DU TITAMARRE
DES LUMIÈRES AVEUGLANTES JETÉES SUR L'OCRE
PEINT DE LA FACE REMPLIE D'EXCREMENTS DE LA
GROSSE CAISSE RESONNANTE DES NUAGES CRIANT
BLESSURE OUVERTE MONTRANT SES DENTS AU TROU
DU PUITS AGITANT SES AILES DECHIRÉES
LA GLACE DU MIROIR ENVELOPPANT LA CHAIR
QUI FOND DES OS PLANTÉS SUR
L'ARGILE ET LES CHEVEUX DEFAITS DE SES TRESSES
LEVANT SES BRAS LES MORCEAUX DES VITRES
BRISÉES COLLÉS AUX TEMPES DU TIC TAC DES
HORLOGES AGITÉES DES ALGUES ET LES
SOUPIRS ET LES RIDEAUX BATTUS PAR LES
COUPS AMOUREUX DES PARFUMS ET LES PLAINTES
DECHIRANTES DES FLEURS ECRASÉES SOUS LES ROUES
LES MAINS SEPARANT L'EAU QUI SE DRESSE SUR
LA TABLE ET LA MUSIQUE CHIFFONNÉE DU LINGE
SONNANT A LA FENETRE SES SALUTS — RIEN QU'AUX
SAUTS RIEN QU'A L'IMPERCEPTIBLE ODEUR DE SANTAL
DE SES DOIGTS MOUILLÉS RIEN QU'AU BRUIT FAIT
PAR SES CHEVEUX TAPANT SUR L'AIR LA PRESSION
DU COTON ET DE LA SOIE EVAPORANT DANS LA RONDE
DES OISEAUX MORTS DE CETTE APRES-MIDI LES
CHAINES DE MONTRE DE LA LUMIERE DU SOLEIL
MORDANT A L'ÉPAULE DU BUFFET LE CHAGRIN
ET LA RAGE QUI SE DETACHENT DU MUR RECOUVERT
DES RAMAGES BLEU CACA D'OIE ET AMARANTE
FONT LEUR CHOUX GRAS ET RECOLTENT RECOMPENSES
I
6.4.49. VII
6.4.49.
V
VI

Trasformazione, destrezza, metamorfosi

Gli anni Trenta costituiscono per molte ragioni una fase essenziale del mutevole percorso di Picasso. La Francia tra le due guerre è un paese fragile: è uscita dal primo conflitto vittoriosa, ma ferita e sfinita, ed è percorsa da violente ondate di xenofobia che spingono alla diffidenza nei confronti degli «stranieri "meteci", intenti a contaminare il gusto francese»[39]. Per una parte della società francese Picasso incarna l'archetipo della minaccia, perché rappresenta sempre di più quello che i patrioti detestano: è ricco, celebre, enigmatico, incontrollabile, cosmopolita. Periodo difficile per Picasso, adulato da Breton ed Éluard, Miró e Dalí, ma bistrattato dall'impiegato qualunque della prefettura e snobbato dai responsabili della politica culturale. Con l'affermarsi dei regimi totalitari, si fa minacciosa l'opposizione paradigmatica tra «nazionale» e «cosmopolita», tanto più che, a partire dal 1931, il timbro apposto sulla carta d'identità di Picasso lo bolla come «spagnolo». Il pericolo viene dalla Spagna, dove, nel luglio del 1936, il generale Franco ordisce un colpo di stato contro la Repubblica, facendo sprofondare il paese nell'orrore della guerra civile. Dalla Germania, dove, il 22 luglio 1936, Hitler promette a Franco aiuti militari e logistici e poi, nel luglio del 1937, i nazisti organizzano a Monaco di Baviera la mostra *Entartete Kunst* [arte degenerata] nella quale Picasso viene annoverato tra gli artisti da distruggere. Ma il pericolo viene anche dalla Francia dove, dall'estate del 1936, ha inizio l'esodo dei rifugiati spagnoli, raccolti in campi di internamento provvisori, che, a causa dell'avanzata delle truppe franchiste, durerà fino alla primavera del 1939. «Picasso sa e tutti noi sappiamo che saremmo tra le prime vittime del fascismo, dell'hitlerismo francese»[40], aveva scritto il critico Georges Hugnet nel 1935. La paura, la riluttanza, l'attendismo di Picasso (che, nel 1932, chiedeva ancora aiuto ad amici prima di decidere se appoggiare o meno Aragon, accusato di far propaganda anarchica per via di un suo testo poetico surrealista), così come le reticenze che lo avevano bloccato all'idea del coinvolgimento politico attivo, svaniscono di fronte all'ascesa congiunta dei totalitarismi in Germania, Spagna e Francia, visto che, comunque, la minaccia incombe dappertutto.

Non stupisce, quindi, che dopo l'Arlecchino l'artista ricompaia indossando una maschera inedita, quella del suo doppio, il Minotauro. Tériade gli commissiona la copertina del primo numero del periodico «Minotaure»: disegna, rielabora a matita, a carboncino, a intaglio, un volto minaccioso, bestiale, selvaggio, ma dagli occhi umani. Il disegno definitivo viene pubblicato nel giugno del 1933: vediamo un animale potente, villoso,

Transformations, Navigations, Metamorphoses

The 1930s were in many ways an essential phase in Picasso's mercurial career. He remained fragile and vulnerable in the France of the inter-war years. It was a victorious but wounded country, bled white and swept by waves of xenophobia that stirred up distrust of foreigners who were sometimes accused of "contaminating French taste."[39] For a part of French society, Picasso represented everything that the patriots hated, and he became the archetype of the threat: he was rich, famous, enigmatic, uncontrollable and cosmopolitan. It was a difficult period for the artist: flattered by Breton, Éluard, Miró and Dalí, he remained mistreated by the lowly official of the prefecture de police and snubbed by the civil servants in charge of cultural policy. With the rise of the totalitarian regimes, the paradigmatic opposition between "national" and "cosmopolitan" became threatening, all the more so since, from 1931 on, the stamp on Picasso's identity card branded him as "Spanish." The danger came from Spain, where in July 1936 General Franco embarked on a coup d'état against the Republic, plunging the country into the horrors of civil war and where, on 22 July 1936, Hitler promised Franco military and logistic aid; it came from Germany where, in July 1937, the Nazis organised the *Entartete Kunst* (degenerate art) exhibition in Munich, with Picasso among the artists to be destroyed. But the danger also came from France where, from the summer of 1936, the exodus of Spanish refugees began, gathered in temporary internment camps. Due to the advance of Franco's troops, this lasted until the spring of 1939. "Picasso knows and we all know that we would be among the first victims of fascism, and of French Hitlerism,"[40] wrote the critic Georges Hugnet in 1935. Picasso suffered from fear, uncertainty, as well as his wait-and-see attitude. (In 1932 he was still asking friends for advice, before deciding to publicly support Aragon, charged with anarchist propaganda after one of his Surrealist texts.) He was also reluctant to get involved actively in politics. All this faded before the rise of totalitarianism in Germany, Spain and France, with the threat now pressing on all sides.

It is not surprising, therefore, that after the Harlequin the artist reappeared wearing a new mask, that of his double, the Minotaur. Tériade commissioned him to paint the cover of the first issue of the periodical *Minotaure*. Working in pencil, charcoal and engraving, he designed a menacing, bestial, savage face, but with human eyes. The final drawing was published in June 1933: we see a powerful, hairy, monstrous

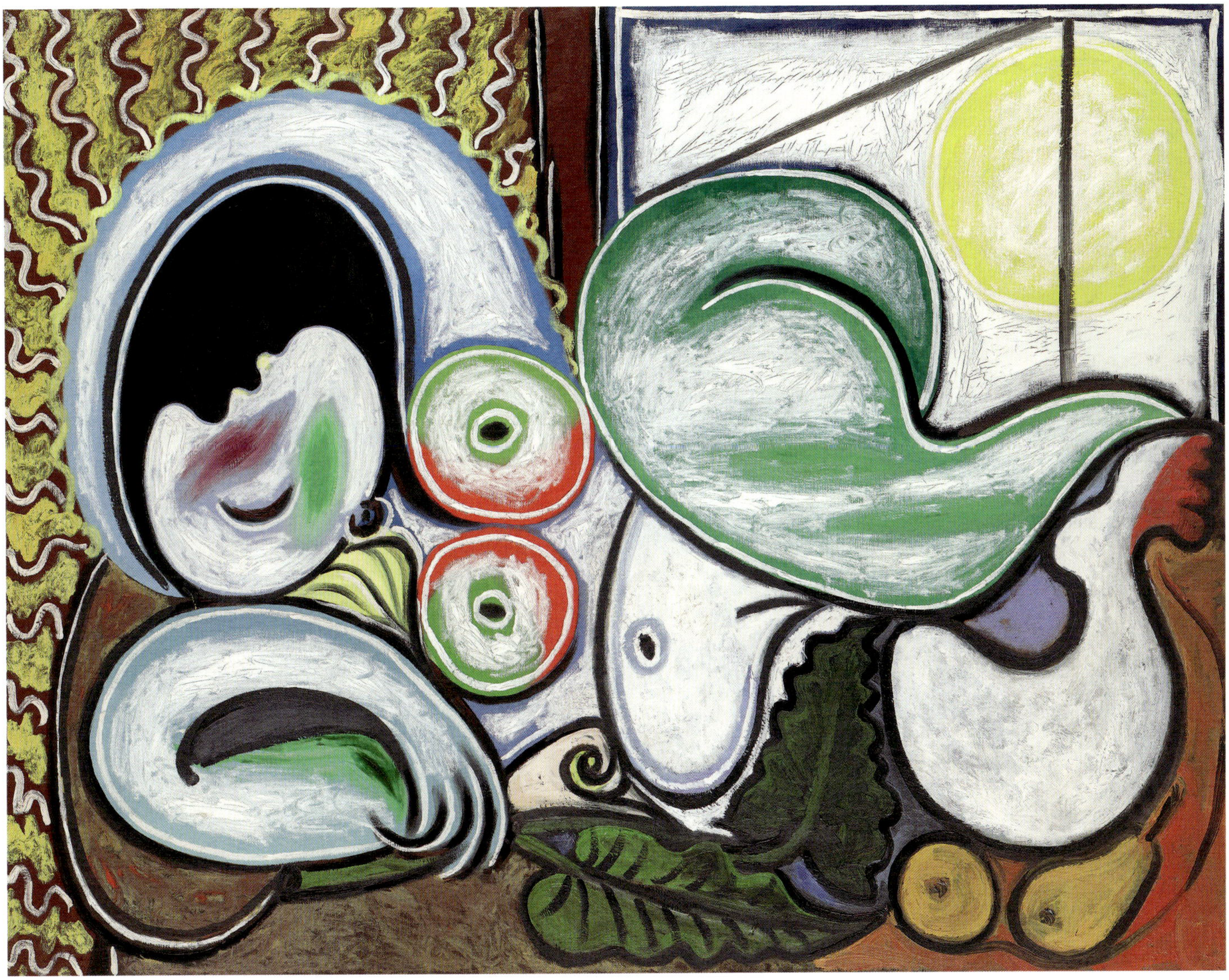

cat. 28
PABLO PICASSO
Nu couché
[Nudo sdraiato / Reclining nude]
Boisgeloup, 4 aprile / April 1932
Olio su tela / Oil on canvas,
130 × 161,7 cm
Parigi / Paris, Musée national Picasso-Paris, dazione di / dation of Pablo Picasso, 1979

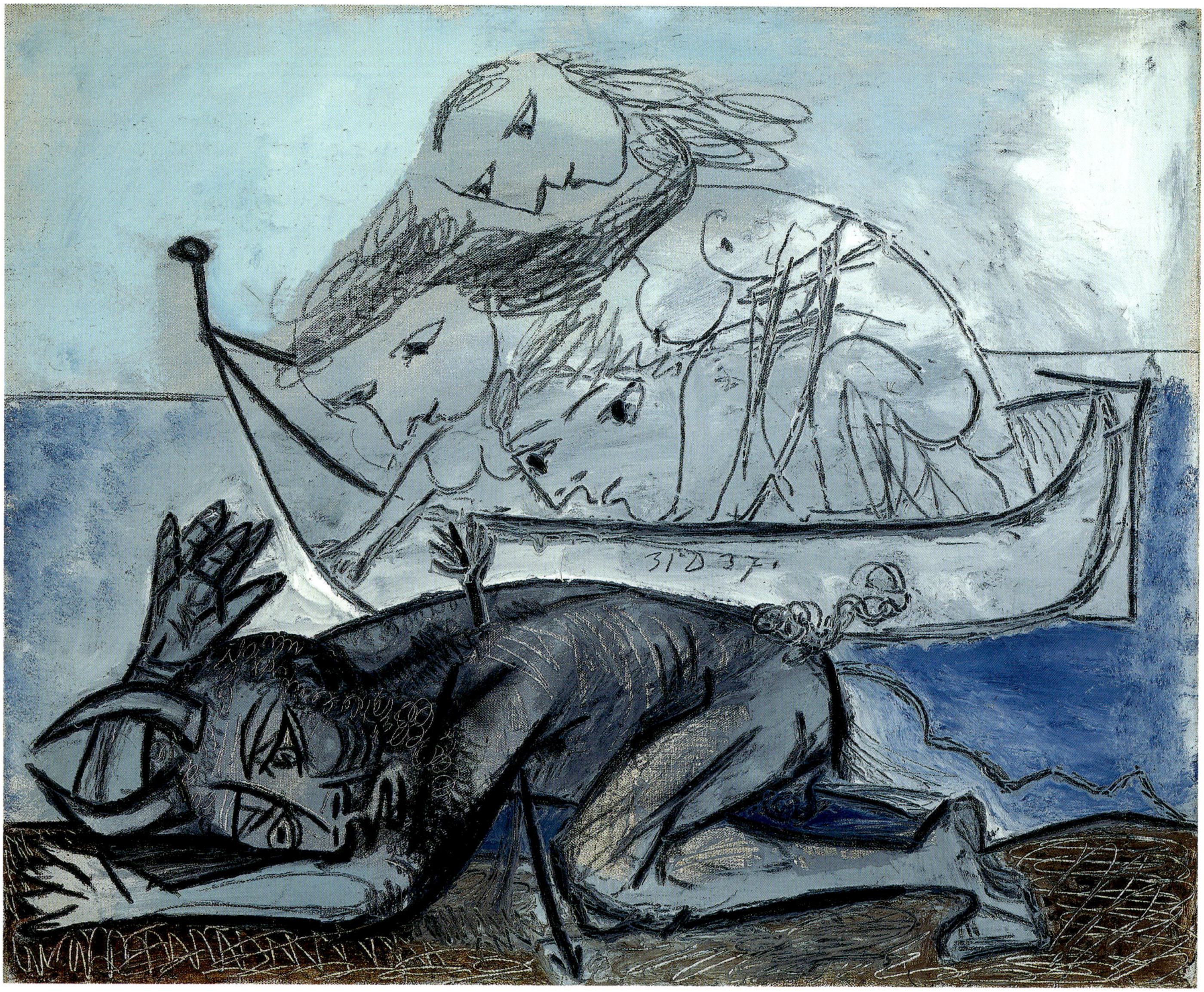

cat. 29
PABLO PICASSO
Barca delle naiadi
e fauno ferito
[Boat of naiads and injured faun]
31 dicembre / December 1937
Olio e carbone su tela /
Oil and charcoal on canvas,
46 × 55 cm
collezione privata / private
collection

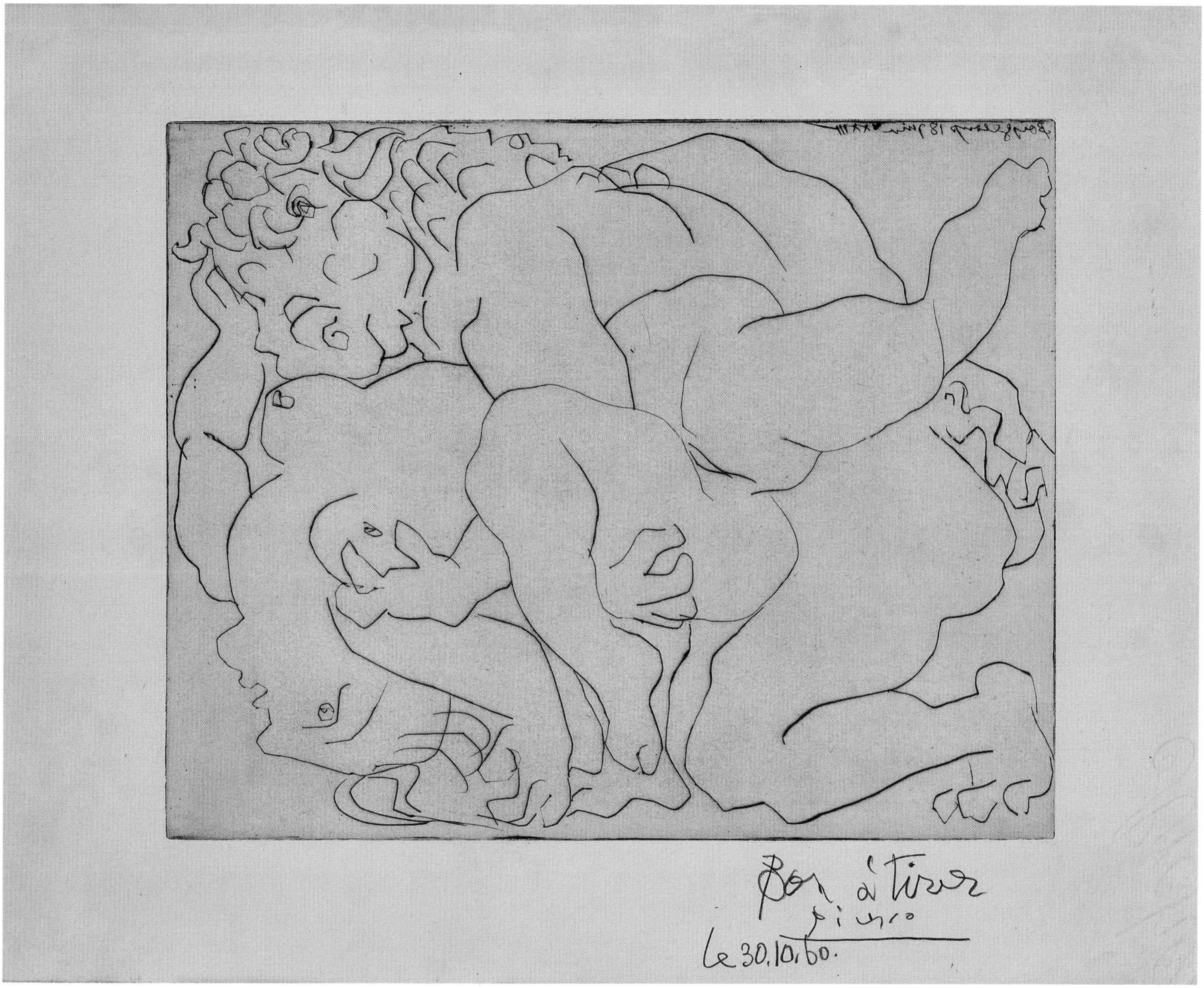

cat. 30
PABLO PICASSO
Minotaure et femme faisant l'amour
[Minotauro e donna che fanno l'amore / Minotaur and woman making love]
30 novembre / November 1960
Catalogo / Catalogue Bloch n. 372

Incisione / Engraving, foglio / sheet, 52,5 × 41,6 cm
Parigi / Paris, collezione privata / private collection

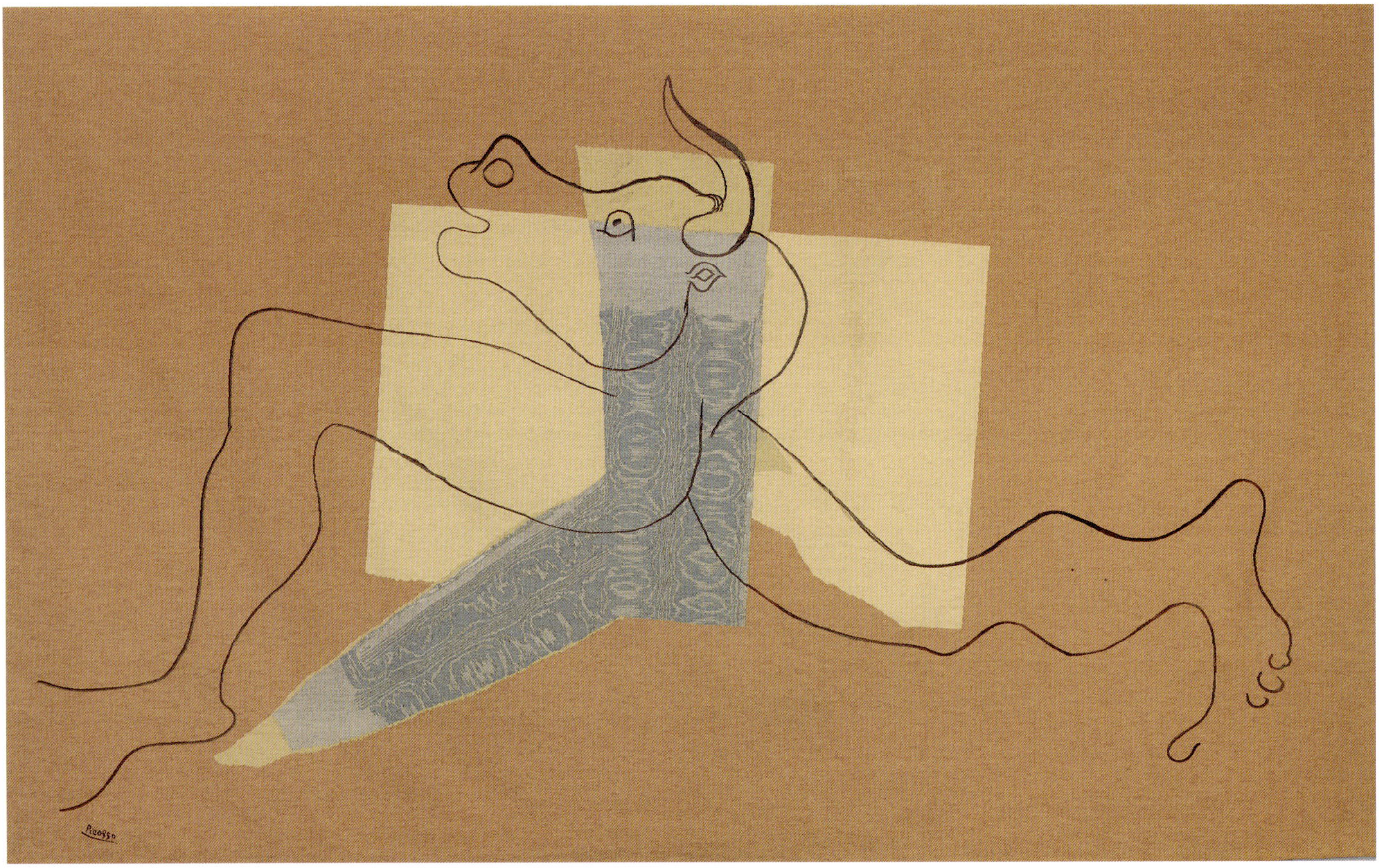

cat. 31
PABLO PICASSO
Minotaure
[Minotauro / Minotaur]
1935
Arazzo di lana e seta, tessuto ad Aubusson / Wool and silk tapestry, woven in Aubusson, 142 × 237 cm
Antibes, Musée Picasso, donazione di / donated by Marie Cuttoli, 1950

creature brutally brandishing a phallic dagger in its right hand. The evolution of his double, in those years, was complex. In the *Vollard Suite* (commissioned in 1930), it became the "personification of ambivalence," a fragile and simultaneously powerful figure, yearning and suffering, that again became insinuating and then again angry and increasingly violent. Picasso worked through opposites: bestiality/femininity, physical brutality/frailty of the sleeper, irrepressible sexuality/vulnerability. In December 1934 and January 1935, with the *Minotauromachy*, he produced perhaps the most fascinating sequence, bringing together figures from the previous episodes, with *Minotaure aveugle devant la mer conduit par une fillette*, 22 July 1934), *Minotaure aveugle guidé par une fillette I* (22 September 1934), *II* (23 October 1934), *III* (4 November 1934), *Minotaure aveugle guidé par Marie-Thérèse au pigeon dans une nuit étoilée* (3 December 1934–1 January 1935), *Minotauromachy* (23 March 1935). By depicting the fate of the mythological figure now bewildered, dependent, wounded, dying, lost or helpless, at the mercy of a child, Picasso returned to the theme of blindness, now that he faced another period of crisis. Could it be a way to convey the dismay he felt at his precarious situation in France between the wars, in a Europe that was about to collapse?
Once more, as a resolutely mercurial artist, he imposed on everyone his masterly aesthetic shifts (Classical, Cubist, Surrealist, Neoclassical, Expressionist, etc.), as well as the multiplication of media (painting, sculpture, drawing, engraving, photography,[41] wrought iron and ceramics, together with poetry), upending the inflexible hierarchical order of the arts imposed by tradition. He moved confidently between the "minor language"[42] of the exiled artist and the major language of the poet. In a society caught between its police des étrangers and its Académie des Beaux-Arts, Picasso's subversive behavior undoubtedly unveiled his political talent. He had learned this at Gósol, in the summer of 1906, from Pep Fondevila, the village's innkeeper ad chief-smuggler. "Subversion is a constant in Picasso's art. He systematically destructed the integrity of the figures he depicted, and repeatedly transgressed academic rules—a subversion from which he himself is not excluded," observes historian Peter Sahlins, while emphasizing Picasso's preference for frontier territories: "And it is precisely on the frontier that he expressed this self-subversive drive most forcefully."[43] In the jottings in his Gósol sketchbook (summer 1906) we see him moving between languages

mostruoso, che impugna nella mano destra ed esibisce brutalmente un pugnale fallico. L'evoluzione del suo doppio, in quegli anni, è complessa. Nella *Suite Vollard* (commissionata nel 1930), diventa la «personificazione dell'ambivalenza» una figura fragile e simultaneamente potente, anelante e sofferente che ridiventa insinuante e poi di nuovo rabbiosa, sempre più violenta. Picasso fa leva sugli opposti: bestialità/femminilità, brutalità fisica/fragilità della dormiente, sessualità prorompente/vulnerabilità. Nel dicembre del 1934 e nel gennaio del 1935, con la *Minotauromachia*, nasce la sequenza forse più disarmante, che vede raccolti i protagonisti degli episodi precedenti, con *Minotaure aveugle devant la mer conduit par une fillette* (1934), *Minotaure aveugle guidé par une fillette I* (1934), *II* (23 ottobre 1934), *III* (4 novembre 1934), *Minotaure aveugle guidé par Marie-Thérèse au pigeon dans une nuit étoilée* (3 dicembre 1934 - 1 gennaio 1935), *Minotauromachia* (23 marzo 1935). Raffigurando il destino della figura mitologica ormai smarrita, dipendente, ferita, morente, perduta o imbelle alla mercé di una bambina, Picasso torna a un altro periodo di crisi, al tema della cecità. Sarà forse per comunicare lo sgomento che prova a causa della sua condizione precaria nella Francia tra le due guerre, nell'Europa che soccombe?
Da artista decisamente volubile qual è, impone a tutti una serie di rivolgimenti estetici magistrali – classico, cubista, surrealista, neoclassico, espressionista, e via dicendo – nonché la moltiplicazione delle forme – pittura, scultura, disegno, incisione, fotografia[41], lavoro del ferro battuto, ceramica, a cui va aggiunta la poesia – mandando all'aria l'inflessibile disposizione gerarchica delle arti imposta dalla tradizione. Con piglio sicuro, si muove tra la «lingua minore»[42] dell'artista esule e la lingua maggiore del poeta. Pertanto, la scelta della sovversione al cospetto di una società stretta tra la polizia addetta alla sorveglianza degli stranieri e l'Académie des beaux-arts, non è forse un segnale del suo talento politico, della sua capacità di destreggiarsi nella condizione interstiziale in cui è stato relegato?
Ha imparato a Gósol, nell'estate del 1906, da Pep Fondevila, l'oste-contrabbandiere del villaggio. «La sovversione è una costante dell'arte di Picasso, ed è testimoniata dalla distruzione sistematica dell'integrità delle figure rappresentate e delle norme accademiche – una sovversione dalla quale egli stesso non è escluso», osserva lo storico Peter Sahlins mentre sottolinea la preferenza di Picasso per i territori di frontiera: «Ed è proprio sulla frontiera che egli esprimeva con maggiore forza tale pulsione autosovversiva»[43]. Negli appunti del taccuino di Gósol (estate 1906) vediamo mescidarsi le lingue (castigliano, catalano, francese) e le forme

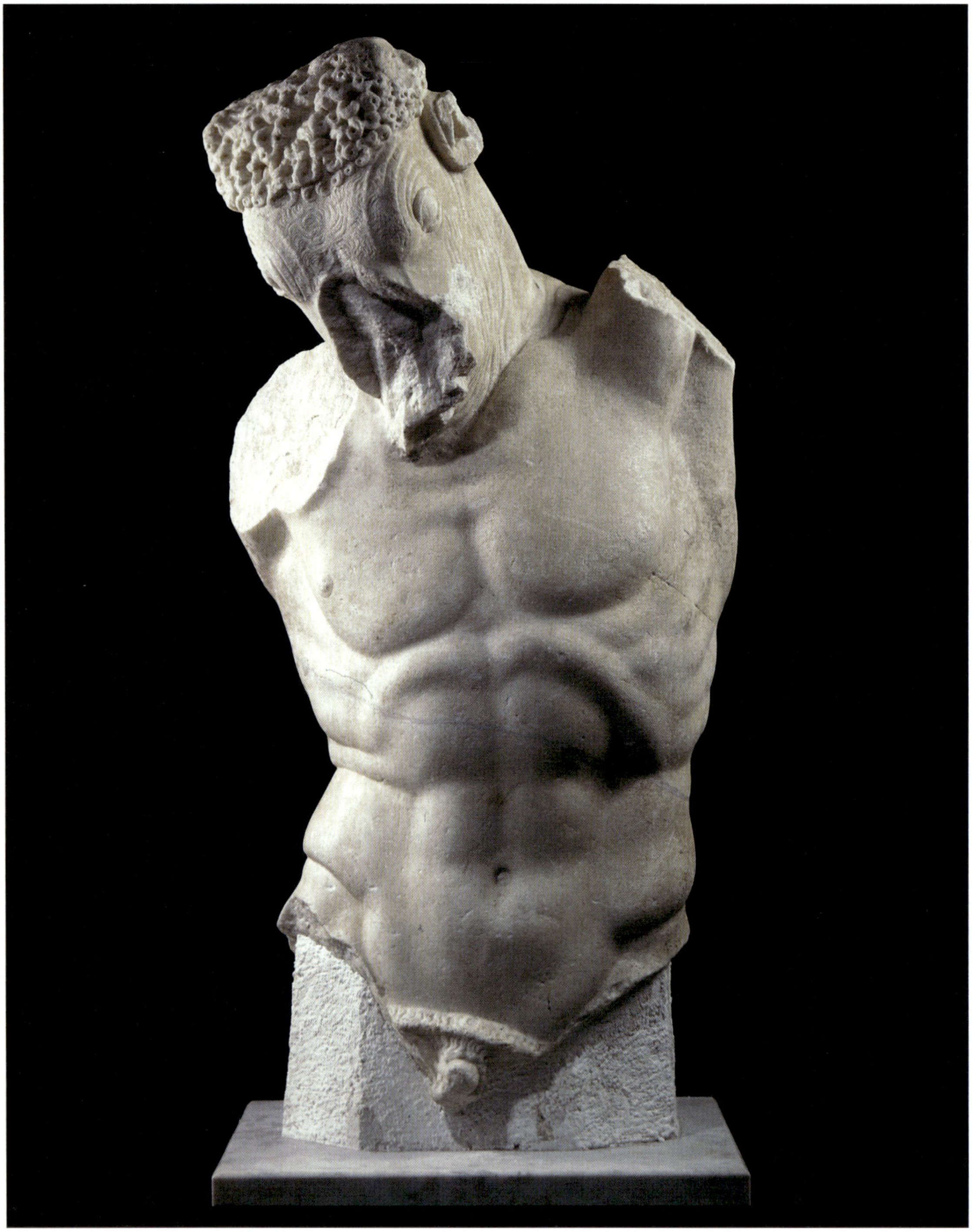

cat. 32
Torso del Minotauro dal gruppo con Teseo / Torso of the Minotaur from the group with Theseus
I secolo d.C. / 1st century AD
Marmo bianco / White marble, 50 × 116 × 42 cm
Roma, Museo Nazionale Romano, Palazzo Massimo

cat. 33
PABLO PICASSO
Femme lisant
[Donna che legge / Woman reading]
Parigi / Paris, 9 gennaio / January 1935
Olio su tela / Oil on canvas, 162 × 113 cm
Parigi / Paris, Musée national Picasso-Paris, dazione di / dation of Pablo Picasso, 1979

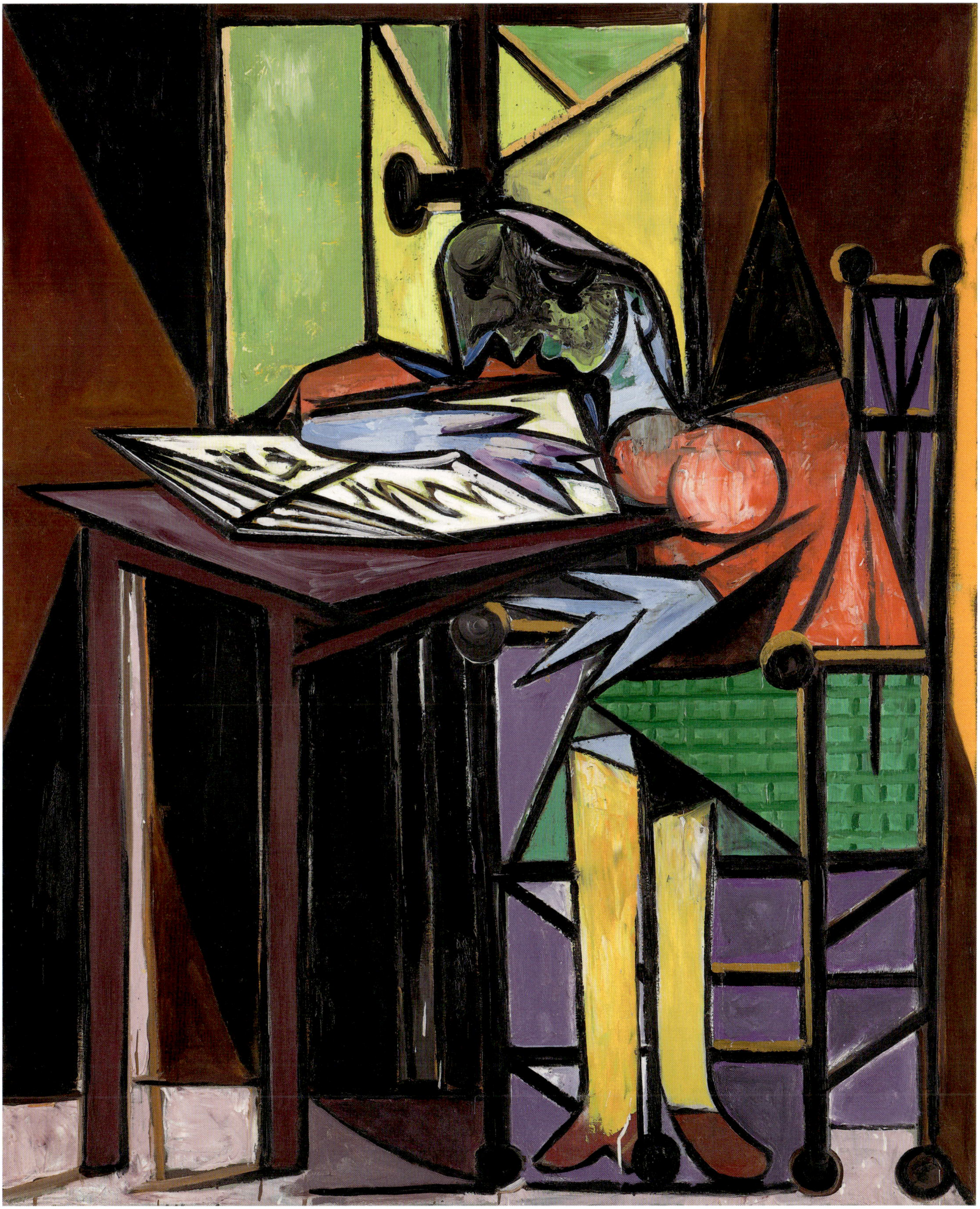

espressive (disegno, pittura, scultura, scrittura): Picasso sembra muoversi a volteggi, dinamico, durante quest'esperienza inattesa che gli libera la mente. Rispetto a Parigi, che rappresenta lo stato di diritto, Gósol è una *communitas*, una comunità appartenente a un territorio retto dall'illegalità, ai margini dei centri di potere. In alta montagna, spiega Braudel, «si sono conservate forme arcaiche di socialità (la vendetta, per esempio) [...] anzitutto in ragione del fatto che la montagna è la montagna. [...] Non c'e rete urbana, quindi non c'è apparato amministrativo, non ci sono vere e proprie città, non ci sono gendarmi. La montagna è il rifugio delle libertà, delle democrazie, delle "repubbliche" contadine»[44]. A Parigi, «in basso», Picasso rimarrà sempre refrattario alle strutture istituzionali. A Gósol, «rifugio delle libertà», diventa un vero e proprio *attore sociale*. «Un tenor que dá una nota mas alta que está escrita en la partitura: ¡Yo!»[45], annota sul famoso taccuino prima di tornare a Parigi in tutta fretta. Nel 1907 diventa il capofila indiscusso dell'avanguardia, attuando così una delle metamorfosi più ambiziose del suo percorso.

Nel 1900, era entrato in Francia dalla porta di servizio, privo di mezzi, non conosceva né la lingua né gli usi invalsi. Grazie a un talento strategico non banale, Picasso riesce a trasformare i suoi handicap in altrettanti vantaggi. La situazione si capovolge radicalmente: lo straniero sorvegliato dalla polizia diventerà la testa di ponte dell'attivismo politico su scala quasi mondiale; e, se escludiamo il periodo della militanza comunista, questo rimarrà l'unico impegno politico concreto, fermo e senza compromessi della sua vita. Picasso produce *Sueño y mentira de Franco* nel gennaio 1937, poi, cinque mesi dopo, nelle condizioni più incredibili, *Guernica*, un'opera d'arte destinata a diventare – e a rimanere – il vessillo universale della resistenza contro ogni forma di fascismo. Nel 1955 lascia definitivamente Parigi per stabilirsi nella Francia meridionale: sceglie gli artigiani e non l'Académie des beaux-arts, la provincia e non la capitale, costruendosi un'aura internazionale nello spazio mediterraneo che da sempre gli appartiene. Picasso, come tutti gli esuli, si barcamena tra mondi diversi e diverse appartenenze: l'appartenenza per così dire automatica alla famiglia, al clan, alla tribù, cioè quella costruita e gestita dalla madre per quarant'anni; l'appartenenza organica al gruppo degli amici e dei compagni artisti, legati nella vita quotidiana dal nuovo «spazio di sedentarietà» creatosi a Montmartre. Per integrarsi a Parigi deve adeguarsi ai «riti di aggregazione» praticati dallo straniero nella società che lo accoglie, che vanno di pari passo con i «riti di separazione» praticati nei confronti del gruppo di origine: lo straniero, di fatto, «fluttua

(Castilian, Catalan, French) and expressive forms (drawing, painting, sculpture, writing). Picasso seemed to whirl about, energised, during this unexpected experience that freed his mind. Compared to Paris, which represented the rule of law, Gósol appeared as a *communitas*, a community belonging to a region ruled by lawlessness, on the margins of the centers of power. In the high mountains, historian Fernand Braudel explains, "social archaisms persisted … above all for the simple reason that mountains are mountains. … There was no tight urban network, so no administration, no towns in the proper sense of the word, and no gendarmes either we might add. … The hills were the refuge of liberty, democracy, and peasant 'republics'."[44] In Paris, "the land down under", Picasso always remained resistant to institutions. At Gósol, the "refuge of freedoms," he became a real *social agent*. "Un tenor que dá una nota mas alta que está escrita en la partitura: ¡Yo!"[45] he wrote in his famous notebook, before returning to Paris in a hurry. In 1907, he became the undisputed leader of the avant-garde, thus implementing one of the most ambitious metamorphosis of his career.

In 1900, he had entered France through the back door, destitute, knowing neither the language nor the prevailing codes. Thanks to a significant strategic talent, he managed to turn his handicaps into so many assets. The situation was radically reversed. The foreigner under police surveillance would become the bridgehead of political activism on an almost global scale. And, if we exclude his period of communist militancy, this would remain the only concrete, firm and uncompromising political commitment of his life. Picasso produced *Sueño y mentira de Franco* in January 1937, and then, five months later, in the most incredible conditions, *Guernica*, a work of art destined to become and remain the universal banner of resistance against all forms of fascisms. In 1955, he left Paris for good to settle in the south of France: he chose craftsmen over academicians, the provinces over the capital, the region over the Paris establishment. He joined the multicultural and inclusive space of the Mediterranean to which he had always belonged.
Like all expatriates, Picasso had to navigate his way between several worlds, several systems of solidarity: the "mechanical", domestic, family, clan, even tribal solidarity, that of the family, infallibly orchestrated by his mother, for forty years; and the "organic" solidarity with his friends, his colleagues, all interdependent on

a daily basis in the new "space of sedentarization". In order to succed in Paris, he had to go through "rites of aggregation" with his host society, accompanied by "rites of separation" from his group of origin. At first, the foreigner, in fact, "fluctuates between two worlds,"[46] as anthropologists well know. Picasso was no exception: reluctantly, he continued to communicate with his family, who remained in Barcelona, and at the same time he firmly built an ethic, a profession—an absolute, inescapable, sacred need—keeping together his "spheres of belonging," multiple, effective, acrobatic, by now wedded to the core of his new identity, which he imposed on everyone—family, friends and public. The address book from his arrival in Paris reveals all his circles (from Málaga to La Coruña, Barcelona, Madrid and then Paris) that overlap, intersect, mingle, telescope and coexist.
As he explored the many possible worlds through artistic activities still new to him, such as poetry and ceramics, in the interstices of French society, whether in the marginal community of poets of Montmartre or among craftworkers of southern France, the mercurial artist emerged. Finally, let's mention Picasso's dazzling work as a ceramist at Vallauris, in the Madoura workshop, where he produced over 2000 pieces between July 1947 and October 1948, and more than four thousand in the following years. Is there anything more frank, raw and concrete than the metamorphosis of earth into forms and objects? And so, having settled forever on the shores of the Mediterranean, Picasso explored past ages[47] (starting from the Neolithic), carefully studying the works of the past and visiting all the ceramic and terracotta workshops of the Mediterranean in his thoughts: Greece, Egypt, Puglia, Etruria, Mesopotamia, Turkey, and the Arab-Andalusian world (Málaga, Paterna near Valencia, Elvira near Granada and Madinat al-Zahra, north of Córdoba). He engaged in a dialogue at a distance with his predecessors, the most gifted and prolific ceramists born on the shores of the Mediterranean seething with multiple identities, just as he had done in *Guernica:* inspired by a dizzying multitude of sources, which he skillfully amalgamated, while treating them in a radically iconoclastic way. It is certainly significant that, as Niccolò Ammaniti writes, "sailing from Positano to Nerano, past the sea stack of Germano," you may hear the children "diving from the arch and yelling, with all the breath in their lungs, as if it were a magic formula: 'Picassoooo!'"[48]

tra due mondi»[46], come ben sanno gli antropologi. Picasso non fa eccezione: controvoglia, continua a comunicare con la famiglia rimasta a Barcellona, e intanto si costruisce fermamente un'etica, un mestiere – esigenza assoluta, ineludibile, sacra – conservando uniti i propri «ambiti di appartenenza», multipli, efficaci, acrobatici, ormai avvinto al nucleo della sua nuova identità, che impone a tutti, familiari, amici, pubblico. L'agenda con gli indirizzi degli esordi parigini di Picasso traccia un'affascinante cartografia in cui vediamo coesistere, sovrapporsi, mescidarsi i suoi mondi (da Malaga, a La Coruña, da Barcellona a Madrid e poi Parigi), i suoi punti di riferimento, spostamenti, luoghi di radicamento.
Nell'esplorazione dei molteplici mondi possibili che gli si offrono grazie ad attività artistiche per lui ancora inedite come la poesia e la ceramica, negli interstizi della società francese, vuoi nella comunità marginale dei poeti di Montmartre vuoi tra gli artigiani della Francia meridionale, ecco che appare l'artista-Mercurio. Per finire, almeno un accenno alla folgorante attività di ceramista esercitata a Vallauris, nell'atelier Madoura, dove Picasso produce oltre duemila pezzi tra il luglio del 1947 e l'ottobre del 1948, e negli anni successivi più di quattromila. Esiste forse un qualcosa di più schietto, crudo e concreto della metamorfosi della terra in forme e oggetti? E così, stabilitosi per sempre sulle sponde del Mediterraneo, Picasso si rifà a tutte le epoche[47] (a cominciare dal Neolitico), studia attentamente le opere del passato e, col pensiero, visita tutti i laboratori di ceramica e terracotta dell'area mediterranea: va in Grecia, Egitto, Puglia, Etruria, Mesopotamia, Turchia, nel mondo arabo-andaluso (a Malaga, a Paterna vicino a Valencia, a Elvira vicino a Granada e a Madinat al-Zahra, a nord di Cordova). Dialoga a distanza con i predecessori, gli artigiani ceramisti più dotati e prolifici nati sulle sponde del mare che ferve di identità plurime, proprio come aveva fatto per *Guernica*, ispirandosi a una moltitudine vertiginosa di fonti, che riesce abilmente ad amalgamare, pur trattandole in modo radicalmente iconoclasta. Non sarà certo un caso se, come scrive Niccolò Ammaniti, «andando in barca da Positano verso Nerano, superato lo scoglio del Germano», si sentono i bambini «quando si tuffano dall'arco urlare, quasi fosse una formula magica: "Picassoooo!!!" con tutto il fiato che hanno nei polmoni»[48].

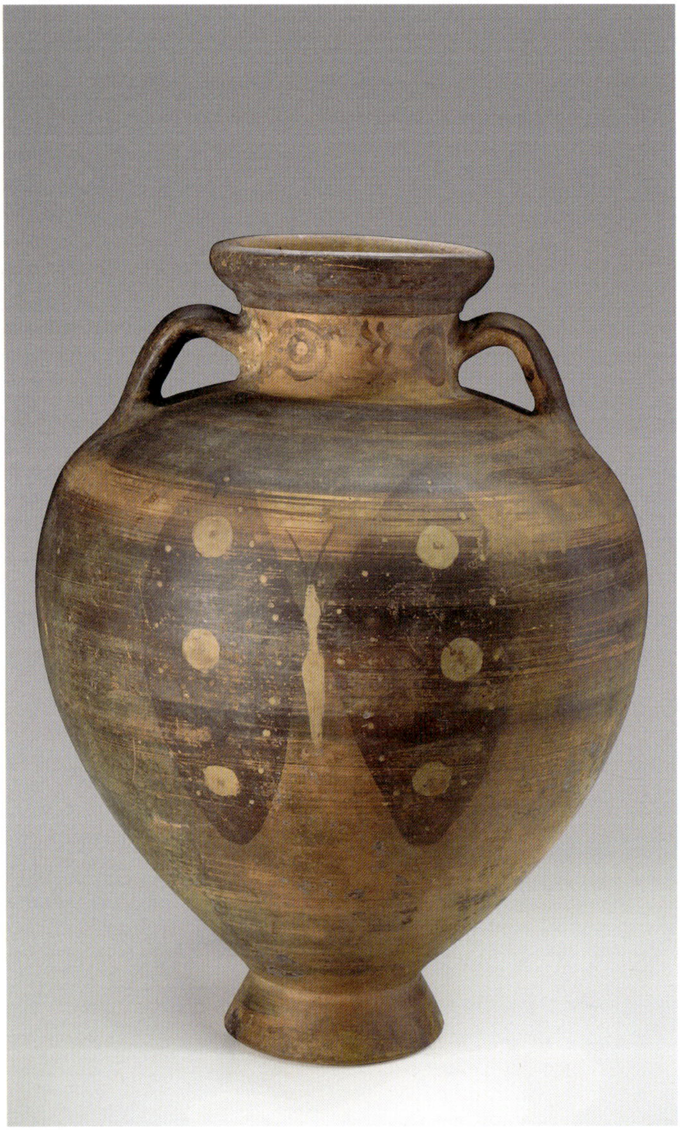

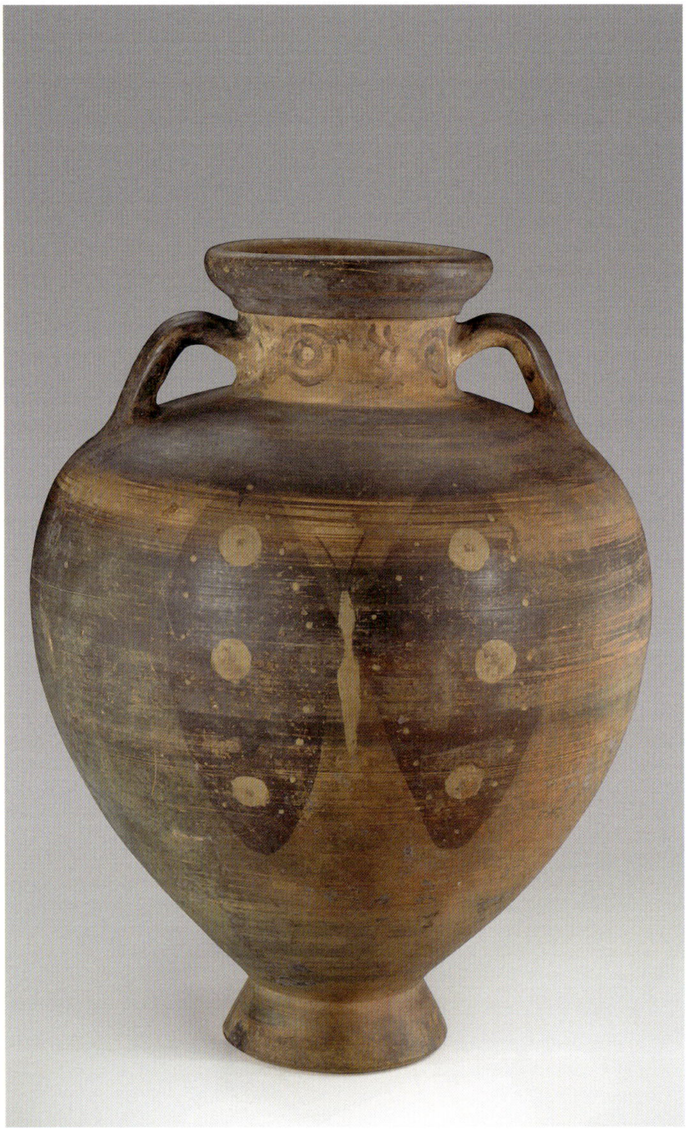

cat. 34
Anfora da trasporto tipo SOS con iscrizione in greco: «kalòs» (bello) / Transport amphora of the SOS type with Greek inscription: "kalòs" (beautiful)
fine VII secolo a.C. / late 7th century BC

Ceramica di produzione attica, proveniente da Cerveteri / Pottery of Attic workmanship, from Cerveteri, 67 × 23 × 48 cm, diametro del piede / diameter of the foot 17 cm
Milano, Fondazione Luigi Rovati

cat. 35
PABLO PICASSO
Métamorphose I
[Metamorfosi I / Metamorphosis I]
Parigi / Paris, 1928
Bronzo / Bronze, 22,8 × 18 × 11 cm

Edizione: prova unica / Edition: single proof
Parigi, Musée national Picasso-Paris, dazione di / dation of Pablo Picasso, 1979

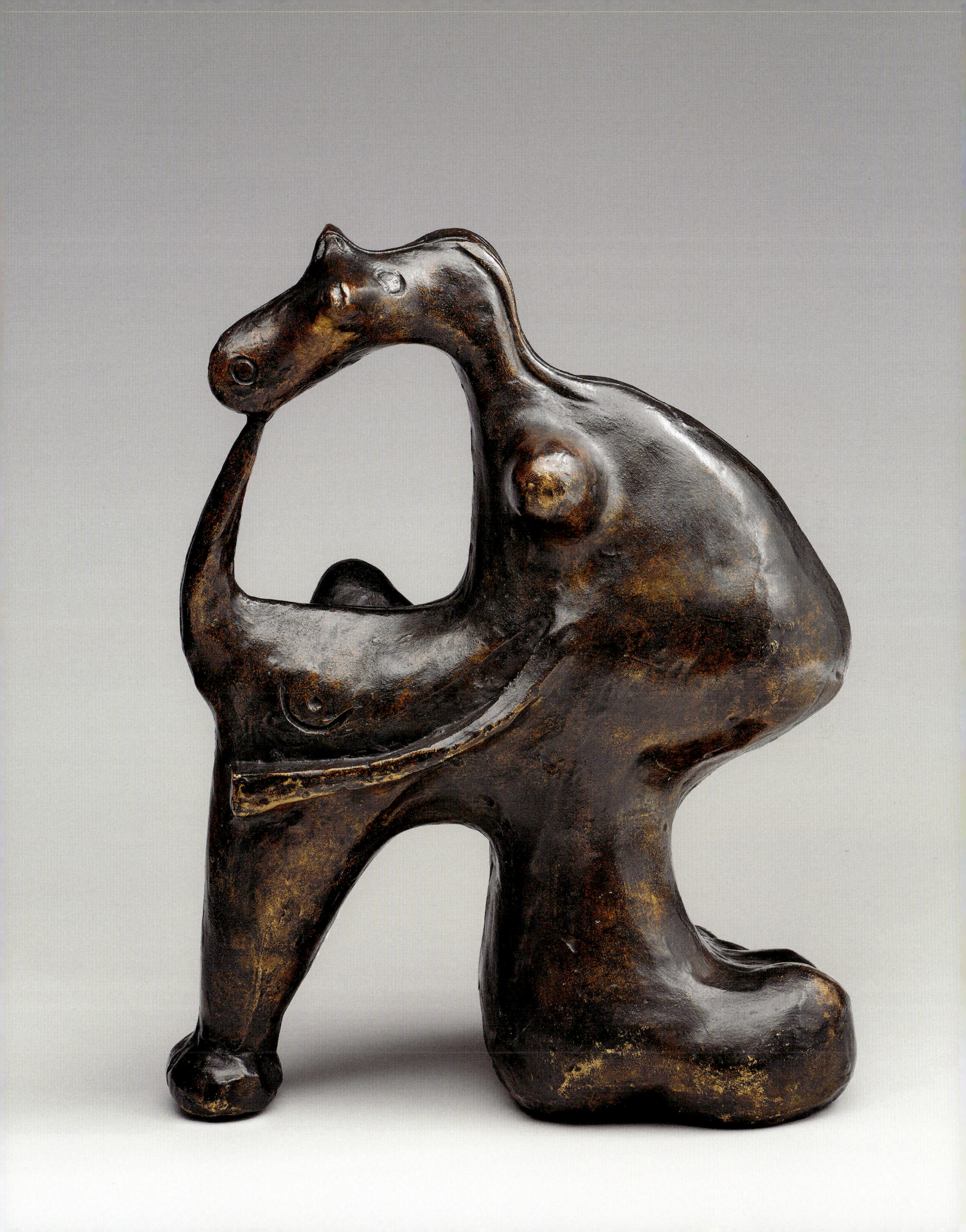

1 Alcuni brani del presente saggio sono liberamente adattati dal mio *Picasso. Una vita da straniero*, trad. it. Manuela Bertone, Venezia, Marsilio, 2024.
2 Stefano Baia Curioni *Il messaggio di Palazzo Te,* in questo volume, pp. 15, 35.
3 «Le Temps», 18 agosto 1900.
4 Louis Chevalier, *Montmartre du plaisir et du crime,* Paris, Robert Laffont, 1980, p. 210.
5 Gustave Coquiot, *La vie artistique*, in «Le Journal», 17 giugno 1901.
6 Archivio della prefettura di polizia di Parigi, fascicoli relativi alla naturalizzazione di stranieri celebri, IC 5.
7 Si veda in proposito Jean-Hubert Martin, *Picasso e le «menzogne» dei musei francesi*, in *Picasso lo straniero,* catalogo della mostra (Milano, Palazzo Reale, 20 settembre 2024 - 2 febbraio 2025), a cura di Annie Cohen-Solal, Venezia, Marsilio, 2024, pp. 150-158.
8 *Max Jacob et Picasso*, a cura di Hélène Seckel, Emmanuelle Chevrière, Hélène Henry, Paris, RMN,1994, pp. 12-13.
9 «Max vecchio mio penso alla stanza di boulevard Voltaire e alle omelette ai fagioli e al formaggio Brie e alle patate fritte ma penso anche ai giorni di miseria e divento triste e mi ricordo degli spagnoli di rue de Seine con disgusto. Penso di rimanere qui l'inverno prossimo per fare qualcosa. Un abbraccio, il tuo vecchio amico, Picasso». Ivi, p. 20 (lettera forse risalente all'estate 1903). Il francese di Picasso, per il momento, è piuttosto sgangherato, come si evince dagli errori di ortografia e di grammatica.
10 Questi appunti risalgono al 1935, cioè l'anno in cui Max Jacob decide di dare una serie di conferenze e approntare un libro su Picasso e Apollinaire. Ivi, pp. 232-233.
11 «Dalle memorie di una cantante / la bella Mathilde o / la vita e le avventure di una giovane modista».
12 Guillaume Apollinaire, in «La Plume», 15 maggio 1905, ora in Id., *Chroniques d'art (1902-1918)*, Paris, Gallimard, 1960, pp. 35 e 38; trad. it.: https://lenonrecensioni.blogspot.com/2015/01/picasso-visto-da-guillaume-apollinaire.html.
13 Annie Cohen-Solal, Xavier Vilató, *Al cuore della marginalità. Dialogo su Picasso*, in questo volume, pp. 85-97.
14 Come ha opportunamente sottolineato il filosofo Dipesh Chakrabarty. Si veda *Un artista subalterno in una metropoli moderna*, conversazione tra Annie Cohen-Solal, Dipesh Chakrabarty e Anne Gagnant de Weck, in *Picasso lo straniero,* cit., p. 76.
15 Guillaume Apollinaire, *Art et Curiosité, les commencements du cubisme*, in «Le Temps», 16 settembre 1912, ora in Id., *Œuvres en prose complètes*, II, Paris, Gallimard, 1991, p. 1515.
16 «Wer aber sind sie, sag mir, die Fahrenden, diese ein wenig Flüchtigern noch als wir selbst [...]» («Ma dimmi chi sono, questi / girovaghi, questi anche un po' / più fuggitivi di noi [...]»), Rainer Maria Rilke, *Die fünfte Elegie*, in *Duineser Elegien*, Leipzig, Insel Verlag, 1923, p. 20, vv. 1-3. Edizione italiana, *Elegie duinesi, Quinta Elegia*, trad. di Enrico e Igea De Porto, Torino, Einaudi, 1978, p. 29.
17 Irene Gordon, *A World Beyond the World: The Discovery of Leo Stein*, in, *Four Americans in Paris. The collections of Gertrude Stein and Her Family*, catalogo della mostra, a cura di Margaret Potter e John B. Hightower, New York, MoMA, 1970, lettera di Leo Stein a Mabel Foote Weeks del 29 novembre 1905, p. 27.
18 «Ai piedi indossano sandali delfici / al cielo volgono visi scientifici. A causa dei sandali non sono sempre stati ben accetti nei ristoranti e nei caffè. Sono milionari e vogliono sedersi a prendere aria nei dehors dei caffè dei boulevard, ma i camerieri rifiutano di servirli e cercano di convincerli che le consumazioni sono troppo costose per gente coi sandali. Comunque loro se ne fregano e continuano tranquilli a fare esperienze estetiche». Guillaume Apollinaire, *Chroniques d'art,* cit., p. 42.
19 Max Weber, giovane artista americano a sua volta espatriato, racconta: «Il salotto era una specie di gigantesco magazzino delle idee predisposto per giovani artisti del mondo intero, dove si svolgevano dibattiti intensi e approfonditi sulle correnti estetiche, condotti dal talento e dall'erudizione di Leo. Ci sentivamo liberi di sparare idee che sembravano bombe lanciate nei territori dell'arte e molti di noi fecero lì le prime scoperte» Max Weber, *Max Weber Speech on His Class With Henri Matisse* (1951), in Archives of American Art, Smithsonian Institution, Washington-New York, Max Weber Papers 1902-2008.
20 «Uno che alcuni stavano certamente seguendo era uno completamente affascinante. Uno che alcuni seguivano sicuramente era uno affascinante. Uno che alcuni stavano seguendo era uno completamente affascinante. Uno che alcuni stavano seguendo era uno sicuramente completamente affascinante», Gertrude Stein, *Picasso*, in «Camera Work», nn. 34-35, 1912, ora in Alfred Stieglitz, *Camera Work. The Complete Illustrations (1903-1917)*, Köln-New York, Taschen, 1997, pp. 665-666.
21 Pablo Picasso, Jean Cocteau, *Correspondance 1915-1963*, Paris, Gallimard/Musée national Picasso-Paris, 2018, lettera di Cocteau a Picasso del 25 settembre 1915.
22 «Paris-Journal», 20 giugno 1924. Si veda *La Révolution surréaliste*, catalogo della mostra, a cura di Werner Spies, Paris, Éditions du Centre Pompidou, 2002.
23 Archivio della Bibliothèque littéraire Jacques-Doucet, Paris, lettera di André Breton a Jacques Doucet del 2 dicembre 1924.
24 Michel Leiris, *Un génie sans piédestal*, in *Le Dernier Picasso*

1 Some excerpts from this essay are freely adapted from my *Una vita da straniero*, Italian translation Manuela Bertone (Venice: Marsilio, 2024).
2 Stefano Baia Curioni, *The Message of Palazzo Te,* in this volume,15, 35.
3 *Le Temps*, 18 August 1900.
4 Louis Chevalier, *Montmartre du plaisir et du crime* (Paris: Robert Laffont, 1980), 210.
5 Gustave Coquiot, "La vie artistique," *Le Journal*, 17 June 1901.
6 Archives of the Paris police prefecture, files relating to the naturalisation of famous foreigners, IC 5.
7 In this respect, see Jean-Hubert Martin, *Picasso e le "menzogne" dei musei francesi*, in Annie Cohen-Solal, ed., *Picasso lo straniero,* exhibition catalogue (Milan, Palazzo Reale, 20 September 2024–2 February 2025) (Venice: Marsilio, 2024), 150–8.
8 Hélène Seckel, Emmanuelle Chevrière, Hélène Henry, eds., *Max Jacob et Picasso* (Paris: RMN,1994), 12–3.
9 "Max, old man, I think of the room on the Boulevard Voltaire, and the omelettes with beans and Brie cheese and the fried potatoes, but I also think of the days of poverty, and I become sad, and I remember the Spaniards in the Rue de Seine with disgust. I plan to stay here next winter to do something. An embrace, your old friend, Picasso." Ibid., 20 (letter possibly dating from the summer of 1903). Picasso's French, for the moment, was rather shaky, as can be seen from the errors of spelling and grammar.
10 These notes date from 1935, when Max Jacob decided to give a series of lectures and prepared a book on Picasso and Apollinaire. Ibid., 232–3.
11 "From the memoirs of a singer / the beautiful Mathilde or / the life and adventures of a young milliner."
12 Guillaume Apollinaire, *La Plume*, 15 May 1905, now in Id., *Chroniques d'art (1902–18)* (Paris: Gallimard, 1960), 35, 38.
13 Annie Cohen-Solal, Xavier Vilató, *At the Heart of the Marginal: Dialogue on Picasso*, in this volume, 85–97.
14 As the philosopher Dipesh Chakrabarty aptly pointed out. See *Un artista subalterno in una metropoli moderna*, a conversation between Annie Cohen-Solal, Dipesh Chakrabarty and Anne Gagnant de Weck, in *Picasso lo straniero,* 76.
15 Guillaume Apollinaire, "Art et Curiosité, les commencements du cubisme," *Le Temps*, 16 September 1912, now in Id., *Œuvres en prose complètes*, t. II (Paris: Gallimard, 1991), 1515.
16 "Wer aber sind sie, sag mir, die Fahrenden, diese ein wenig Flüchtigern noch als wir selbst ..." ("Tell me who, who are these travellers, more fugitive even / than we ..."), Rainer Maria Rilke, *Die fünfte Elegie*, in *Duineser Elegien* (Leipzig: Insel Verlag, 1923), 20, ll. 1–3. English edition, *Duino Elegies, Fifth Elegy*, translated by Stephen Cohn (Illinois, Northwestern University Press, 1989), 45.
17 Irene Gordon, "A World Beyond the World: The Discovery of Leo Stein", in Margaret Potter and John B. Hightower, eds., *Four Americans in Paris. The collections of Gertrude Stein and Her Family*, exhibition catalogue (New York: MoMA, 1970), letter from Leo Stein to Mabel Foote Weeks of 29 November 1905, 27.
18 "On their feet they wear Delphic sandals / to the sky they turn scientific faces. Because of the sandals, they have not always been welcome in restaurants and cafés. They are millionaires and want to sit and take the air on the terraces of the cafés on the boulevards, but the waiters refuse to serve them and try to convince them that the drinks are too expensive for people in sandals. However, they don't give a damn and continue to have aesthetic experiences in peace." Guillaume Apollinaire, *Chroniques d'art,* 42.

19 Max Weber, a young American artist who was also an expatriate, said: "This salon was a sort of international clearing house of ideas and matters of art for the young and aspiring artists from all over the world. Lengthy and involved discussions on the most recent trends and developments in art took place, with Leo Stein as moderator and pontiff. Here one felt free to throw atom-bombs and many cerebral explosions did take place." Max Weber, *Max Weber Speech on His Class With Henri Matisse* (1951), in Archives of American Art, Smithsonian Institution, Washington-New York, Max Weber Papers 1902–2008.
20 Gertrude Stein, "Picasso," *Camera Work*, nos. 34–35 (1912), now in Alfred Stieglitz, *Camera Work. The Complete Illustrations (1903–1917)* (Köln–New York: Taschen, 1997), 665–6.
21 Pablo Picasso, Jean Cocteau, *Correspondance 1915–1963* (Paris: Gallimard/Musée national Picasso-Paris, 2018), letter from Cocteau to Picasso, 25 September 1915.
22 *Paris-Journal*, 20 June 1924. See Werner Spies, ed., *La Révolution surréaliste*, exhibition catalogue (Paris: Éditions du Centre Pompidou, 2002).
23 Archive of the Bibliothèque littéraire Jacques-Doucet, Paris, letter from André Breton to Jacques Doucet, 2 December 1924.
24 Michel Leiris, "Un génie sans piédestal," in Marie-Laure Bernadac, Isabelle Monod-Fontaine, David Sylvester, eds., *Le Dernier Picasso (1953–1973)*, exhibition catalogue, (Paris: Éditions du Centre Pompidou, 1988), 14–5.
25 Michel Leiris, "Toiles récents de Picasso," *Documents*, vol. 2, no. 2, 1930, 57–71.
26 Michel Leiris, "Faire-part," in *Cahiers d'art*, nos. 4–5 (1937), quoted in Émilie Bouvard, Géraldine Mercier, eds., *Guernica*, exhibition catalogue (Paris: Musée national Picasso-Paris/Gallimard, 2018), 168–9.
27 Sartre, as early as 1946, had entitled his preface to the anthology of Antillean, African and Malagasy poetry *Orphée noir*.
28 Elizabeth Cowling, "Portraying Maya," in Diana Widmaier-Picasso, ed., *Picasso and Maya*, (Paris: Gagosian, 2019),135.
29 Jèssica Jaques Pi, *Picasso's three languages*, in this volume, 110.
30 Jèssica Jaques Pi, "Les langues de Picasso: hybridations, tensions, ventriloquies, silences et nombres," in Annie Cohen-Solal, ed., *Picasso, l'étranger*, exhibition catalogue (Paris, Musée national de l'histoire de l'immigration, 4 November 2021–13 February 2022), (Paris: Fayard-MNHI-MnPP, 2021), 232.
31 Jèssica Jaques Pi, *Picasso's three languages*, in this volume, 110.
32 "If I think in one language / and write 'the dog runs / after the hare in the / woods' and I want to translate it / into / another [language] I have to say / 'the white wooden table / sinks its paws into the / sand and dies / almost of fear of / knowing that it is so foolish," in Marie-Laure Bernadac, Christine Piot, eds., *Picasso. Écrits* (Paris: Gallimard/RMN, 1989), 30.
33 Jaime Sabartès, *Picasso. Portraits et souvenirs* (Paris: L'école des lettres, 1996), 217.
34 Johan Popelard, *The poet, or the game of metamorphoses*, in this volume, 107.
35 "If I were outside the beasts would come to eat from my hands and my room would appear but outside of me other wages would go around the world torn to pieces." Carlos Ferrer Barrera, *Between Orpheus and Minotaur*, in this volume, 131.
36 Ibid.
37 François Hartog, "I tempi di Picasso," in *Picasso lo straniero*, 226–9.
38 Androula Michael, "'Mais quel silence ferait plus de bruit que la mort,' Les textes poétiques de Pablo Picasso contemporains de Guernica," in *Guernica*, 100.
39 Camille Mauclair, *Les météques contre l'art français* (Paris: Éditions de la Nouvelle revue critique, 1930), 10.
40 Georges Hugnet, in Various authors, *Picasso 1930–1935* (Paris: Éditions Cahiers d'Art, 1936).
41 See Jeremy Adelman, "Guernica, un'odissea nel tempo e nello spazio," in *Picasso lo straniero*, 220–5.
42 See in this respect Gilles Deleuze, Félix Guattari, *Kafka. Toward a Minor Literature* (Minnesota: University of Minnesota Press, 2021).
43 Peter Sahlins, "Ai confini delle frontiere e delle identità", in *Picasso lo straniero*, 202.
44 Fernand Braudel, *The Mediterranean and the Mediterranean World in the Age of Philip II*, vol. I (Berkeley: University of California Press, 1995), 39–40.
45 "A tenor who sings a higher note than the one written on the score: I!"
46 Arnold Van Gennep, *Les Rites de passage. Étude systématique des rites de la porte et du seuil et de l'hospitalité* (Paris: Émile Nourry, 1909), 726.
47 François Hartog, "I tempi di Picasso," in *Picasso lo straniero*, 226–9.
48 Niccolò Ammaniti, "Il tuffo di Picasso," in *Picasso lo straniero*, 31.

(1953-1973), catalogo della mostra, a cura di Marie-Laure Bernadac, Isabelle Monod-Fontaine, David Sylvester, Paris, Éditions du Centre Pompidou, 1988, pp. 14-15.
25 Michel Leiris, *Toiles récentes de Picasso*, in «Documents», II, 2, 1930, pp. 57-71.
26 Michel Leiris, *Faire-part*, in «Cahiers d'art», 4-5, 1937, citato in *Guernica*, catalogo della mostra, a cura di Émilie Bouvard, Géraldine Mercier, Paris, Musée national Picasso-Paris/Gallimard, 2018, pp. 168-169.
27 Sartre, già nel 1946, aveva intitolato *Orfeo nero* la prefazione scritta per l'antologia della poesia antillese, africana e malgascia.
28 Elizabeth Cowling, *Portraying Maya*, in *Picasso and Maya*, a cura di Diana Widmaier-Picasso, Paris, Gagosian, 2019, p. 135.
29 Jèssica Jaques Pi, *Le tre lingue di Picasso*, in questo volume, p. 110.
30 Jèssica Jaques Pi, *Les langues de Picasso: hybridations, tensions, ventriloquies, silences et nombres*, in *Picasso, l'étranger*, catalogo della mostra (Parigi, Musée national de l'histoire de l'immigration, 4 novembre 2021 - 13 febbraio 2022), a cura di Annie Cohen-Solal, Paris, Fayard-MNHI-MnPP, 2021, p. 232.
31 Jèssica Jaques Pi, *Le tre lingue di Picasso*, in questo volume, p. 110.
32 «Se penso in una lingua / e scrivo "il cane corre / dietro la lepre nel / bosco" e voglio tradurlo / in / un'altra [lingua] devo dire / "la tavola di legno bianco / affonda le zampe nella / sabbia e muore / quasi di paura di / sapersi così sciocca"». *Picasso. Écrits*, a cura di Marie-Laure Bernadac, Christine Piot, Paris, Gallimard/RMN, 1989, p. 30.
33 Jaime Sabartès, *Picasso. Portraits et souvenirs*, Paris, L'école des lettres, 1996, p. 217.
34 Johan Popelard, *Il poeta o il gioco delle metamorfosi*, in questo volume, p. 107.
35 «Se io fossi fuori le belve verrebbero a mangiare dalle mie mani e la mia stanza apparirebbe, ma all'infuori di me altri soldi andrebbero in giro per il mondo fatto a pezzi». Carlos Ferrer Barrera, *Tra Orfeo e Minotauro*, in questo volume, p. 131.
36 *Ibid.*
37 François Hartog, *I tempi di Picasso*, in *Picasso lo straniero*, cit., pp. 226-229.
38 Androula Michael, *"Mais quel silence ferait plus de bruit que la mort". Les textes poétiques de Pablo Picasso contemporains de Guernica*, in *Guernica*, cit., p. 100.
39 Camille Mauclair, *Les météques contre l'art français*, Paris, Éditions de la Nouvelle revue critique, 1930, p. 10.
40 Georges Hugnet, in *Picasso 1930-1935*, Paris, Éditions Cahiers d'Art, 1936.
41 Si veda Jeremy Adelman, *Guernica, un'odissea nel tempo e nello spazio*, in *Picasso lo straniero*, cit., pp. 220-225.
42 Si veda in proposito Gilles Deleuze, Félix Guattari, *Kafka. Per una letteratura minore*, Macerata, Quodlibet, 2021.
43 Peter Sahlins, *Ai confini delle frontiere e delle identità*, in *Picasso lo straniero*, cit., p. 202.
44 Fernand Braudel, *Civiltà e imperi del Mediterraneo nell'età di Filippo II*, Torino, Einaudi, 2010, p. 35.
45 «Un tenore che produce una nota più alta di quella che sta scritta sullo spartito: Io!».
46 Arnold Van Gennep, *Les Rites de passage. Étude systématique des rites de la porte et du seuil et de l'hospitalité*, Émile Nourry, Paris 1909, p. 726.
47 François Hartog, *I tempi di Picasso*, in *Picasso lo straniero*, cit., pp. 226-229.
48 Niccolò Ammaniti, *Il tuffo di Picasso*, in *Picasso lo straniero*, cit., p. 31.

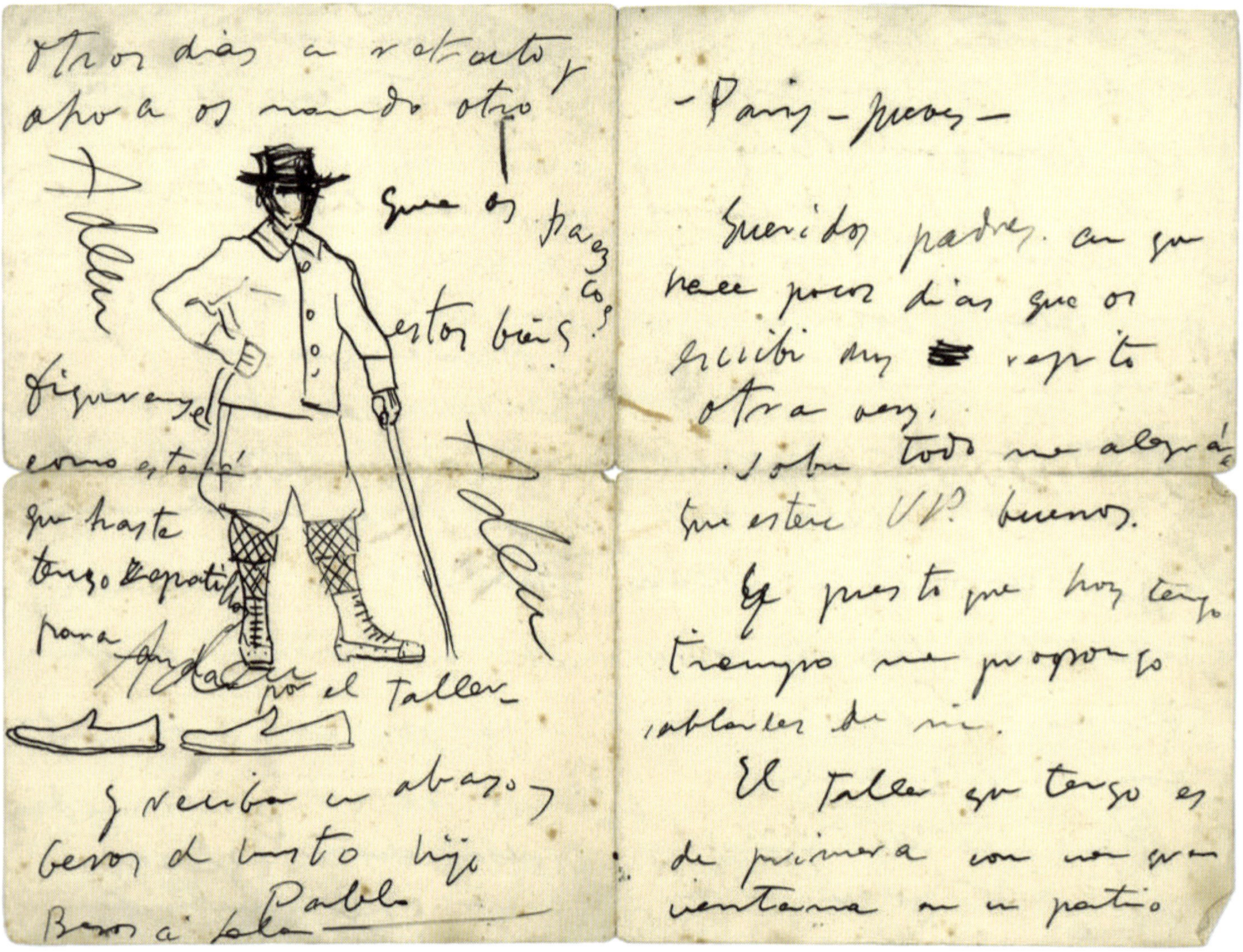
- Paris - Jueves -

Queridos padres: aun que hace pocos días que os escribí os repito otra vez.

Sobre todo me alegrá que estén VV. buenos.

Es pues to que hoy tengo tiempo me propongo hablarles de mi.

El Taller que tengo es de primera con una gran ventana a un patio

otros días un retrato y ahora os mando otro que os parezcos estoy bien.

figurarse como estaré que hasta tengo zapatillas para andar por el Taller

y reciba un abrazo y besos de vuestro hijo

Pablo

Besos a Lola

At the Heart of the Marginal: Dialogue on Picasso

Al cuore della marginalità: dialogo su Picasso

ANNIE COHEN-SOLAL, XAVIER VILATÓ

Life as a Spiral

ANNIE COHEN-SOLAL: Xavier, when we talk about Pablo Picasso, and when we look at the world around him, we are soon aware that he was a great artist who touched on everything, even poetry. But more importantly, it seems to me, he also touched on the city of Paris and the people of Paris seen through poets. Do you agree?

XAVIER VILATÓ: Yes, you have to look at Picasso's life and Picasso's work as one and the same thing, because they are always very closely linked. I know it's customary now to separate the man from the artist, as they say. But in Picasso's case, as in that of all great artists, the two are, for better or for worse, inseparable. When all is said and done, he always sought to understand the world through his work. You could say that Picasso's life resembles a spiral: he was always circling around the same centre, but covering different ground each time, and this would change according to need; according to whether he was arriving in a country where he knew nothing, according to whether he was working on a subject he did not yet know. This holds true for his engraving, for his lithography, and it holds true also for many other things he touched upon. And it's also true for settling in a country like France, which always involves understanding the language of the people who live there. It's curious to note that the people who were really there for him, right from the start, and especially in France, the transmitters of this language were those who wrote it and who sublimated it the best, like Max Jacob or Apollinaire. They were there right at the very outset.
Here we touch on a constant for Picasso, what I would call his inquisitive side: what can you do with the same elements? What can you do with the same words? You can write a shopping list and write *Le Pont Mirabeau.* It's also about the metamorphosis of elements because, for him, words are like elements. Just as he picked up a stone and would turn it into a sculpture, so he picked up words and turned them into poems, poems that belong only to him, just as his sculpture belongs only to him.

AC-S: Yes, that image of the spiral is very interesting…

Una vita fatta a spirale

ANNIE COHEN-SOLAL: Quando si parla di Pablo Picasso osservando il mondo che lo circonda, ci si accorge che è un artista notevolmente eclettico, capace di prodursi in varie forme d'arte, poesia compresa. E colpisce ancor di più il fatto che abbia avvicinato Parigi e i parigini tramite i poeti, vero?

XAVIER VILATÓ: È vero, bisogna considerare la vita e l'opera di Picasso come un tutto inscindibile, perché sono sempre state legate. So che bisognerebbe distinguere l'uomo dall'artista, come si suol dire. Ma nel caso di Picasso, come peraltro di molti altri grandi artisti, questi due aspetti sono inseparabili, nel bene e nel male. In fondo ha sempre cercato di capire il mondo attraverso il proprio lavoro. Si potrebbe dire che la vita di Picasso è simile a una spirale: ruota sempre attorno allo stesso asse, ma si sposta via via verso uno spazio diverso, uno spazio che cambia in funzione delle sue esigenze: quando arriva in un paese che non conosce affatto, quando avvicina un settore o un materiale che non conosce ancora. È successo con l'incisione, con la litografia, con molte altre tecniche con le quali si è cimentato. Ed è successo anche quando si è stabilito in un paese (la Francia, poniamo): radicarsi significa capire la lingua e la gente del posto. È singolare che, specie in Francia, coloro che hanno fatto da tramite per la lingua siano stati proprio uomini capaci di destreggiarsi al meglio con il linguaggio, di sublimarlo, come Max Jacob e Guillaume Apollinaire, almeno in principio. E qui si tocca una costante di Picasso, quella che definirei la sua curiosità: cosa si può fare con un certo numero di elementi, cosa si può fare con un certo numero di parole? Si può scrivere la lista della lavandaia e scrivere *Le Pont Mirabeau.* C'entra anche la metamorfosi degli elementi perché, per lui, le parole equivalgono a elementi. Come prende una pietra e la trasforma in una scultura, così prende le parole e le trasforma in poesie,

cat. 36
Lettera di Pablo Picasso ai genitori con autoritratto / Letter from Pablo Picasso to his parents with self-portrait
1901
Inchiostro su carta / Ink on paper, 20,3 × 26,4 cm
Parigi / Paris, collezione privata / private collection, in deposito presso il / on loan to the Museu Picasso, Barcellona / Barcelona

poesie che appartengono solo a lui, esattamente come la sua scultura appartiene solo a lui.

AC-S: L'immagine della spirale è avvincente...

XV: È fondamentale per capire il modo in cui avvengono le cose. In realtà, vengono riutilizzati sempre gli stessi impulsi, gli stessi stimoli, che provengono dall'infanzia. Si torna continuamente a una determinata sfera immaginaria, a un certo lessico. E poi questo viene costantemente migliorato, arricchito. Di fatto, però, è sempre lo stesso lessico di base...

AC-S: Di conseguenza, come possiamo interpretare il fatto che, appena arrivato a Parigi, a parte i catalani, a parte il ghetto catalano di Montmartre, Pablo viene immediatamente a contatto con i poeti marginali, per un verso Max Jacob, marginale a modo suo, da francese in Francia, per tanti motivi; per un altro Apollinaire, un apolide che ha girato il mondo; per un altro ancora Gertrude Stein, elemento del tutto allotrio alla Francia, che vive in un mondo a sé, in una bolla? E poi Éluard, Leiris e, beninteso, Prévert. Come spiegherebbe, da membro della grande tribù Picasso, il rapporto che Pablo Picasso, il suo prozio, ha sempre avuto con i poeti?

Un rapporto particolare con la marginalità

XV: Ritengo che per lui il poeta abbia sempre rappresentato l'apice della creatività. L'arte di Picasso tende alla poesia. E la poesia è per lui l'arte eccelsa. Comunque a me è stato insegnato fin da piccolo che la poesia era la squisitezza suprema. In famiglia non tenevano particolarmente all'apprendimento tradizionale. Nessuno ti insegnava in modo dogmatico. Le cose venivano tramandate con l'esempio, sulla base di percezioni, di intuizioni. Se uno era curioso, grazie al *fare* riusciva a capire in che modo le cose erano strutturate. E questo significa che il poeta è sempre e comunque l'essere più meraviglioso, appunto perché è un irregolare. Pertanto, benché abbia ricevuto un'educazione artistica di stampo prettamente accademico, Pablo è fortemente attratto dalla marginalità. Se ha sempre avuto un rapporto molto particolare con i marginali, è perché i maestri e il padre avevano cercato di fare di lui un pittore accademico. Il suo rapporto con la formazione accademica permane ambiguo, ma in fondo sarà sempre affascinato da persone che vivono ai margini. Anche lui fa parte degli irregolari e, ovviamente, ne incontrerà molti altri con i quali si sentirà in sintonia. Tutti i poeti che abbiamo ricordato sono lontanissimi

XV: It's fundamental for an understanding of how things happen. In fact, we're always re-exploiting the same feelings, the same things, that emerge from childhood. We're constantly revisiting an imaginary world, a lexicon. And we're constantly improving and enriching this lexicon. But, actually, it's always the same basic lexicon...

AC-S: So, given this context, how should we interpret the fact that, as soon as he arrived in Paris, apart from contacting the Catalans—looking outside the Catalan ghetto of Montmartre, in other words—Pablo immediately came into contact with marginal poets. Max Jacob, for instance, who was marginal in his own way within France, for so many reasons. Apollinaire, who was stateless but who had travelled. And Gertrude Stein, who was completely outside France, who lived in her own world, in her own bubble. And also Éluard, Leiris and of course Prévert. How can you, as a member of the Picasso tribe, explain the bond that Picasso, your great-uncle, has always had with poets?

A Very Special Relationship with the Marginal

XV: I think that, for him, a poet always represented the most sublime creator. All Picasso's art tends towards poetry. And poetry is, in a way, the supreme art. At any rate, I was brought up to believe that poetry was the ultimate art form. My family was not at all scholastic. They weren't people who taught in a high-brow way. It was through the *example* of their sensations and their sensitivity that things were put together. If you were curious, it was through *doing* that you could understand how things fitted together. What I want to say here is to express the feeling that the poet has always been the most wonderful being, precisely because he is like a garden weed. So, although he was trained as an artist in a totally academic tradition, Pablo is really attracted to the margins. And if he still has this very special relationship with the margins, it's because they—or his father—tried to make him an academic painter. So there's always this duality with his academic training but, deep down, he's always responsive to weeds. He is a garden weed and he will of course meet other weeds and find affinities with them. All the poets we're talking about are a long way from any sense of academicism: they are outsiders and, in Pablo's case, bohemian brothers. I think this relationship with the academic tradition is

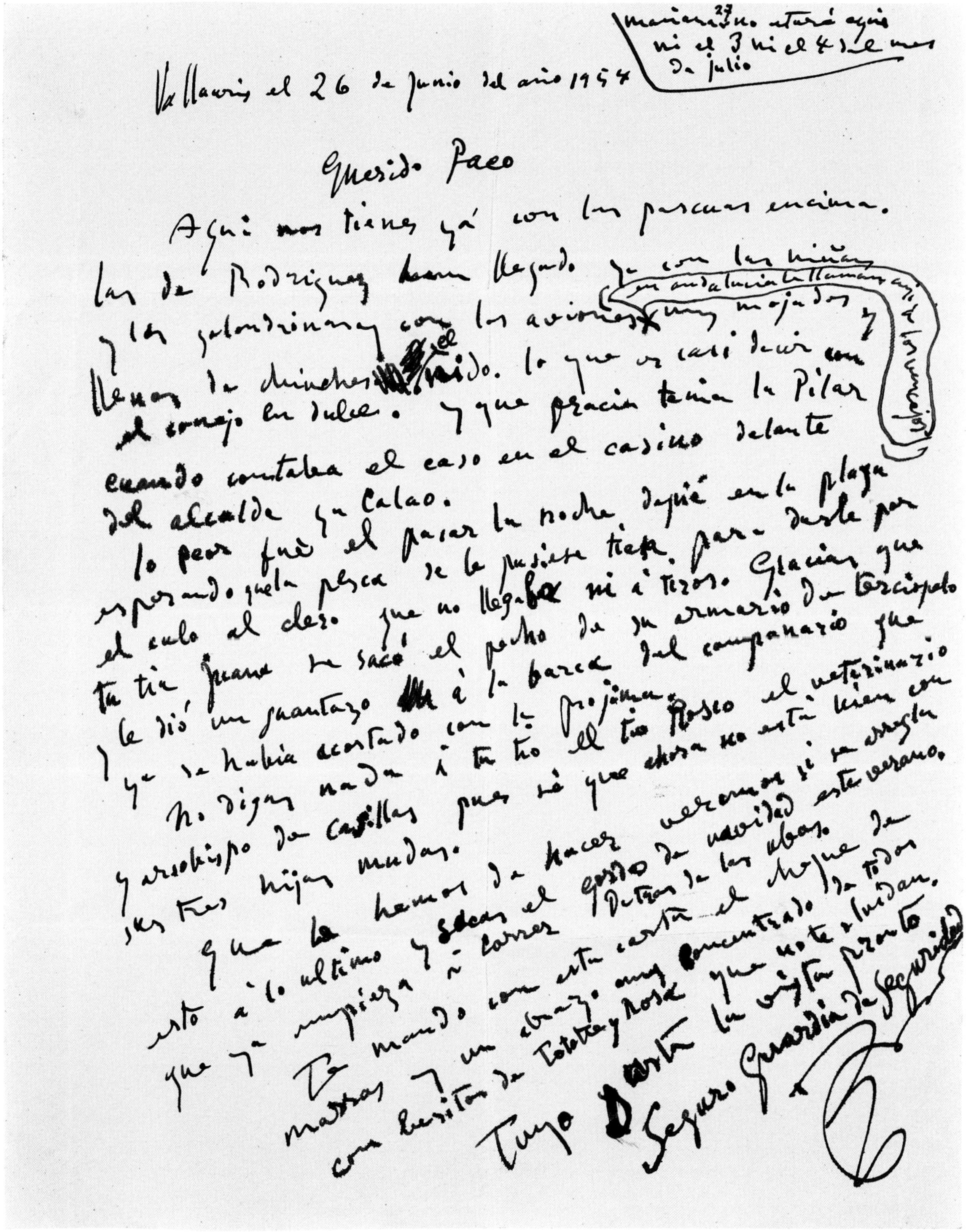

mañana no estaré aquí ni el 3 ni el 4 del mes de julio

Vallauris el 26 de junio del año 1954

Querido Paco

Aquí nos tienes yá con las pascuas encima.

las de Rodriguez han llegado ya con las niñas y las golondrinas con los aviones muy mojados y llenas de dinero el nido. lo que es casi decir con el conejo en dulce. y que gracia tenia la Pilar cuando contaba el caso en el casino delante del alcalde ya calao.

lo peor fué el pasar la noche después en la playa esperando que la pesca se le pusiese tiesa para darle por el culo al clero que no llegaba ni á tiesos. Gracias que tu tia Juana se sacó el pecho de su armario de terciopelo que le dió un guantazo á la barca del campanario que se habia acostado con la pijama y [illegible] tu tío el tío Rosco el veterinario [illegible]

No digas nada [illegible]

[illegible]

Tuyo Picasso

cat. 37

Lettera di Pablo Picasso a J. Fin / Letter from Pablo Picasso to J. Fin

26 giugno / June 1954

Inchiostro su carta / Ink on paper, 27 × 21 cm

Parigi / Paris, collezione privata / private collection

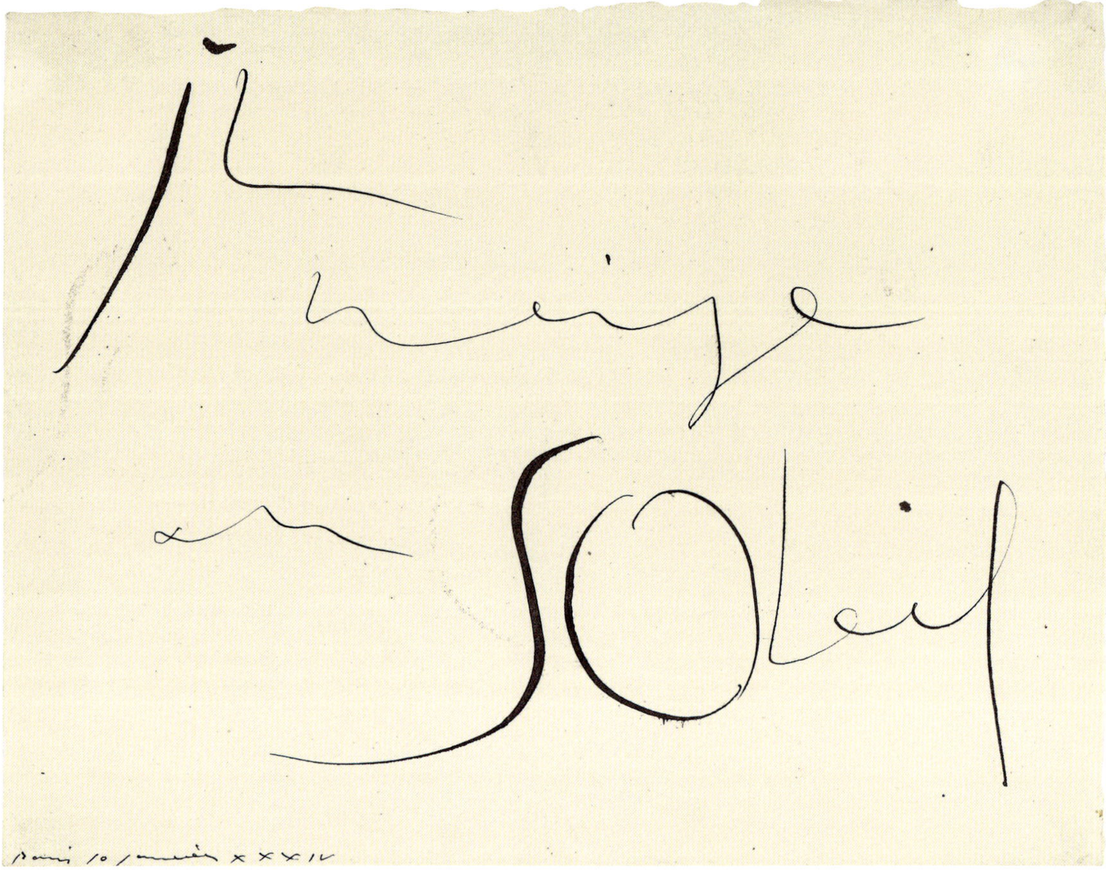

cat. 38
PABLO PICASSO
Il neige au soleil
[Sta nevicando al sole / It's snowing in the sun]
recto
Parigi / Paris, 10 gennaio / January 1934
Inchiostro su carta / Ink on paper, 26 × 32,7 cm
Parigi / Paris, Musée national Picasso-Paris, dazione di / dation of Pablo Picasso, 1979

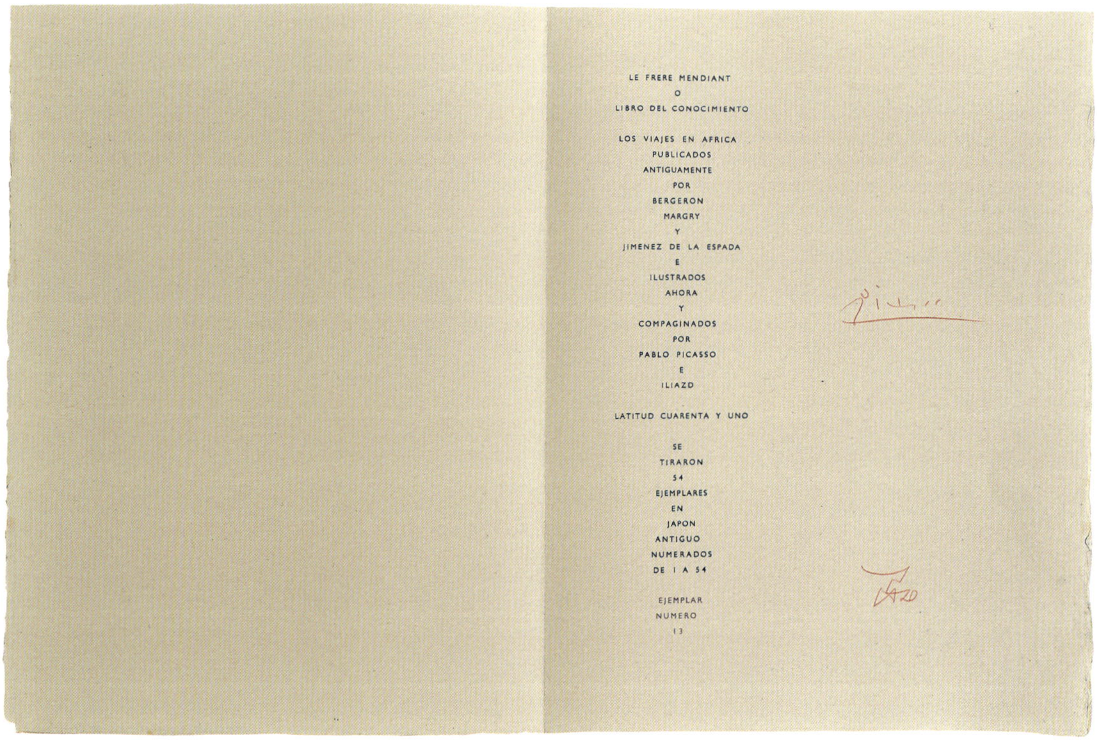

LE FRERE MENDIANT
O
LIBRO DEL CONOCIMIENTO

LOS VIAJES EN AFRICA
PUBLICADOS
ANTIGUAMENTE
POR
BERGERON
MARGRY
Y
JIMENEZ DE LA ESPADA
E
ILUSTRADOS
AHORA
Y
COMPAGINADOS
POR
PABLO PICASSO
E
ILIAZD

LATITUD CUARENTA Y UNO

SE
TIRARON
54
EJEMPLARES
EN
JAPON
ANTIGUO
NUMERADOS
DE 1 A 54

EJEMPLAR
NUMERO
13

cat. 39
MARCOS JIMENEZ DE LA ESPADA
PIERRE MARGRY
Le frère mendiant o Libro de conocimiento
[Il fratello mendicante o *Libro de conocimiento* / The mendicant friar or *Libro de conocimiento*]
1959
Cramer n. 98
Libro illustrato, cofanetto / Illustrated book, slipcase
72,8 × 43,8 cm (aperto / open), 44,9 × 35,3 × 4,5 cm (chiuso / closed)
Parigi / Paris, collezione privata / private collection

fundamental to understanding Pablo's relationship with his friends. He is always attracted to those who were not "respectable." And when he meets these people, he's completely in tune with what he wants, what he dreams of; in other words, he's in tune with people who do extraordinary things, but who don't do them *where they should be done*. This is a very important key to understanding him. And these encounters are obviously the most fundamental ones of the period for him. After all, these poets, who were completely on the fringe, were trying to create a modernity, *but elsewhere*. What's more, there's an additional factor, and that's the order of the stars and of what we can't control.

Concerning Shamanic Order

XV: So, if we try to understand how everything works, we have to admit that there are things that we cannot explain, or that we cannot understand. If art exists, it's because there are things we can't understand or explain. Art is born when something cannot be explained. What we can't explain, for example, are the stars that make an Apollinaire meet a Picasso or a Max Jacob meet a Picasso. These are things that are *a priori* inexplicable, that shouldn't happen but do. And if they do happen, it's because there's something in all this that's shamanic, magical, unexplainable, something that can't be put into an equation. And that's the point: Picasso's world is a world that cannot be reduced to numbers. It is a world whose contours we are constantly trying to define, but which always eludes us because it has no definite outline. It retains an element of vagueness and of the unknown… I know it's complicated to understand…

AC-S: It's very clear to me, at all events. But I'd like to come back to what you said earlier: you spoke of the poets as his "bohemian brothers." And indeed, his relationship with Apollinaire was essential in helping him to become established; Apollinaire and his invention of the character Croniamantal, his double; Apollinaire who emboldens him in his conquest of Paris…

XV: Embolden seems to me a very good word, yes, absolutely. There are many people who emboldened Picasso in the same way that he himself emboldened whole generations.

AC-S: I'm also very interested in the family ethos, your family ethos, the family ethos that you implicitly refer to

dallo stile accademico: sono dei marginali e, per Pablo, dei compagni di vita da bohème. Penso che il rapporto con la tradizione accademica sia fondamentale per capire il legame che unisce Pablo ai suoi sodali. Ha sempre provato attrazione per gli estrosi. E quando li incontra entra in perfetta simbiosi con gente che esalta i suoi desideri, i suoi sogni, vale a dire con persone che fanno cose straordinarie, ma non le fanno dove andrebbero fatte. Per capire Pablo dobbiamo per forza tener presente questo percorso, questi incontri fondamentali degli esordi parigini. I poeti che frequenta vivono completamente ai margini, e cercano una modernità di nuovo conio, ma *altrove*. Anche a non dire che ci sono diversi elementi che sfuggono sia all'esperienza concreta sia alla pura razionalità.

La dimensione sciamanica

XV: Infatti, se cerchiamo di comprendere il funzionamento dell'intero fenomeno, siamo pur costretti ad ammettere che ci sono cose che non possiamo spiegare, che non riusciamo a capire. Se l'arte esiste è appunto perché ci sono cose che non si comprendono e non si spiegano. L'arte nasce quando non siamo in grado di spiegarla. Per esempio, non siamo in grado di spiegare quale congiunzione astrale abbia fatto sì che un Apollinaire incontrasse Picasso o che un Max Jacob incontrasse Picasso. Sono casi inspiegabili, che non dovrebbero succedere ma succedono. E se succedono è proprio perché in tutto questo c'è una dimensione sciamanica, magica, impenetrabile, una quadra impossibile da trovare. Il mondo di Picasso è per l'appunto un mondo non riconducibile a schemi razionali, un mondo del quale si cerca continuamente di restituire la fisionomia, e però permane inafferrabile perché non ha contorni definiti e mantiene un che di fluido, di misterioso... So che non è facile da capire...

AC-S: A me risulta chiaro. Ma vorrei tornare su quanto hai detto poc'anzi: hai parlato dei poeti come compagni di vita da bohème. E infatti il suo rapporto con Apollinaire è fondamentale per l'inserimento di Picasso tra gli artisti; Apollinaire che si inventa il personaggio di Croniamantal, il suo doppio; Apollinaire che gli infonderà l'audacia necessaria per conquistare Parigi...

XV: Infondere audacia mi sembra una giusta clausola, davvero. Ci sono molte persone che hanno infuso audacia in Picasso; come lui stesso, del resto, ha infuso audacia in generazioni intere.

AC-S: Mi interessa in modo particolare l'ethos della famiglia, il codice normativo della vostra famiglia, al quale rimandi implicitamente quando dici «a me è stato insegnato»: appartenete allo stesso ceppo, siete fatti della stessa pasta, siete entrambi *doers*, nel senso che sapete fare, inventare cose. Anche questo mi interessa...

XV: ... sublimi artigiani, me lo dicono spesso.

AC-S: Appunto. Allora dimmi: dimmi come mai dai Ruiz, dai Vilató, dai Kahnweiler, vigeva una sorta di rispetto assoluto nei confronti dei poeti, degli artisti, delle persone ricche di cultura, ma non una cultura alla francese, non una cultura di rigidità inflessibile, sussiegosa e smancerosa... una cultura diversa. Vorrei che tu cercassi di descrivercela, questa cultura...

Gli irregolari, i poeti, i compagni di vita da bohème

XV: Da sempre la cultura è associata all'idea di raffinatezza. Ma credo, appunto, che forse per la prima volta nella storia c'è stato chi, a cominciare da Pablo, ha cercato di dimostrare che la cultura può essere qualcosa di diverso dalla raffinatezza. La raffinatezza a quel punto diventa un qualcosa di artificioso. Penso che l'idea della cultura popolare che d'improvviso si mescida con la cultura aulica sia essenziale: la mescolanza, l'ibridazione, non mi è affatto estranea, anzi! Per parte mia ho sempre nutrito il massimo rispetto per il ceramista, l'artigiano, per la persona che *lavora con le mani*. Anche se Pablo era molto vicino a tanti intellettuali del suo tempo, penso di non fargli un torto se dico che non ha mai considerato la pittura come un qualcosa di intellettuale. A me è stato insegnato, infatti, che la pittura nasceva da altro, come la musica: erano linguaggi specifici. E quindi, se uno cercava di tradurle in parole, imboccava una strada impossibile, finiva per tradirle, per ridimensionarle. I soli artigiani della parola capaci di tradurle erano i poeti. Dal mio punto di vista e credo anche dal suo, coloro che sono stati capaci di parlare meglio di Picasso, dell'arte di Picasso, dell'essenza stessa del suo lavoro, non erano né intellettuali, né storici dell'arte, ma poeti come Prévert, Éluard, Max Jacob, Apollinaire, vale a dire persone che, di fronte a un'opera d'arte, reagivano con un'opera d'arte, non con una spiegazione.

AC-S: La cultura che definisci popolare è quella dell'artigianato, del lavoro manuale, come quella dei costruttori di cattedrali, per esempio, che Pablo ammirava senza riserve, suppongo... E per quanto riguarda l'incontro tra cultura popolare e cultura aulica, vorrei proporti un esempio

when you say: "I was taught…": you were born of the same stuff. What interests me is that you are do-ers, makers. That's what interests me.

XV: … sublime craftsmen, I'm told.

AC-S: Right, so tell me about this, tell me how the Ruiz family, the Vilató family, the Kahnweilers, had this kind of respect for poets, artists, people of culture, but of a culture that is not a French culture, that is not a rigid culture, that is not a culture of self-importance, not a culture of good taste… it's something else. I'd like you to try and describe this culture for us…

Weeds, Poets, His Bohemian Brothers

XV: There has always been this idea of refinement in culture. But I think this is perhaps the first time in history that people, and Pablo more than most, have tried to show that culture can be something other than refinement. Thus refinement becomes something a little artificial. I think that this image of popular culture suddenly mixing with high culture is crucial: this mixing/hybridisation is far from foreign to me; quite the contrary. For my part, I've always had enormous respect for the ceramist, for the craftsman, for the person who *makes things with his hands*. Even though Pablo was very close to many of the intellectuals of his time, I don't think I'm saying something absurd if I declare that he never saw painting as something intellectual. Instead I have always been taught that painting was born of something else, and that painting, like music, has its own language. So if you tried to translate them into words, you would be embarking on an impossible attempt that always becomes a betrayal, or a reduction. The only artisans of the word who were capable of translating that were the poets. In fact, for me, and I think for Picasso too, those who were best placed to speak of Picasso, of Picasso's art, of the very essence of his work, were neither intellectuals nor art historians, but poets, like Prévert, like Éluard, like Max Jacob, like Apollinaire; people who responded to a creation with a creation, not with an explanation.

AC-S: This culture that you call popular is that of the craftsman, that of the builder of cathedrals for example, whom Pablo must have admired tremendously, I imagine… And when you talk about popular culture meeting high culture, I'd like to give you an example and ask you to comment on it. What I mean is the encounter between Pablo Picasso and

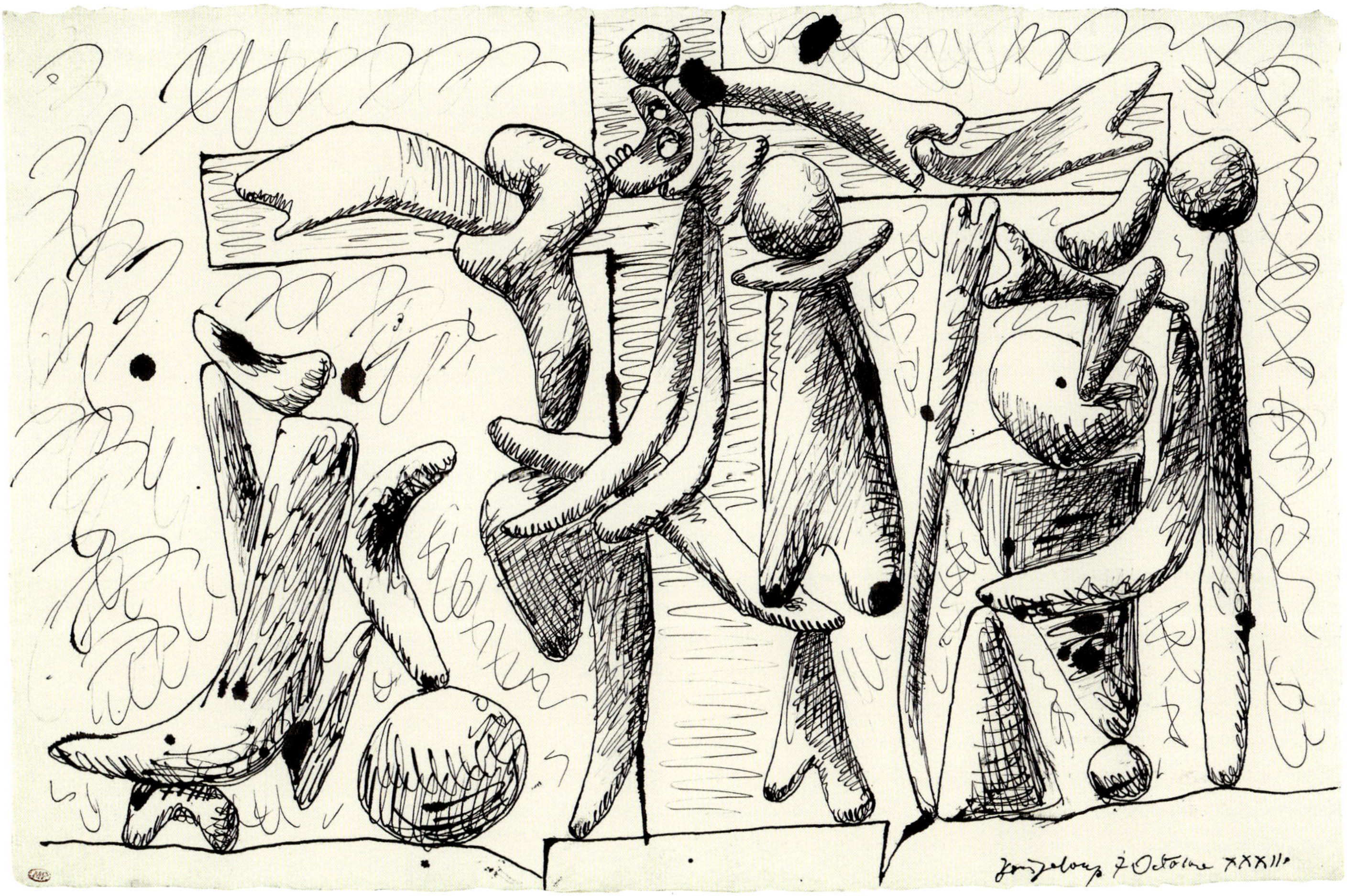

cat. 40
PABLO PICASSO
La Crucifixion
[La Crocifissione /
The Crucifixion]
Boisgeloup, 7 ottobre /
October 1932
Inchiostro su carta / Ink on
paper, 34,5 × 51,5 cm
Parigi / Paris, Musée national
Picasso-Paris, dazione di /
dation of Pablo Picasso, 1979

e chiederti di commentarlo. Mi riferisco all'incontro tra Pablo Picasso e André Level. Tu come interpreti il fatto che l'alto borghese raffinatissimo riesca a scovare, nell'atelier del giovane genio, al Bateau-Lavoir, due dipinti, *Les Demoiselles d'Avignon* e *Family of Saltimbanques*? Siamo nel 1909, i due quadri sono appesi uno di fronte all'altro, sono stati prodotti a due anni di intervallo uno dall'altro, il che ha dell'incredibile, vista la distanza estetica che li separa. Picasso ha bisogno di soldi per portare avanti le ricerche intraprese e allora decide di vendere *Family of Saltimbanques* e sceglie Level anziché altri collezionisti, sebbene Level non gli offra molto. Poi, nell'aprile del 1914, quando Level, come previsto, rivende *Family of Saltimbanques*, realizza una plusvalenza impressionante (dato che lo aveva pagato 1.000 franchi e lo cede a 11.000 franchi) e invia a Picasso, come pattuito, un assegno pari al venti per cento dei proventi della vendita, ovverosia una somma notevolissima per lui, per quei tempi. Level gli fa recapitare l'assegno da un commesso, insieme a un biglietto scritto in un francese forbito dagli accenti barocchi. La cosa mi affascina perché tra queste due persone appartenenti ad ambiti del tutto diversi della società francese vediamo affiorare e instaurarsi un profondo rispetto reciproco. Potresti commentare questo rapporto?

La dimensione etica

XV: Forse molti lettori rimarranno sorpresi, ma l'arte di Picasso, il modo in cui Pablo costruisce il proprio lavoro, così come il modo di promuoverlo o comunque di creare un mondo in cui collocare la propria opera, un mondo di persone capaci di difenderla, capaci di stare dalla sua parte, di ammirarlo, poggia saldamente su una sorta di etica. Ed è per l'appunto la dimensione etica che vediamo risaltare nel magnifico rapporto che unisce Level oppure Kahnweiler a Picasso. C'è una specie di fedeltà tra di loro, una fedeltà peraltro condivisa anche da altri che l'hanno conosciuto a quei tempi in cui si trovava in gravi difficoltà. La dimensione etica va ben al di là degli interessi commerciali, del fatto di vendere o meno un quadro. E pertiene al collezionista al quale il dipinto viene ceduto, al modo in cui il quadro si ambienterà dal collezionista, al modo in cui questi sarà capace di rappresentarti, di farsi ambasciatore del tuo modo di pensare, del tuo modo di creare. Molte persone, negli anni, gli rimangono fedeli, lo aiutano, lo sostengono. Avviene un incontro inaspettato tra esseri umani che si rispettano, si capiscono e, per tutta la vita, rimangono vicini e si appoggiano a vicenda. Questo è accaduto con gli amici poeti, con gli amici pittori. Pablo ha aiutato un'infinità di persone, se ne sa poco. Come si dice in spagnolo,

André Level. How do you interpret the way in which this sophisticated bourgeois spotted two paintings by this gifted young man in the studio of the Bateau Lavoir, *Les Demoiselles d'Avignon* and *Family of Saltimbanques*? This happened in 1908. The two canvases were facing each other, and they were painted just two years apart, which is astounding given their aesthetic differences. And Picasso, who needed money to advance his work, decided to sell his *Family of Saltimbanques* and chose Level over other collectors, even though Level didn't offer much money. And then, in April 1914, when Level sold the *Saltimbanques* again, as expected, he obtained an elevenfold increase in value (he bought the painting for 1,000 francs and sold it for 11,500 francs) and, as planned, he sent Picasso a cheque for the 20% of the gain to which he was entitled, which was a considerable sum for him at the time. He sent the cheque by private courier with a note written in seventeenth-century French with baroque inversions. And that fascinates me, because between these two individuals who were not at all in similar positions in French society, reveal a sense of an immense mutual respect. Do you think you could comment on this relationship?

A Kind of Ethic

XV: I think this may come as a surprise to a lot of people, but all of Picasso's art, the way he constructs his work, the way he promotes it, or in any case creates a world around his work, a world of people who are going to defend him, who are going to be with him and admire him a lot, stems from a kind of ethic. It's the same ethical dimension that comes into play in the magnificent relationship that develops between Level or Kahnweiler and Picasso. There is a kind of loyalty between them, a loyalty that can be found among those who knew him at a time when he was really in great difficulty.

This ethical dimension goes far beyond commercial matters. It goes far beyond the fact of selling or not selling. There's the collector to whom you sell the painting, the way the painting will live with that collector, the way it will represent you, the way it will basically become an ambassador for your way of thinking, your way of doing things. So there are a lot of people who, over the years, remain loyal, helpful and supportive. These are human beings who suddenly meet, respect and understand each other, and who will defend each other and remain close for the rest of their lives. This is true of his poet friends and his painter friends. Pablo helped a lot of people, and that's not generally known. He was a *great friend to his friends*, as we say in Spanish. It's an ethic of life, it's a way of functioning, and Picasso's whole way of functioning, whatever we may say today, was filled with great *affect*, emotion or drive. Emotion is at the centre of his work, it is at the centre of his human relationships, it is at the centre of his relationship with the universe. Yes, the only thing that really moves him is emotion. And it is emotion that drives his work.

AC-S: Yes, I see, these are anthropological elements that you're giving us here, which is extremely important. It's the construction of one's network, one's meaning…

XV: Sure, but it's a very irrational thing; he builds it purely on what he feels. All of a sudden, he either feels someone or he doesn't: it's extremely sensory and, if he feels someone, it could be for life…

AC-S: Yes, I get it, I get it…

XV: And there's another thing we always forget: the number of friends Picasso had, very humble people in general who made things easier for him along the way. This was very important in shaping his career… I don't think anything pleased Pablo more than someone who lived with his paintings, who ate his soup in front of a painting of his.

AC-S: What's also very interesting in what you say about this drive and loyalties is the anecdote about Frédé's bottle. André Tabaraud, the young director of the Communist daily newspaper in Nice, recounted how he often went to see Picasso in Mougins. One day he said to him, "Why do you keep that dusty bottle of gin in your hallway?" And Picasso replied: "It's the bottle Frédé brought me one day, when I had nothing, nothing to warm myself. He brought me coal, and he brought me this bottle and I've always kept it unopened, as a sort of talisman."

The Place of Animism

XV: You speak of a talisman, and I must say there's a real animism in his work, with the use of friends' objects, with things given to him. You don't throw anything away because it's something almost magical when a friend gives you something, and it stays because it's the

è stato «molto amico dei suoi amici». Diciamo che è una certa concezione etica dell'esistenza, un certo modo di essere. Il modo di essere di Picasso, checché se ne dica oggi, era pieno di affetto. L'affetto sta al centro della sua opera, al centro dei suoi rapporti umani, al centro del suo rapporto con l'universo. Sì, l'affetto è il motore del suo essere nel mondo, della sua opera.

AC-S: Sì, capisco. Ci stai proponendo elementi di tipo antropologico estremamente avvincenti. Così Picasso costruisce la propria rete di contatti, così le conferisce un senso...

XV: Certo, ma c'è anche un qualcosa di irrazionale, che costruisce unicamente in base al proprio sentire. Scatta immediatamente l'affinità oppure l'avversione: è una questione di percezione sensoriale; se scatta l'affinità, può durare per tutta la vita...

AC-S: È chiaro, chiarissimo...

XV: E c'è un altro fatto che viene spesso trascurato: i numerosi amici di Picasso – in genere persone piuttosto umili – che lungo il suo percorso lo hanno aiutato, sono stati molto importanti nella costruzione della sua traiettoria artistica... A Pablo piaceva soprattutto che le persone vivessero insieme ai suoi quadri, che si mangiassero un piatto di minestra guardando un suo quadro.

AC-S: A proposito di affetti e fedeltà, mi sembra molto interessante anche l'aneddoto della bottiglia di Frédé. André Tabaraud, giovane caporedattore del quotidiano comunista «Le Patriote de Nice», racconta che, verso la fine, andava spesso a trovare Picasso a Mougins, dove su un buffet troneggiava una bottiglia piena, senza etichetta. Un bel giorno gli ha chiesto: «Che cos'è quella bottiglia di gin polverosa che tieni nell'ingresso?». E Picasso gli ha risposto: «È la bottiglia che mi ha portato Frédé un giorno che non avevo niente, non avevo di che scaldarmi e lui mi ha portato il carbone, mi ha portato questa bottiglia è l'ho sempre tenuta, senza aprirla, come un talismano».

Il ruolo dell'animismo

XV: Tu usi la parola talismano e c'è davvero in Picasso una credenza animista legata agli oggetti familiari, alle cose ricevute. Non si butta via niente, perché c'è quasi un che di magico quando un amico ti dà qualcosa,

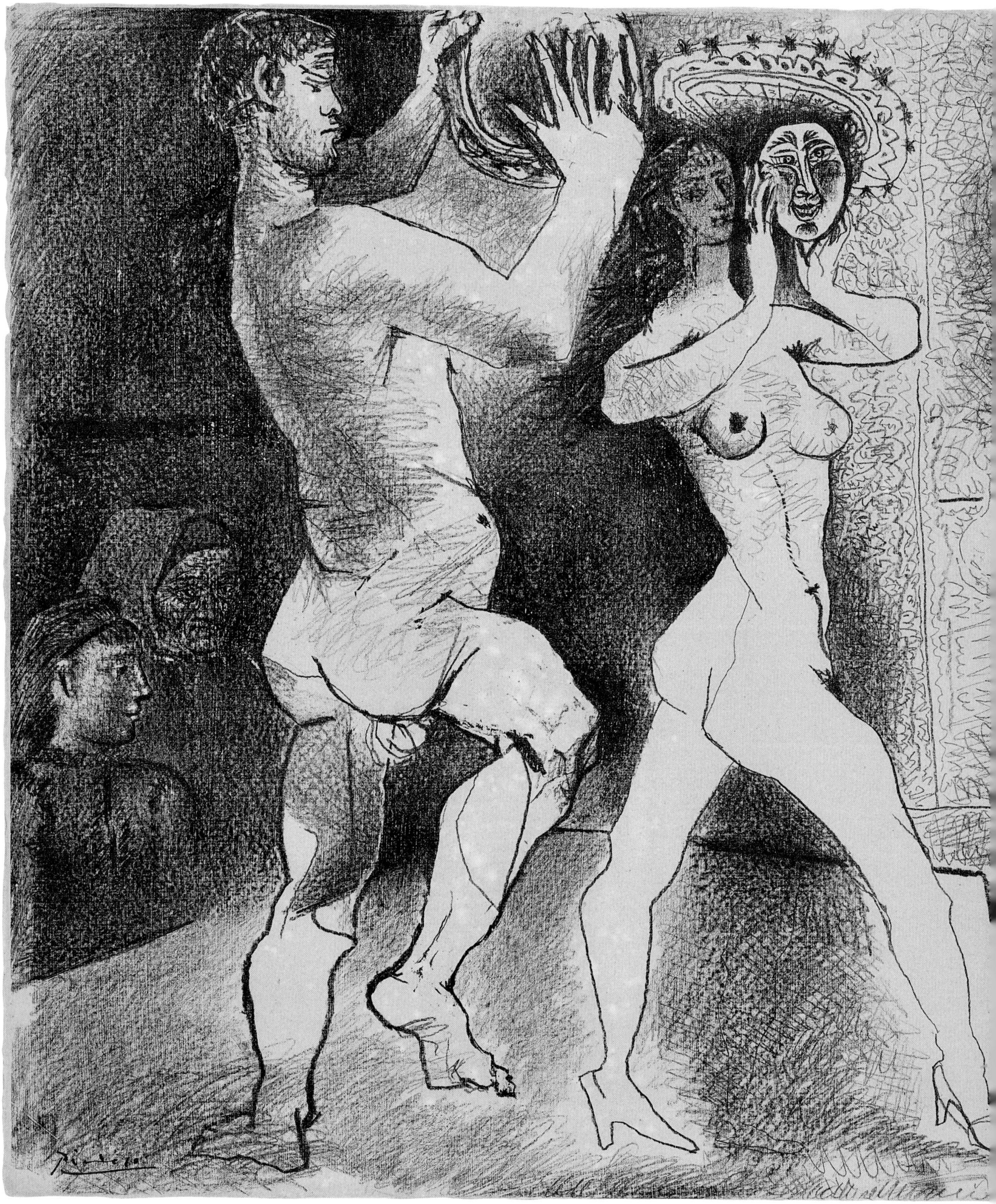

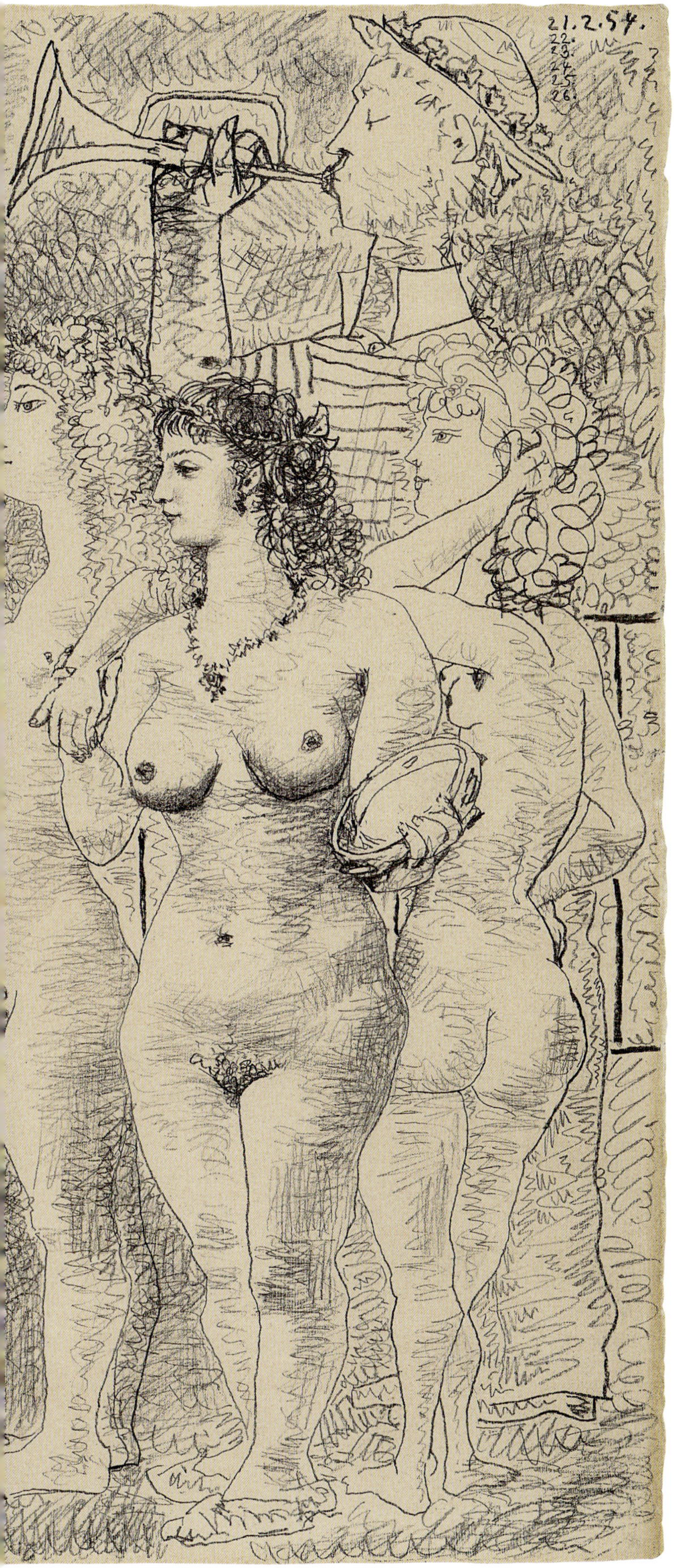

cat. 41
PABLO PICASSO
La Répétition
[La ripetizione / The rehearsal]
1954
Catalogo / Catalogue Bloch
n. 756
Litografia / Lithograph,
foglio / sheet, 76 × 50,2 cm
Parigi / Paris, collezione
privata / private collection

e rimane lì perché è una parvenza dell'amico. Era estremamente sensibile a questo genere di cose. Diciamo che c'entra anche la parte andalusa e, chissà, forse una remota ascendenza gitana. È una specie di culto interiore che appartiene a ciascuno di noi, ce l'abbiamo tutti, ma alcuni sono più praticanti perché non credono in altro e finiscono col credere in queste cose come se fossero essenziali, come nel sassolino raccolto il giorno del funerale di un amico, cose di questo genere...

AC-S: ... cose che si tengono in tasca per una vita e poi riaffiorano...

XV: ... esatto, sono cose che facciamo tutti, ma nessuno ne parla e le spiega davvero, perché rappresentano una sorta di fede segreta degli esseri umani da tempo immemoriale. Sono cose semplicissime, ma che esistono da sempre, direi che fanno parte della sua cultura, che costituiscono l'ossatura della sua cultura...

AC-S: ... potremmo parlare di animismo...

XV: ... l'intera opera di Picasso è percorsa da presenze, simboli, cose fortissime: e torniamo all'affetto, sono segnali affettivi...

AC-S: Dobbiamo avviarci a chiudere questa nostra incantevole conversazione... In buona sostanza siamo al cospetto di un artista che ha viaggiato poco, tranne per andare da nord a sud e viceversa, ma non è mai stato a Mantova. Eppure le *Metamorfosi* di Ovidio che aveva illustrato con trenta acqueforti a richiesta dell'editore Albert Skira verranno esposte davanti agli affreschi di Giulio Romano, nati nel Cinquecento a debita distanza dalla committenza vaticana. L'artista ha operato d'intesa con il suo mecenate, Federico II Gonzaga; erano entrambi giovanissimi, il pittore aveva venticinque anni, il marchese di Mantova ventisette e, insieme, hanno costruito Palazzo Te come una vera e propria utopia manierista. Quindi parlare di Picasso e Kahnweiler, Picasso e Level, capire il legame che aveva stretto con entrambi, e vedere le sue opere esposte a Palazzo Te, che se vogliamo è un'allegoria del lavoro compiuto nell'Italia del XVI secolo lontano dal trono pontificio, che cosa sta a significare?

Superare se stessi, trasgredire, innovare

XV: Per Pablo, trasgredire significa vivere! E quindi già il fatto che le sue opere siano qui è splendido. Dopo di che, Pablo si è formato nell'alveo

friend's presence. He was extremely sensitive to such things. There's also the Andalusian side, with perhaps some gypsy roots wandering through everything too. It's almost a kind of internal religion that we all have, but that some people practise more than others because, since they don't believe in other things, they end up believing in these things as being essential… like the pebble we pick up on the day of a friend's funeral, perhaps, things like that…

AC-S: … things that you keep in your pocket all your life and which reappear…

XV: … Exactly, these are things that we all do, but that nobody really expresses, because they reflect a kind of secret belief that humans have always had. They're very simple things, but they've always been there. I'd say it's his culture, it's really his culture…

AC-S: … a kind of animism…

XV: … all Picasso's art is shot through with presences, symbols, elements that are very strong, and we come back to the *affect*, a source of emotional transmitter….

AC-S: We're going to have to finish this wonderful conversation… So here we are with an artist who has travelled little, except from north to south, but who has never been to Mantua. And with his depiction of Ovid's *Metamorphoses*, commissioned by Albert Skira, which will be set alongside the frescoes by Giulio Romano, painted in the sixteenth century in transgression of the Vatican's orders. They were both very young—one was 25, the other 27—and they created this Palazzo Te as a utopia in the sixteenth century. So talking about Picasso and Kahnweiler, Picasso and Level, understanding the links he forged with them, and seeing his works at Palazzo Te, which is an allegory, if you like, of this work, outside the papal state, in sixteenth-century Italy… what does that evoke for you?

Surpassing Oneself, Transgressing, Finding Solutions

XV: For Pablo, transgression was life! So just the fact that his works are there is absolutely fitting. Beyond that, he's someone who built himself up in the classical tradition and who was still fighting with this idea of tradition, but who was going to revisit it and tickle it all the time, in this spiral life I was talking about. Pablo is constantly reopening old books and boxes and seeing what they look like today, what they look like when I talk to Roman mosaics or Greek ceramics. In other words, he is constantly re-interrogating….

AC-S: …This confrontation…

XV: … It's a bit like the salmon in the Sargasso Sea that go on to swim upstream. Pablo is constantly going upstream to see what's happening. Above all, he will go upstream to look beyond the classical tradition and see what its origins are. This attitude remained constant right up to the end of his life. But when he got to grips with texts or poets from antiquity, there was a desire to transgress and to show just how much he knew about them. So there's always a kind of struggle when he touches on these things. But of course that's also the reason why he surpasses himself, transgresses and finds solutions. That's why he's able to say things in a wildly modern way, while still in dialogue with antiquity…

AC-S: Could we say that's why you've been so generous and so positive about this exhibition, about allowing Pablo to be with Giulio Romano in Mantua on 5 October, with the Patti Smith concert, and with all of us?

XV: I think I was seduced by this way of being, of thinking, of questioning, of transgressing and obviously, being a garden weed myself, I like things that grow between cobblestones, and if they're ancient cobblestones, then so very much the better.

AC-S: Mantua is sixteenth-century…

XV: … Yes, but with resonances that obviously come from Antiquity…

AC-S: … we have a Seneca, we have an Ovid…

XV: Indeed, there's a knock-on effect: one writes on the back of the other, who writes on the back of the other, and in this construction, we're obviously perfectly in tune with Picasso's eclectic, heteroclite side.

20 April 2024

della tradizione classica e non ha mai smesso di confrontarsi con l'idea di tradizione, ma appunto per rivederla e sollecitarla di continuo, lungo tutto il percorso a spirale di cui ho parlato. Pablo riapriva costantemente libroni polverosi pieni di ricette magiche, vecchie scatole piene di antiche pozioni, per vedere in che modo riformulare il tutto, per capire che cosa succede se uno decide di dialogare con i mosaici romani o con le ceramiche greche. Cioè se uno decide di interrogare di continuo il passato.

AC-S: ... il confronto perenne...

XV: ... era un po' come i salmoni del mar dei Sargassi che risalgono la corrente. Pablo cerca continuamente di risalire la corrente per vedere che cosa succede. Cerca soprattutto di risalire la corrente per oltrepassare la tradizione classica e sondarne le origini. Si è comportato così fino alla fine. Ma quando affronta i testi e i poeti dell'antichità si percepisce in lui la voglia di trasgressione, di dimostrare che è un vero conoscitore. E quindi è sempre impegnato in una sorta di lotta, di corpo a corpo, quando avvicina queste cose. Ed è questo il motivo per cui, ovviamente, supera se stesso, trasgredisce, innova. Ed è capace di dire cose di una modernità sconvolgente pur mantenendo aperto il dialogo con l'antichità...

AC-S: Potremmo dire che questo è anche il motivo per cui sei stato tanto disponibile e generoso per l'allestimento di questa mostra, consentendo a Pablo di stare accanto a Giulio Romano a Mantova il 5 ottobre, con il concerto di Patti Smith, con tutti noi...

XV: Credo di aver trovato accattivante un certo modo di essere, pensare, trasgredire e, beninteso, essendo a mia volta un irregolare, mi piacciono le cose che crescono dove meno te le aspetti. E se questo avviene in un antico palazzo, trovo sia ancora più affascinante.

AC-S: A Mantova siamo nel Cinquecento...

XV: Sicuro, ma con chiare suggestioni provenienti dall'antichità...

AC-S: ... troviamo Seneca, troviamo Ovidio...

XV: In realtà, c'è un effetto palinsesto: uno scrive sul codice dell'altro, che scrive sul codice del predecessore, e in questa impostazione si coglie perfettamente, con ogni evidenza, la sostanza della cifra eclettica, della cifra eteroclita di Picasso.

20 aprile 2024

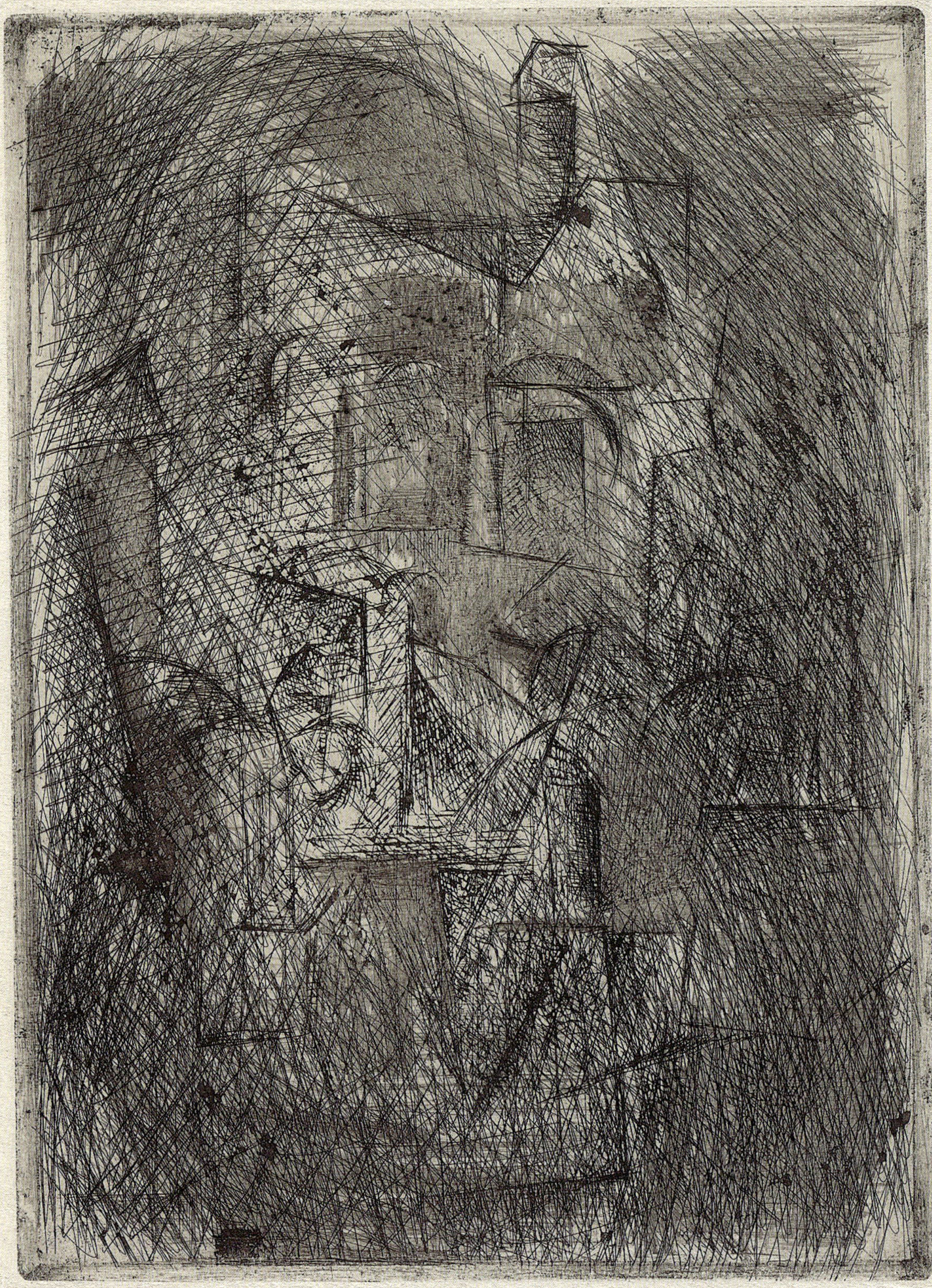

The Poet or the Game of Metamorphoses

Il poeta o il gioco delle metamorfosi

JOHAN POPELARD

When I was a child, I often had a dream that used to frighten me greatly. I dreamed that my legs and arms grew to an enormous size and then shrank back just as much in the other direction. And all around me, in my dream, I saw other people going through the same transformations, getting huge or very tiny. I felt terribly anguished every time I dreamed about that.[1]

This recollection of a dream, which may seem anecdotal at first glance, plunges us right into the heart of the matrix of Picasso's imagination, marked by the agonising feeling of the instability of the self and the world, both swept along in the flux of a continual metamorphosis. Picasso's poetry—the 340 or so poems that branch out into multiple states and variants, written between 18 April 1935 and 20 August 1959—is deeply imbued with this sense of the instability of things, associated with childhood and the dream world.[2] The reader struggles to find a stable footing in this exceptionally dense web of images, words, sounds and formulas, with no edges or centre and no punctuation, carried away by this "free flow."[3]
Conjuring up and exorcising this distressing instability, which is unleashed in the poems, undoubtedly remains one of the essential aims that Picasso pursued in his graphic and pictorial work. In *Le Cubisme*, published in 1921, the great collector and art historian Vincenc Kramář (1877–1960) portrayed Picasso as a meticulous investigator of reality, seeking to give objects a defined form. Picasso wanted to circumscribe, measure and know objects in order to get to the bottom of them. Hence, in his view, the artist's lack of appetite for landscape, "which involves a host of amorphous, changing elements that shy away from the sort of investigation [his] mind favoured."[4]
Picasso's poetry, on the other hand, seems given over to the realm of movement. The importance of these shapeless and fluid boundary objects, which escape and rebel against the effort to "circumscribe," needs to be emphasised. Molten metal, liquid crystal and, more prosaically, wax, honey, marshmallow, butter and syrup are all recurring motifs that reveal Picasso's interest in the unstable states of matter.
Caramel, in particular, a symbol of fascinating elasticity, is one of the favourite materials of his poems: "... caramel that burns, caramel that sets ablaze, caramel that cuts, caramel that sticks and breaks, caramel

Quando ero bambino, facevo spesso un sogno che mi spaventava a morte. Le mie braccia e le mie gambe diventavano improvvisamente enormi, poi cominciavano a rimpicciolirsi e a diventare minuscole. Intorno a me, altre figure subivano le stesse trasformazioni, diventando gigantesche o piccole. Questo sogno mi ha sempre causato una terribile ansia[1].

Questo ricordo di un sogno, che a prima vista può sembrare aneddotico, ci immerge nel cuore della matrice dell'immaginario picassiano, segnato dal sentimento angoscioso dell'instabilità dell'io e del mondo, entrambi trascinati dal flusso di una continua metamorfosi. La poesia di Picasso – le circa trecentoquaranta poesie che si diramano in molteplici stati e varianti, scritte tra il 18 aprile 1935 e il 20 agosto 1959 – è profondamente intrisa di questo senso di instabilità delle cose, associata all'infanzia e al mondo onirico[2]. Il lettore, trasportato da questo «libero flusso»[3], fatica a trovare un punto d'appoggio stabile in quella rete eccezionalmente densa di immagini, parole, suoni e formule, senza bordi né centro e senza punteggiatura.
Evocare ed esorcizzare tale angosciante instabilità, che si scatena nelle poesie, rimane forse uno degli obiettivi essenziali che Picasso ha perseguito nella sua opera grafica e pittorica. In *Le Cubisme*, pubblicato nel 1921, il grande collezionista e storico dell'arte Vincenc Kramář (1877-1960) ritraeva così Picasso come un meticoloso indagatore della realtà, proteso a dare agli oggetti una forma definita. Picasso vuole circoscrivere, misurare e conoscere gli oggetti per coglierne la profondità. Da qui, a suo avviso, lo scarso interesse dell'artista per il paesaggio, «che comporta una miriade di elementi amorfi e mutevoli che sfuggono all'indagine della [sua] mente»[4].
La poesia di Picasso, invece, sembra consegnata al regno del movimento. Va quindi sottolineata l'importanza che vi assumono gli oggetti di

cat. 42
PABLO PICASSO
Le Couvent
[Il convento / The convent]
Prima lastra / First plate, *recto*
Cadaquès, agosto / August 1910
Acquaforte, raschiatura e puntasecca su rame, prova stampata da Delâtre / Etching, scraping and drypoint on copper, proof printed by Delâtre,
32,3 × 21,2 cm
Parigi / Paris, Musée national Picasso-Paris, dazione di / dation of Pablo Picasso, 1979

confine, informi e fluidi, che sfuggono e si ribellano allo sforzo della «circoscrizione». Il metallo fuso, il cristallo liquido e, più prosaicamente, la cera, il miele, la melassa, il burro e lo sciroppo sono tutti motivi ricorrenti che rivelano l'interesse di Picasso per gli stati instabili della materia. La caramella mou, in particolare, simbolo di affascinante elasticità, è uno dei materiali preferiti delle sue poesie: «[...] caramella che brucia caramella che incendia caramella che taglia caramella che si attacca e rompe caramella che punge pizzica colore di rosa e verde caramella della domenica pomeriggio chiuso nella stanza senza corsa di tori e senza sviluppare niente sulla carta che deve essere fatta con tutti i vecchi stracci lenzuola che avvolsero insonnie e desideri di conoscenza e di carezze» (maggio-giugno [?] 1935)[5]. Materia iridescente e incandescente, che oscilla costantemente tra il solido e il liquido, la caramella è profondamente associata ai ricordi d'infanzia dell'artista, in particolare a quelli di La Coruña. Più in generale, fa parte dell'immaginario culinario, fatto di sapori e odori, che permea le poesie, dalla prima all'ultima. Gli ultimi versi scritti da Picasso nel 1959, quelli che chiudono *L'Enterrement du comte d'Orgaz*, la evocano ancora: «Una cipolla srotola i suoi fili nel risveglio caramello della luna – i merletti d'argento sollevati dai piccioni tubano i loro dolori».

Anche i fluidi corporei – sangue, lacrime, escrementi, latte, sputacchi o sperma – giocano un ruolo importante nella rete immaginaria che si dipana instancabilmente nella sua scrittura: «Pane da intingere nella zuppa di sangue» (28 luglio 1935); «Porpora mestruale che cola tra le gambe» (11 luglio 1935); «lo laverò con le mie lacrime di piacere o di dolore» (17 settembre 1935); «Il succo che cola dalla putredine delle pinne bruciate del gesso, le sue grida e le sue lacrime» (12 febbraio 1941). Le poesie assumono talvolta un tono decisamente scatologico: «Il ventre così pieno di merda che scoppia di grasso e sputa il piccolo palato dalle sue viscere e l'olio delle sue convulsioni sulla carne della pozzanghera del lucido da scarpe...». (7 novembre 1940). La poesia di Picasso descrive spesso un mondo sbottonato, come quello di Rabelais, di Jarry o l'informe adottato nello stesso periodo da Georges Bataille. In tal senso, i testi del 1941, inclusi nella raccolta *Poèmes et lithographies* (catt. 26, 27), sono il culmine di questa autopsia di un corpo in rovina: «La madre un metro e settanta due braccia due gambe due mani due piedi una testa due occhi due orecchie un naso una bocca uno stomaco capelli budella due mammelle un ombelico un culo una fica venti dita peli sulle gambe sulle braccia sul culo e sulla fica vene sangue cera urina carne grasso tendini e una pancia piena di ossa» (16 settembre 1941).

that stings pinches rose-coloured and green caramel of Sunday afternoons shut up in the room with no running of the bulls and nothing wrapped up in the paper that has to be made from all the old rags sheets that wrapped up sleepless nights and desires for knowledge and caresses" (May–June [?] 1935).[5] An iridescent, incandescent material that constantly vacillates between solid and liquid, caramel is deeply associated with the artist's childhood memories, particularly those of La Coruña. More broadly, it is part of the culinary imagination, made up of flavours and smells, that permeates the poems, from the first to the last. The last lines written by Picasso in 1959, those that close *L'Enterrement du comte d'Orgaz*, still evoke it: "an onion unrolls its strings in the caramel awakening of the moon—the silver lace raised by the pigeons coo their sorrows."

Body fluids—blood, tears, excrement, milk, spittle or sperm—also play a major role in the imaginary network that unfolds tirelessly in his writing: "bread to soak in blood soup" (28 July 1935); "menstrual crimson dripping between the legs" (11 July 1935); "I will wash it with my tears of pleasure or sorrow" (17 September 1935); "the juice dripping from the rotting fins set on fire by the plaster, its cries and its tears" (12 February 1941). The poems sometimes take on a decidedly scatological tone: "the belly so full of shit that bursts with grease and spits the little palate from its guts and the oil of its convulsions onto the flesh of the puddle of shoe polish..." (7 November 1940). Picasso's poetry often describes an unbuttoned world, like that of Rabelais, Jarry or the formlessness promoted at the same time by Georges Bataille. In this respect, the texts from 1941, included in the collection *Poèmes et lithographies* (catt. 26, 27), are a culmination of this autopsy of a body in disarray: "the mother one metre seventy two arms two legs two hands two feet one head two eyes two ears one nose one mouth one stomach hair guts two breasts one navel one arse one cunt twenty fingers hair on the legs on the arms on the arse and the cunt veins blood farts urine flesh fat tendons and a belly full of bones" (16 September 1941). In contrast to Cubist crystallisation, the poems open up an essentially liquid, dripping universe: "the oil of images drips from objects seeking their nests" (2 April 1938).

This liquid, unstable world is conducive to metamorphosis and reversal. The poem of 28 April 1936 opens with a story of metamorphosis that blends ancient mythology and everyday prosaicness: "Venus, gone out from home to buy

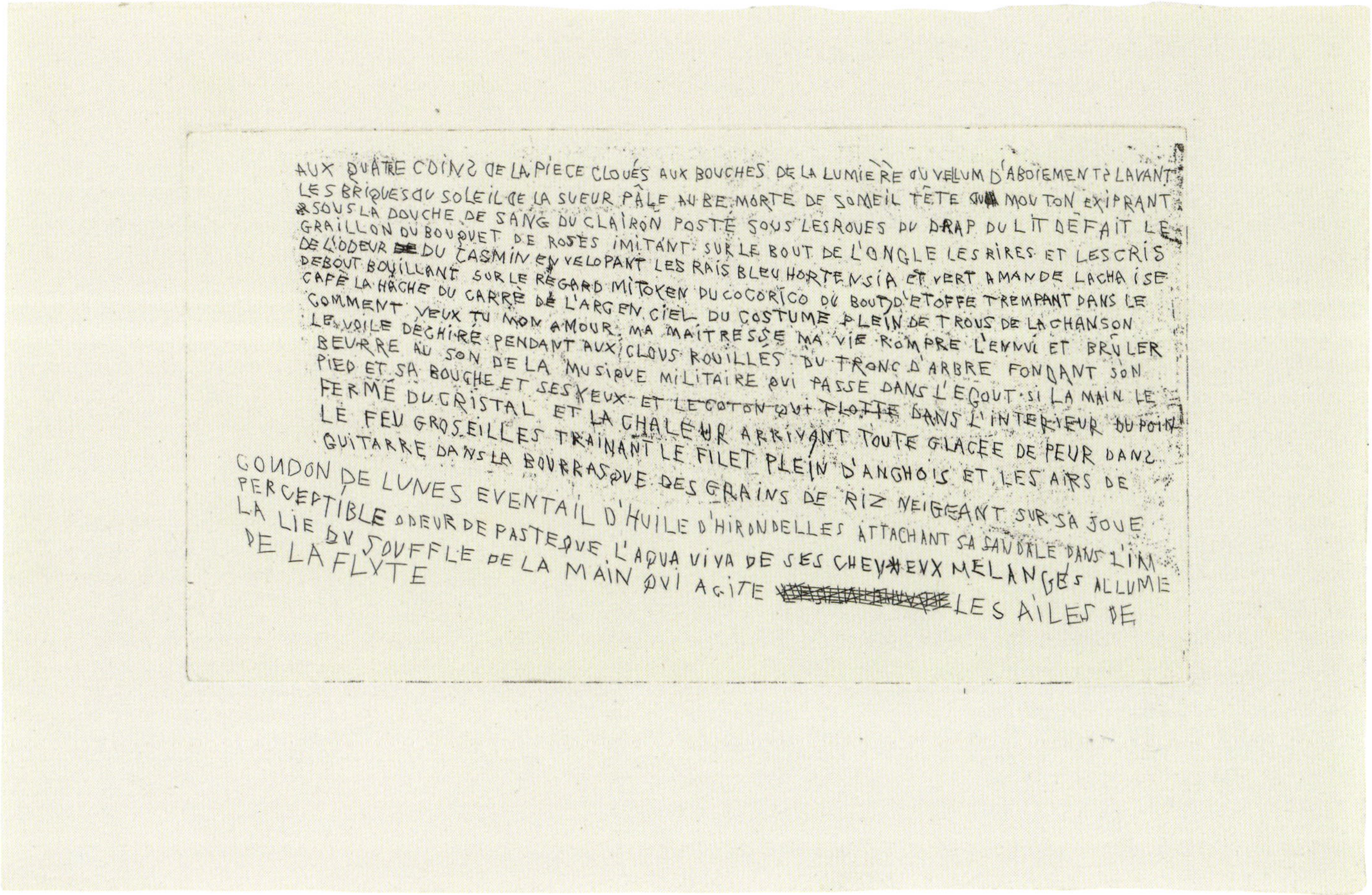
AUX QUATRE COINS DE LA PIECE CLOUÉS AUX BOUCHES DE LA LUMIÈRE OU VELLUM D'ABOIEMENTS LAVANT
LES BRIQUES DU SOLEIL DE LA SUEUR PÂLE AUBE MORTE DE SOMMEIL TÊTE MOUTON EXIPRANT
SOUS LA DOUCHE DE SANG DU CLAIRON POSTÉ SOUS LES ROUES DU DRAP DU LIT DÉFAIT LE
GRAILLON DU BOUQUET DE ROSES IMITANT SUR LE BOUT DE L'ONGLE LES RIRES ET LES CRIS
DE L'ODEUR DU JASMIN ENVELOPANT LES RAIS BLEU HORTENSIA ET VERT AMANDE LA CHAISE
DEBOUT BOUILLANT SUR LE REGARD MITOYEN DU COCORICO DU BOUT D'ETOFFE TREMPANT DANS LE
CAFÉ LA HACHE DU CARRÉ DE L'ARC EN CIEL DU COSTUME PLEIN DE TROUS DE LA CHANSON
COMMENT VEUX TU MON AMOUR MA MAITRESSE MA VIE ROMPRE L'ENNUI ET BRÛLER
LE VOILE DÉCHIRÉ PENDANT AUX CLOUS ROUILLÉS DU TRONC D'ARBRE FONDANT SON
BEURRE AU SON DE LA MUSIQUE MILITAIRE QUI PASSE DANS L'EGOUT SI LA MAIN LE
PIED ET SA BOUCHE ET SES YEUX ET LE COTON QUI FLOTTE DANS L'INTERIEUR DU POING
FERMÉ DU CRISTAL ET LA CHALEUR ARRIVANT TOUTE GLACÉE DE PEUR DANS
LE FEU GROSEILLES TRAINANT LE FILET PLEIN D'ANCHOIS ET LES AIRS DE
GUITARRE DANS LA BOURRASQUE DES GRAINS DE RIZ NEIGEANT SUR SA JOUE
GOUDON DE LUNES EVENTAIL D'HUILE D'HIRONDELLES ATTACHANT SA SANDALE DANS L'IM
PERCEPTIBLE ODEUR DE PASTEQUE L'AQUA VIVA DE SES CHEVEUX MELANGÉS ALLUME
LA LIE DU SOUFFLE DE LA MAIN QUI AGITE LES AILES DE
DE LA FLUTE

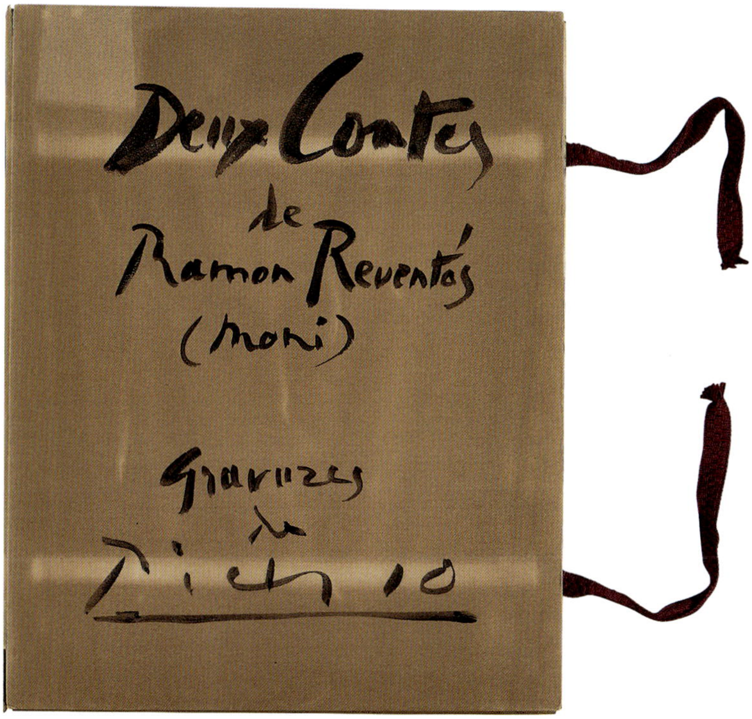

cat. 43
PABLO PICASSO
Aux quatre coins de la pièce
[Ai quattro angoli della stanza / In the four corners of the room]
recto
Mougins, 15 settembre / September 1967
Acquaforte su rame / Etching on copper, 22,4 × 33,9 cm
Parigi / Paris, Musée national Picasso-Paris, dazione di / dation of Pablo Picasso, 1979

cat. 44
RAMON REVENTÓS
Deux contes
[Due racconti / Two tales], 1947
Cramer n. 45
Libro illustrato / Illustrated book, 34 × 26 × 3,8 cm (chiuso / closed), 33,7 × 54 cm (aperto / open), incisioni di / engravings by Picasso, 33,2 × 25,5 cm
Parigi / Paris, collezione privata / private collection

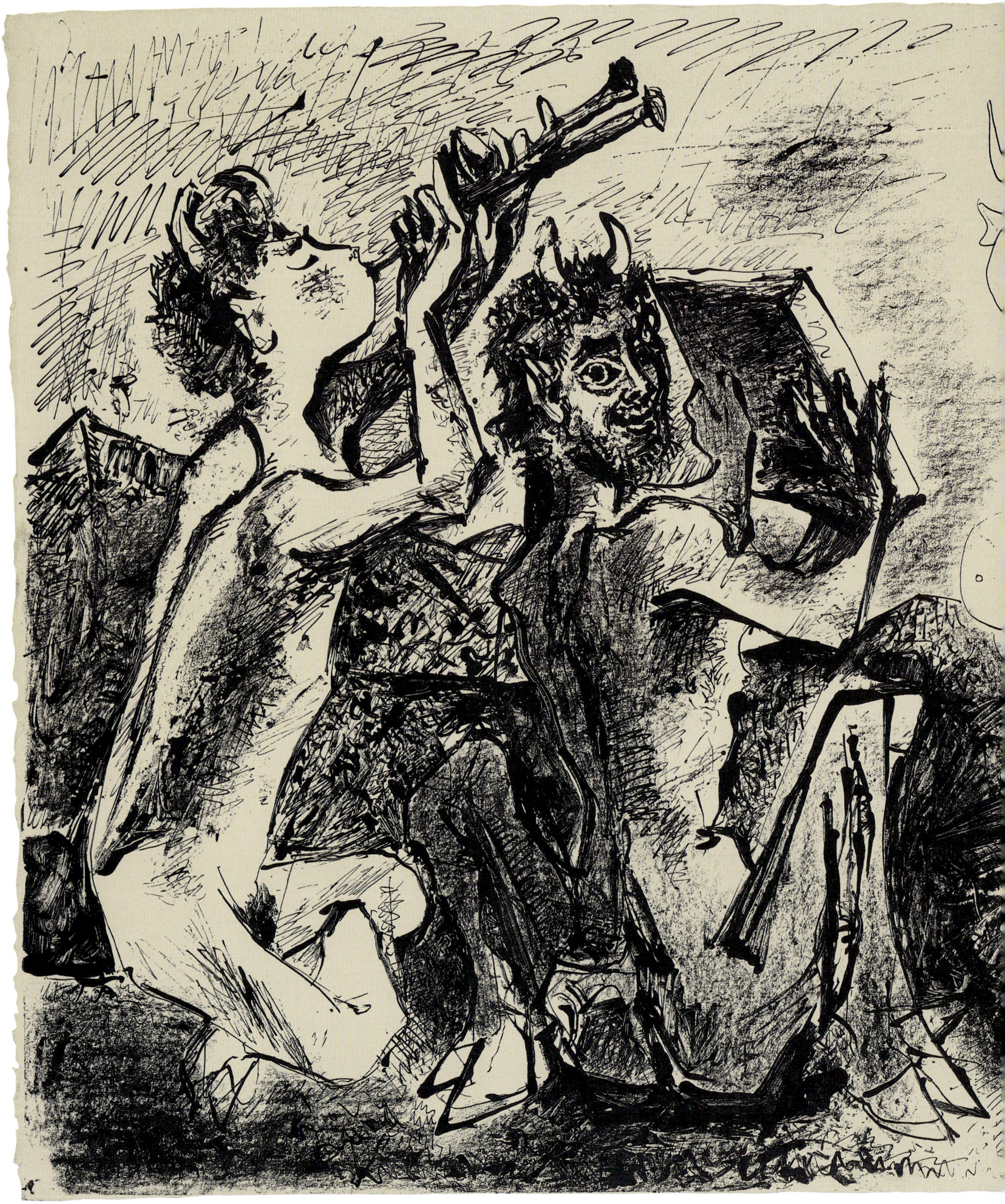

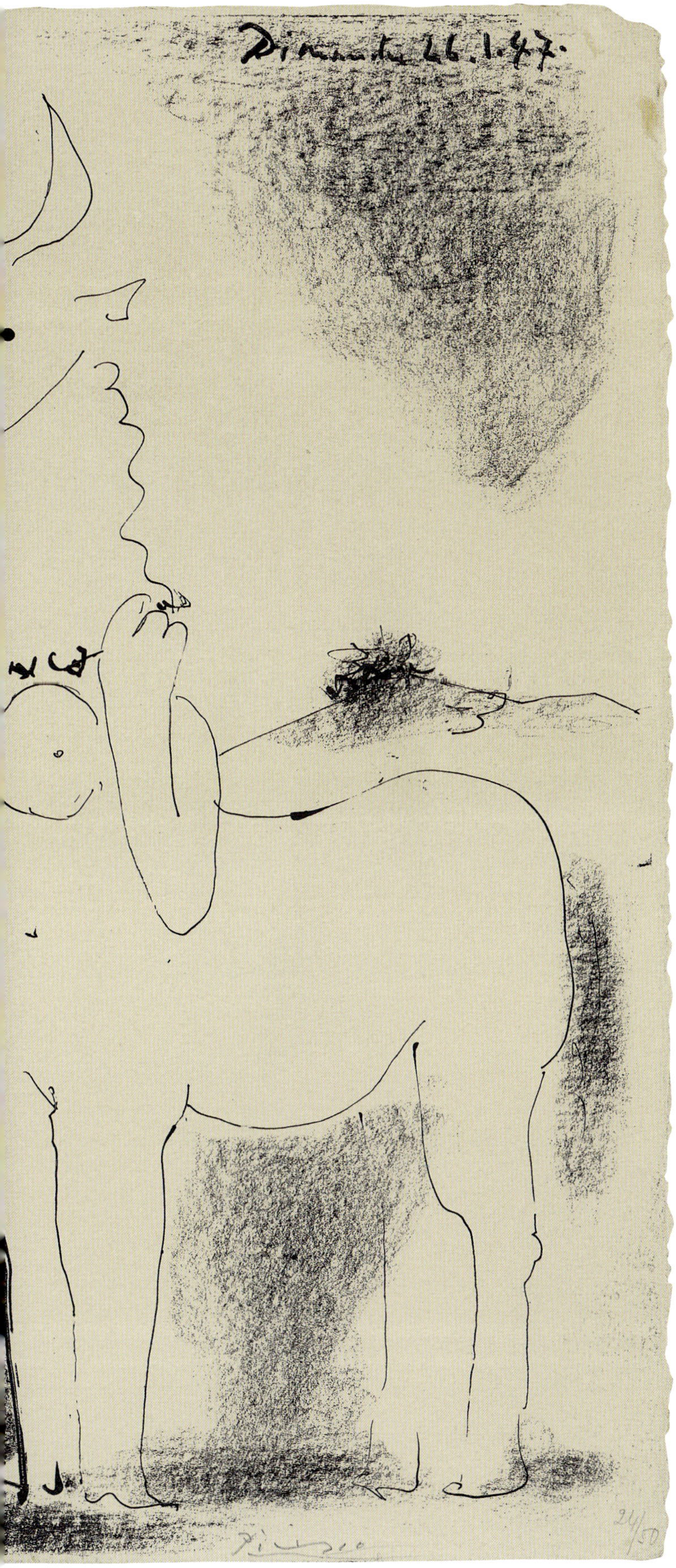

cat. 45
PABLO PICASSO
Les Faunes et la centauresse
[I fauni e la centaura / The fauns and the centauress]
1947
Catalogo / Catalogue Bloch n. 413
Litografia / Lithograph, foglio / sheet, 65,6 × 50,1 cm
Parigi / Paris, collezione privata / private collection

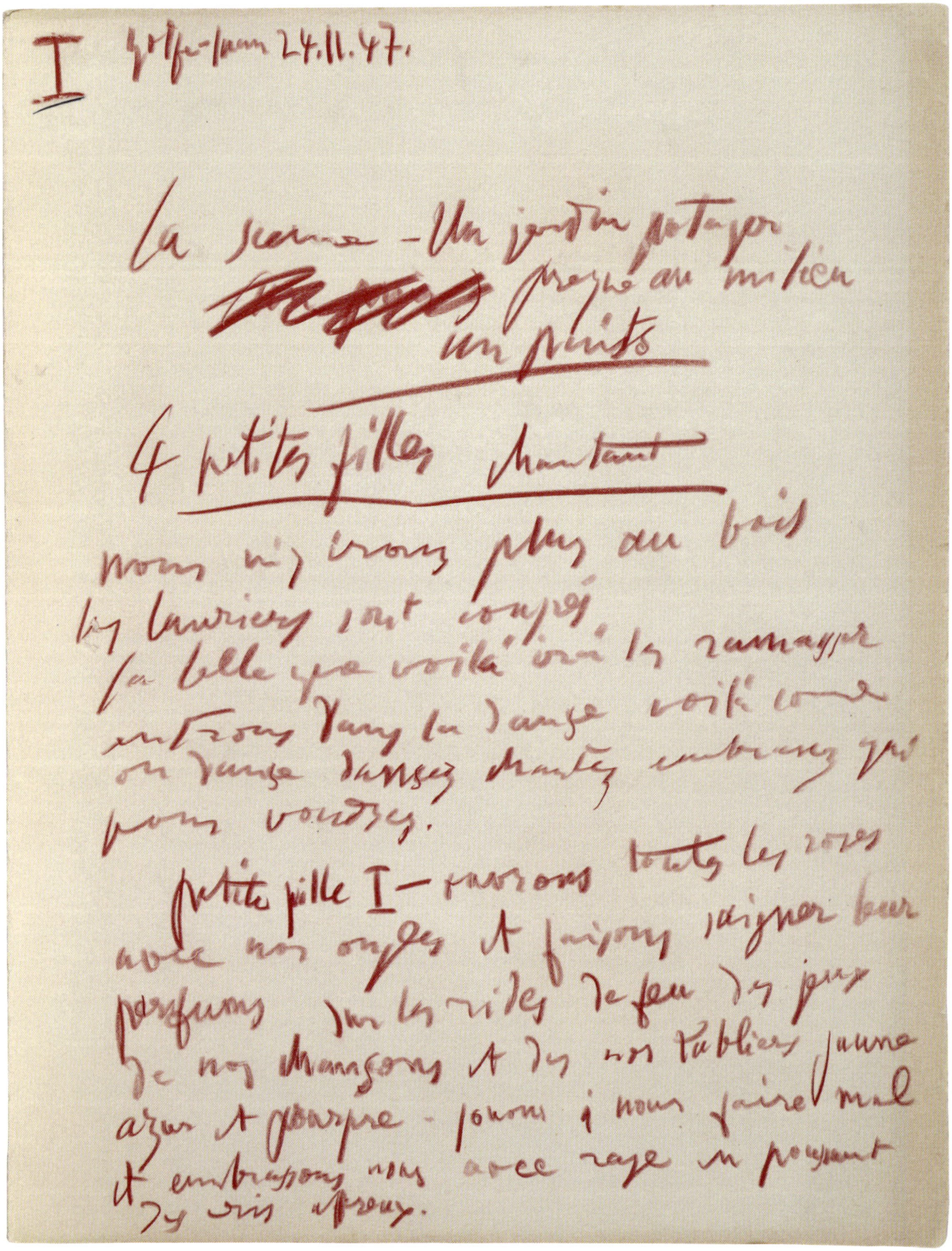

I Golfe-Juan 24.11.47.

La scène – Un jardin potager presque au milieu un puits

4 petites filles chantant

nous n'irons plus au bois
les lauriers sont coupés
la belle que voilà ira les ramasser
entrons dans la danse voilà comme
on danse dansez chantez embrassez qui
vous voudrez.

petite fille I – rayons toutes les roses
avec nos ongles et faisons saigner leur
parfums sur les rides de feu des jeux
de nos chansons et des nos tabliers jaune
azur et pourpre - jouons à nous faire mal
et embrassons nous avec rage en poussant
des cris affreux.

cat. 46
PABLO PICASSO
Les Quatre petites filles
[Le quattro bambine /
The four little girls]
Golf-Juan, Vallauris,
24 novembre / November 1947 -
13 agosto / August 1948
90 pagine manoscritte a matita rossa / 90 pages handwritten in red pencil, 35,5 × 26, 5 cm
Parigi / Paris, Musée national Picasso-Paris, dazione di / dation of Pablo Picasso, 1979

sardines in oil from the grocer, sun-struck becomes a shell."
The end of the play *Les Quatre petites filles* (cat. 46) appears to reactivate the myth of Daphne turned into a laurel tree:[6] "trees, flowers, fruit, everywhere the blood flows, making puddles and flooding the stage, gushing out of the ground, forming a square, four large white leaves enclose the four little girls…," writes Picasso in the penultimate stage direction. When the stage reappears for the last time, a glass full of red wine is placed "on the floor in the middle." The symbolism of the play thus weaves together the threads of ancient metamorphosis and Christian transubstantiation.
We are all aware that between 1930 and 1931 Picasso illustrated Ovid's *Metamorphoses*. However, it should be stressed that these plates do not show any process of metamorphosis in action: Picasso illustrates neither the transformation of Daphne into a laurel, nor that of Actaeon into a stag; Tereus and Philomela are not captured in the moment of their metamorphosis into a hoopoe or a nightingale. And in the end, it was poetry, a few years later, that—much more than printmaking—would find itself marked by the Ovidian notion of metamorphosis.
In Picasso's poems, everyday objects are "wax figures" that, under the action of light, can change their appearance, become something else, and finally metamorphose: "when it cleans each well manufactured object by its immaculate conception of things, light changes their wax figure and makes a dove of a plate, a partridge of a compote dish, a vine leaf of cheese, a sword of a spoon, and languid desire for love of a cup where the sugar lump melts with joy…" (21 Ocober 1935). In this way, the most insignificant things come to life. Picasso wrote on 7 November 1935: "Until the chair comes and taps me on the shoulder as always, so familiarly, and the kitchen table snuggles up in my arms…" Hams make a heavy entrance: "pole vault of the fried ham with potatoes hanging in the clouds" (7 November 1940). And in January 1941, in his play *Le Désir attrapé par la queue*, curtains became characters in their own right. While in places the text clearly describes the passage from one state to another—such as the transformation of Venus into a shell or of the plate into a dove—most of the time the reader is witness to a kind of metamorphic panic, in which no stable identity seems able to take hold for long. Let us quote at random,

In contrasto con la cristallizzazione cubista, le poesie aprono un universo essenzialmente liquido, gocciolante: «L'olio delle immagini gocciola dagli oggetti che cercano i loro nidi» (2 aprile 1938).
Questo mondo liquido e instabile è disponibile alle metamorfosi e ai rovesciamenti. La poesia del 28 aprile 1936 si apre con una storia di metamorfosi che mescola mitologia antica e prosaicità quotidiana: «Venere, uscita di casa per comprare le sardine sott'olio dal droghiere, colpita da insolazione diventa una conchiglia». La fine dell'opera teatrale *Les Quatre petites filles* (cat. 46) sembra riattivare il mito di Dafne trasformata in albero di alloro[6]: «Alberi, fiori, frutti, dappertutto il sangue scorre, fa pozzanghere e inonda il palcoscenico, cresce dalla terra, forma un quadrato, quattro grandi foglie bianche che racchiudono le quattro bambine...», scrive Picasso nella primissima indicazione scenografica. Quando la scena riappare, è posato «al centro per terra un bicchiere pieno di vino rosso». Il simbolismo dell'opera intreccia insieme, così, i fili della metamorfosi antica e della transustanziazione cristiana.
Sappiamo che tra il 1930 e il 1931 Picasso illustrò le *Metamorfosi* di Ovidio. Va tuttavia sottolineato che queste tavole non mostrano alcun processo di metamorfosi in atto: Picasso non illustra né la trasformazione di Dafne in alloro, né quella di Atteone in cervo; Tereo e Filomela non sono colti nel momento della loro metamorfosi in upupa o in usignolo. E alla fine sarà la poesia, qualche anno più tardi, che, molto più della stampa, si troverà segnata dal motivo ovidiano della metamorfosi.
Nelle poesie di Picasso, gli oggetti quotidiani sono «figure di cera» che, sotto l'azione della luce, possono cambiare aspetto, diventare altro, infine metamorfosarsi: «La luce, quando pulisce ogni oggetto ben fabbricato con la sua immacolata concezione delle cose, cambia la loro figura di cera e fa della colomba il piatto e della pernice la compostiera e della foglia di vite il formaggio e della spada il cucchiaio e del languido desiderio d'amore la tazza dove la zolletta di zucchero si scioglie di felicità...» (21 ottobre 1935). In questo modo, le cose più insignificanti prendono vita. Picasso scrive il 7 novembre 1935: «Finché la sedia viene a battermi così familiarmente sulla spalla come sempre, e il tavolo della cucina si accoccola tra le mie braccia...». I prosciutti diventano senza peso: «Salto con l'asta del prosciutto fritto con patate appese alle nuvole» (7 novembre 1940). E nel gennaio 1941, nell'opera *Le Désir attrapé par la queue*, le tende diventano personaggi a tutti gli effetti.
Mentre in alcuni punti il testo descrive chiaramente il passaggio da uno stato a un altro – come la trasformazione di Venere in conchiglia o del piatto in colomba – il più delle volte il lettore assiste a una sorta

di impazzimento metamorfico, in cui nessuna identità stabile sembra potersi affermare in modo duraturo. Citiamo a caso, tra le centinaia di passaggi possibili, questi pochi versi della poesia del 6 dicembre 1935: «L'anello avvolto nel rumore delle ali di mosche piene di caramello che la nota che sostiene il tetto in equilibrio e che il violino non lascia respirare stringendo il collo tra le mani della casseruola con il collo spezzato di ciambelle con le sue tenaglie di scarpe di tela rosicchia la pugnalata che si gonfia nel pallone legato con salsicce...». La spinta delle immagini arriva a trasgredire la logica grammaticale, e certe parole sembrano attrarsi naturalmente per la loro somiglianza grafica o sonora. È il caso de «l'ail de l'aile» [l'aglio dell'ala] nella poesia del 15 giugno 1936. Questo «soliloquio senza sequenza logica»[7], nello stile delle fantasie medievali[8], offre materiale labirintico al lettore che è sempre alla ricerca – spesso vana – del significato. Le parole sono «biglie che si rotolano e si scontrano mentre si gioca, lanciate abitualmente in avventure assurde [...]»[9], scriveva giustamente Michel Leiris.
Queste avventure assurde e straordinarie in cui è invischiata la realtà, questa elasticità delle cose e questo gioco di metamorfosi ricordano in qualche modo l'universo dei film realizzati nello stesso periodo da Walt Disney, che tanto affascinarono le avanguardie e catturarono l'attenzione, tra gli altri, di Walter Benjamin: «Quest'esistenza trabocca di meraviglie che non soltanto oltrepassano quelle della tecnica, ma se ne prendono gioco. Infatti, ciò che è più notevole in esse è proprio che tutte insieme, senza marchingegni, improvvisate, spuntano dal corpo di Topolino, dei suoi sostenitori e dei suoi persecutori, dai mobili più ordinari così come da un albero dalle nuvole o dal lago. [...] In cui un'automobile non pesa più di un cappello di paglia e la frutta sull'albero si fa rotonda con la stessa rapidità della navicella di un aerostato»[10].
Per questo, l'universo picassiano potrebbe essere avvicinato alla poesia barocca. Nuvole, arcobaleni, bolle: questi oggetti effimeri e sfuggenti che abitano lo spazio barocco si ritrovano anche nei testi di Picasso. Nel suo saggio fondamentale sulla letteratura barocca, Jean Rousset ha definito quattro caratteristiche essenziali dell'opera barocca: «1. L'instabilità di un equilibrio che si disfa per rifarsi, superfici che si gonfiano o si rompono, forme evanescenti, curve e spirali. 2. La mobilità di opere in movimento, che richiedono allo spettatore di mettersi lui stesso in movimento e di moltiplicare i punti di vista (visione multipla). 3. La *metamorfosi*, o più precisamente: l'unità instabile di un insieme multiforme in via di metamorfosi. 4. Il dominio dello sfondo, cioè la sottomissione della funzione allo sfondo, la sostituzione della struttura

among the hundreds of possible passages, these few lines from a poem of 6 December 1935: "the ring enveloped in the noise of the wings of flies full of caramel that the note supporting the roof in equilibrium and the violin does not allow a breath and squeezing the neck of the casserole between the hands with the broken neck of doughnuts with its pincers of canvas shoes gnaws the jab that swells in the balloon tied with sausages..." The thrust of the images goes so far as to throw grammatical logic out of kilter, and certain words seem to attract each other naturally through their graphic or aural resemblance. Such is the case with "*l'ail de l'aile*" (literally, the "garlic of the wing") in the poem of 15 June 1936. This "soliloquy with no logical sequence,"[7] in the style of medieval *fatrasies*,[8] offers labyrinthine material to the reader who is always chasing after meaning—often in vain. Words are "marbles that are rolled and clashed in a game, routinely thrown into absurd adventures ...,"[9] as Michel Leiris so aptly wrote.
These absurd and extraordinary adventures in which reality is embroiled, this elasticity of things and this game of metamorphosis are reminiscent of the universe of films made at the same time by Walt Disney, which so fascinated the avant-garde and caught the attention of Walter Benjamin, among others: "This existence is full of prodigies that not only surpass those of technique, but make a mockery of them. For the most remarkable thing about them is that they do not involve any machinery, that they spring unexpectedly from Mickey's body, from his supporters and his persecutors, from the most everyday pieces of furniture as well as from trees, clouds or waves. ... An existence in which a car weighs no more than a straw hat, and where the fruit on the tree rounds off as quickly as a balloon basket."[10]
The Picassian universe is also fundamentally linked to Baroque poetry. Clouds, rainbows and bubbles—the ephemeral, elusive objects that inhabit Baroque space—also populate Picasso's texts. In his seminal essay on Baroque literature, Jean Rousset defined four essential characteristics of Baroque works: "1. the instability of an equilibrium that is in the process of unravelling in order to remake itself, of surfaces that swell or break, of evanescent forms, curves and spirals. 2. The mobility of works in motion, requiring viewers to put themselves in motion and multiply their points of view (multiple vision). 3. Metamorphosis, or more precisely: the shifting unity of a multiform whole in the process of metamorphosis. 4. The domination of décor, *that is,* the

subjugation of function to decor*ation*, the substitution of structure for a network of elusive appearances, an interplay of illusions."[11] All these criteria seem to fit the artist's poetic work perfectly: instability, mobility, metamorphosis and the play of illusions appear to be the main properties of the world set in motion by the poems.

Picasso's poetry, a "workshop of illusions" (May–June [?] 1935), is thus constructed as a game of reflections and shimmers, of appearances and disappearances in successive waves, loops of images that turn on themselves, a fluid world in permanent recomposition. An example of this, among many others, is the poem of 6 December 1935: "but if the reflection sings "tender night" on the water "blond hair" just to see the image of his arm twisting on the pillow and laugh love melts the metal of the rail of the swallow that waits to soothe its thirst to see floating in the water of the river that the laughter of a mouth shows those lips."

con una rete di apparenze sfuggenti, un gioco di illusioni»[11]. Tutti questi criteri sembrano adattarsi perfettamente all'opera poetica dell'artista: l'instabilità, la mobilità, la metamorfosi e il gioco delle illusioni sembrano essere le proprietà principali del mondo messo in moto dalle poesie.

La poesia di Picasso, un «laboratorio di illusioni» (maggio-giugno [?] 1935), si costruisce così come un gioco di riflessi e di bagliori, di apparizioni e di sparizioni a ondate successive, di cicli di immagini che girano su se stesse, un mondo fluido in perenne ricomposizione. Ne è un esempio, tra i tanti, la poesia del 16 dicembre 1935: «ma se canta sull'acqua il riflesso "tenera notte" "capelli biondi" solo per vedere l'immagine del suo braccio attorcigliato sul cuscino e ridere l'amore scioglie la rotaia di metallo della rondine che aspetta di dissetarsi per vedere galleggiare nell'acqua del fiume che il riso di una bocca mostra queste labbra».

1 Pablo Picasso, quoted in Françoise Gilot and Carlton Lake, *Life with Picasso* (Paris: Virago Press, 1990), 113.
2 Jaime Sabartès, *Picasso. Portraits et souvenirs* (Paris: L'école des lettres, 1996), 217.
3 «Libre-coulée». Michel Leiris, "Picasso écrivain ou la poésie hors de ses gonds," in Marie-Laure Bernadac and Christine Piot, eds., *Picasso écrits* (Paris: RMN/Gallimard, 1989), VII.
4 Vincenc Kramář, *Le Cubisme* (Paris: Ecole nationale supérieure des beaux-arts, 2002), 37.
5 Picasso's poems, most of whose manuscripts are kept at the Musée national Picasso-Paris, were published in 1989 in *Picasso écrits. 1935-1959*, an edition presented and annotated by Marie-Laure Bernadac and Christine Piot, republished by Gallimard in 2021. As Picasso's poems have no title, it is customary to refer to each text by its date of creation.
6 See Jèssica Jaques Pi, "Quatre," in *Abécédaire Picasso poète* (Barcelona: Museu Picasso /Paris: Musée national Picasso-Paris, 2020), 262.
7 Michel Leiris, "Picasso écrivain ou la poésie hors de ses gonds," VIII.
8 At Michel Leiris's request, Georges Bataille translated several *fatrasies* (medieval satires) in *La Révolution surréaliste*, no. 6 (1 March 1926). See Randall Michael. "Des 'fatrasies' surréalistes?" *Littérature*, no. 108 (1997): 35–50.
9 Michel Leiris, "Picasso écrivain ou la poésie hors de ses gonds," IX.
10 Walter Benjamin, "Experience and Poverty," in *Œuvres II* (Paris: Gallimard, 2000), 371–2.
11 Jean Rousset, *La littérature à l'âge baroque en France. Circé et le paon* (Paris: José Corti, 1954), 181–2.

1 Pablo Picasso, citato in Françoise Gilot, Carlton Lake, *Vivre avec Picasso*, Paris, Calmann-Lévy, 1965, p. 111.
2 Jaime Sabartès, *Picasso. Portraits et souvenirs*, Paris, L'école des lettres, 1996, p. 217.
3 «Libre-coulée». Michel Leiris, *Picasso écrivain ou la poésie hors de ses gonds*, in *Picasso écrits*, a cura di Marie-Laure Bernadac e Christine Piot, Paris, RMN/Gallimard, 1989, p. VII.
4 Vincenc Kramář, *Le Cubisme*, Paris, Ecole nationale supérieure des beaux-arts, 2002, p. 37.
5 Le poesie di Picasso, i cui manoscritti sono per la maggior parte conservati presso il Musée national Picasso-Paris, sono state pubblicate nel 1989 in *Pablo Picasso, Ecrits. 1935-1959*, cit., un'edizione curata da Marie-Laure Bernadac e Christine Piot, ripubblicata da Gallimard nel 2021. Poiché le poesie di Picasso sono senza titolo, ci si riferisce comunemente a ogni testo citando la data di creazione.
6 Cfr. Jèssica Jacques Pi, *Quatre*, in *Abécédaire Picasso poète*, Barcelona, Museu Picasso / Paris, Musée national Picasso-Paris, 2020, p. 262.
7 Michel Leiris, *Picasso écrivain...*, cit., p. VIII.
8 Su richiesta di Michel Leiris, Georges Bataille traduce diverse *fratasies* in «La Révolution surréaliste», 6, 1 marzo 1926. Cfr. Randail Michael, *Des «fratasies» surréalistes?*, in «Littérature», n. 108, 1997, pp. 35-50.
9 Michel Leiris, *Picasso écrivain...*, cit., p. IX.
10 Walter Benjamin, *Esperienza e povertà*, a cura di Massimo Palma, Roma, Castelvecchi, 2018, p. 57.
11 Jean Rousset, *La littérature à l'âge baroque en France. Circé et le paon*, Paris, Les éditions José Corti, 1954, pp. 181-182.

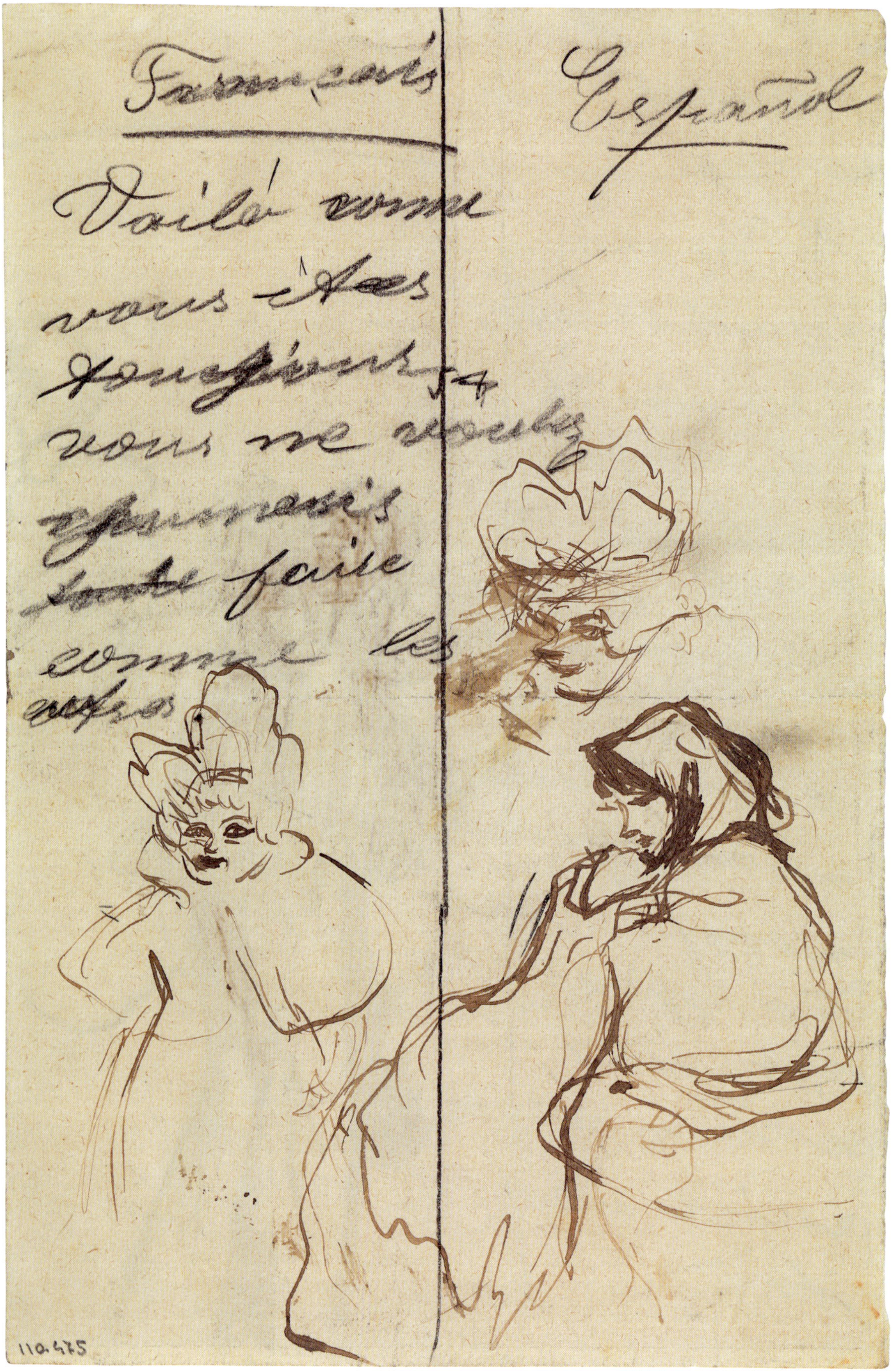
Español
Voilà comme
vous êtes
vous ne voulez
faire
comme les
110.475

Picasso's Three Languages

Le tre lingue di Picasso

JÈSSICA JAQUES PI

Il Picasso adulto pensava, sentiva, parlava e scriveva in tre lingue. La sua lingua madre era lo spagnolo andaluso di Malaga. La lingua della sua giovinezza e delle sue prime amicizie dall'influenza creativa era il catalano di Barcellona, dove visse tra i quattordici e i ventitré anni (dal 1895 al 1904, gli ultimi anni in modo discontinuo), oltre al catalano di Horta de Sant Joan (dove soggiornò nel 1898 e poi nel 1909). Più tardivo e fugace fu il catalano di Gósol, un paesino dei Pirenei dove Pablo Picasso e Fernande Olivier soggiornarono per otto settimane, tra giugno e luglio nel 1906; si trattava di un catalano più docile per le orecchie dell'artista, poiché la sua fonetica era simile a quella del francese, e Picasso all'epoca viveva già a Parigi. Forse, tra lo spagnolo andaluso di Malaga e il catalano, imparò un po' di galiziano a La Coruña, dove visse dal 1891 al 1895. E, dopo il catalano, dall'età di ventitré anni, quando Picasso si stabilì definitivamente a Parigi, imparò il francese dai migliori poeti dell'epoca, sia da quelli con cui aveva un rapporto di amicizia e frequentazione quotidiana (Max Jacob, André Salmon, Guillaume Apollinaire, Jean Cocteau, Paul Éluard, Louis Aragon, Jacques Prévert, tra gli altri), sia leggendo i poeti di un passato non più tanto vicino (Charles Baudelaire, Stéphane Mallarmé, Arthur Rimbaud). Per il Picasso lettore, queste tre lingue erano quotidiane e poetiche e lo hanno accompagnato per tutta la vita. Luis de Góngora e Federico García Lorca convivevano nella sua biblioteca fisica e mentale con Joan Maragall, Jacint Verdaguer e i poeti francesi già citati, mentre arrivavano altri poeti contemporanei (Carles Casagemas, Jaume Sabartés, Rafael Alberti, Gerardo Diego)[1]. Lo spagnolo andaluso di Malaga e il francese erano le lingue della sua scrittura poetica e la seconda era anche la lingua della drammaturgia. Scrisse il triplo delle poesie in francese rispetto a quelle in spagnolo, per un totale di quasi quattrocento componimenti[2]. D'altro canto, negli archivi si possono trovare alcuni versi in catalano, come per

The mature Picasso thought, felt, spoke and wrote in three languages. His mother tongue was the Andalusian Spanish of Málaga. The language of his youth and first friendships with creative consequences was the Catalan of Barcelona, where he lived between the ages of fourteen and twenty-three (between 1895 and 1904, the latter intermittently), as well as the Catalan of Horta de Sant Joan (where he was in 1898 and then in 1909). Later and more fleeting was the Catalan of Gósol, a small village in the Pyrenees where Pablo Picasso and Fernande Olivier lived for eight weeks between June and July of 1906; this was a softer Catalan to the artist's ears, since it had phonetics that were close to French, and by then Picasso had already lived in Paris. Perhaps, between the Andalusian Spanish of Málaga and Catalan, he would have learned some Galician in A Coruña, where he lived from 1891 to 1895. And, after Catalan, starting from the age of twenty-three, when Picasso settled definitively in Paris, he learned French with the best poets of the time, whether in his friendships (with Max Jacob, André Salmon, Guillaume Apollinaire, Jean Cocteau, Paul Éluard, Louis Aragon and Jacques Prévert, among others), or by reading poets of a past that was no longer very close (Charles Baudelaire, Stéphane Mallarmé and Arthur Rimbaud).
The three languages were customary and poetic for Picasso the reader throughout his life. Luis de Góngora and Federico García Lorca lived in his physical and mental library, together with Joan Maragall, Jacint Verdaguer and the French poets mentioned above, at a time when others contemporary with him were arriving (Carles Casagemas, Jaume Sabartés, Rafael Alberti, Gerardo Diego).[1] The Andalusian Spanish of Málaga and French were the languages of his poetic writing, with latter also used in his writing for the theatre. He wrote three times as many poems in French as in Spanish, totalling some four hundred in all.[2] On the other hand, some verses in Catalan can be found in the archives, such as: "el sol del seu ventre / casolà"[3] and dozens of words in Catalan are concealed, like stowaways, in Picasso's poetic *corpus*.
The first poem found was in Spanish and was dated 18 April 1935; the first in French—written

fig. 1. Pablo Picasso, Schizzi di donne ed esercizi di «francese-spagnolo» / Study of women and exercise for "Français-Español", Madrid, 1901, Barcellona / Barcelona, Museu Picasso, donazione di / donation by Pablo Picasso, 1970

esempio «el sol del seu ventre / casolà»[3] e nel corpus poetico picassiano si nascondono, clandestine, decine di parole in catalano.
La prima poesia ritrovata è in spagnolo e risale al 18 aprile 1935, mentre la prima in francese – scritta contemporaneamente in spagnolo – è stata composta tra il 21 e il 27 ottobre 1935 (nella settimana del cinquantaquattresimo compleanno di Picasso). Probabilmente prima scriveva in entrambe le lingue e quasi sicuramente in giovinezza lo faceva in spagnolo; non per niente Pío Baroja disse di lui, quando Picasso fondò e diresse la rivista «Arte joven» a Madrid, all'età di diciannove anni (gennaio-giugno 1901): «Dei giovani artisti che ho conosciuto, penso che fosse uno di quelli con il maggior talento letterario»[4]. Lo spagnolo di Picasso era di tipo tradizionale e pieno di consonanti dalla sonorità trepidante; il suo francese era altamente sofisticato sia nel lessico che nella dimensione fonica. Il suo catalano era quello dell'attivismo intellettuale di Els Quatre Gats, un locale di cabaret modernista in cui si respiravano le avanguardie poetiche e dove il giovane Picasso strinse rapporti di amicizia destinati a durare tutta la vita, in particolare con Jaume Sabartés, amico di gioventù che lo accompagnò anche come collaboratore quotidiano a partire dal 1935 e con il quale parlava spesso la lingua che li univa[5]. Prima, il catalano di Horta de Sant Joan era la lingua rude di un paese di contadini e allevatori di pecore e capre, mentre, dopo, il catalano di Gósol era il catalano dei contrabbandieri, una lingua di frontiera, di commercianti di bestiame da pascolo e di biada, di un matriarcato di alta montagna e di un'economia di rigorosa sussistenza[6]. Nella sua poesia è rimasto per sempre qualcosa dell'uso della lingua dei contrabbandieri e del matriarcato.

Ibridazione e metamorfosi tra le lingue

Tre giorni dopo il suo cinquantaquattresimo compleanno, il 28 ottobre 1935, Picasso, contrabbandiere di lingue, scrive[7]:

> Si je pense dans une langue
> et j'écris «le chien cours
> derrière le lièvre dans le
> bois» et veux l'traduir
> //////// dans
> une autre je dois dire
> «la table en bois blanc
> enfonce ses pates dans
> le sable et meurt
> presque de peur de
> se savoir si sôtté»[8]

simultaneously in Spanish—was created between 21 and 27 October 1935 (in the week of Picasso's fifty-fourth birthday). He will probably have written earlier in both languages, and almost certainly did so from his youth in Spanish. Pio Baroja presciently said of him, when Picasso founded and edited the magazine *Arte joven* in Madrid, aged just nineteen (January–June 1901): "of all the young artists I have met, I believe he was one of those who had the most literary talent."[4] Picasso's Spanish was pure and full of consonants with a fast-paced sonority; his French was highly sophisticated in both its vocabulary and its phonic dimension. His Catalan was that of the intellectual activism of *Els Quatre Gats*, a modernist cabaret with the environment of the poetic avant-garde, in which the young Picasso would form friendships that lasted his whole life, most notably with Jaume Sabartés, a friend from his youth who also accompanied him as a collaborator in his day-to-day life, starting in 1935, and with whom he frequently spoke the language that united them.[5] Previously, the Catalan of Horta de Sant Joan was that of an agricultural town and of unsophisticated breeders of sheep and goats, while, later, that of Gósol was a Catalan of smugglers, the frontier, livestock traders, grass and forage, and a matriarchy of the high mountains and a strictly subsistence economy.[6] Something of the languages of contraband and matriarchy remained forever in his poetry.

Hybridisation and Metamorphosis Between Languages

Three days after his fifty-fourth birthday, on 28 October 1935, Picasso, the smuggler of languages, wrote[7]:

> Si je pense dans une langue
> et j'écris "le chien cours
> derrière le lièvre dans le
> bois" et veux l'traduir
> //////// dans
> une autre je dois dire
> "la table en bois blanc
> enfonce ses pates dans
> le sable et meurt
> presque de peur de
> se savoir si sôtté"[8]

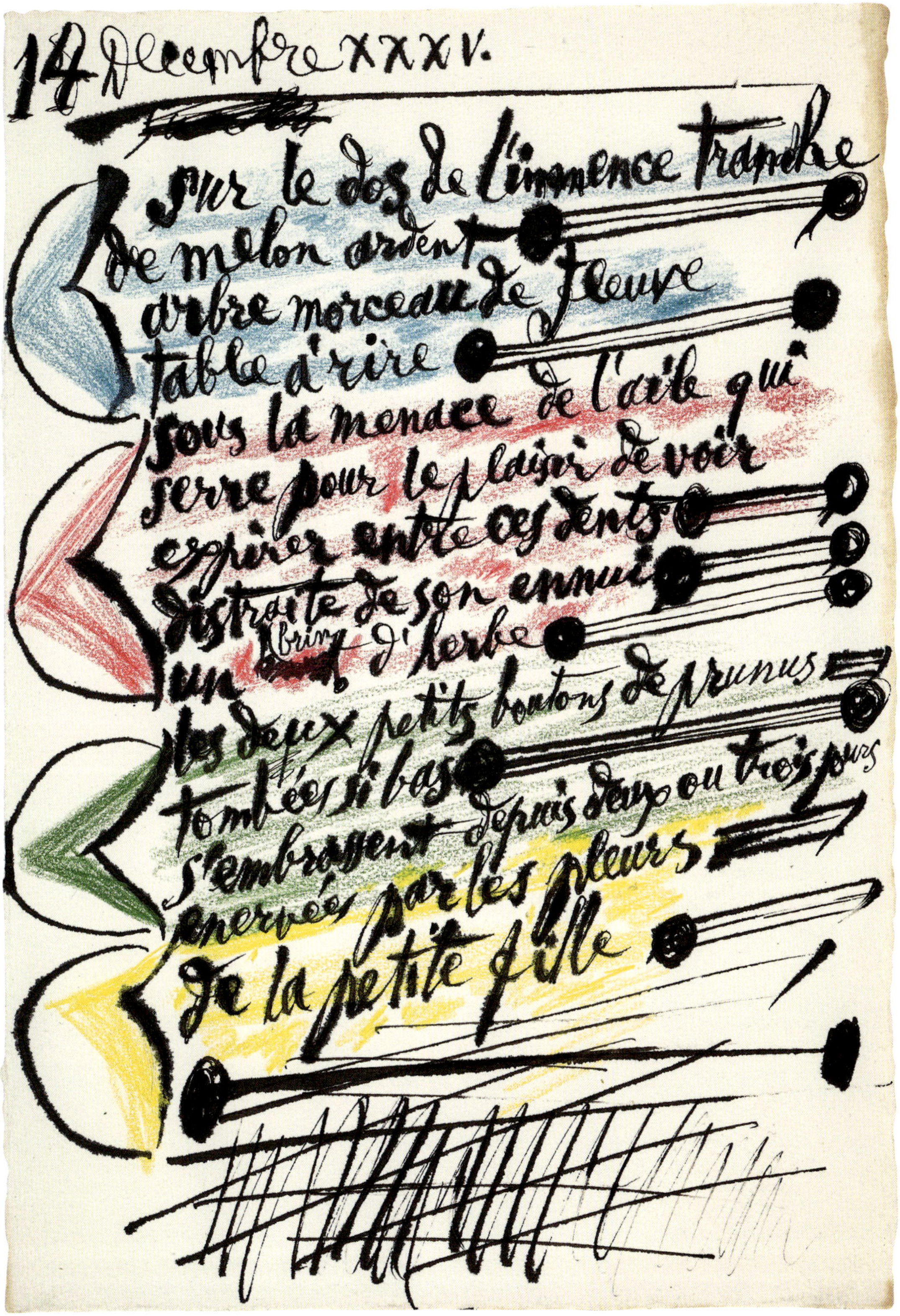
14 Decembre XXXV.
Sur le dos de l'immence tranche
de melon ardent
arbre morceau de fleuve
table à rire
sous la menace de l'aile qui
serre pour le plaisir de voir
expirer entre ses dents
distraite de son ennui
un brin d'herbe
les deux petits boutons de prunus
tombés si bas
s'embrassent depuis deux ou trois jours
enervée par les pleurs
de la petite fille

fig. 2 Pablo Picasso, *Sur le dos de l'immense tranche de melon ardent* [Sul retro dell'immensa fetta di melone ardente / On the back of the huge slice of fiery melon], *recto*, Parigi / Paris, 14 dicembre / December 1935, Parigi / Paris, Musée national Picasso-Paris, dazione di / dation of Pablo Picasso, 1979

Come ogni poliglotta, come ogni poeta, come ogni traduttore, come ogni contrabbandiere, l'autore di questa poesia sapeva bene che il passaggio da una lingua all'altra costringe a cambiare mondo, che anche la traduzione più fedele sente affondare i suoi piedi nelle sabbie mobili dell'imprecisione e che una lepre può trasformarsi in un tavolo di legno traballante. Sapeva anche che l'ibridazione delle lingue avviene solo con una metamorfosi vertiginosa, quella dei termini che si desemantizzano, si asemantizzano e si risemantizzano. Le parole diventano quindi segni, come segni sono le forme cubiste.
Così, ad esempio, l'«ai ai ai ai» dell'intenso canto flamenco, oltre a essere tale, suona come «ail» in francese (essendo l'aglio uno dei principali ingredienti della cucina spagnola), così come «bo bo», alterego picassiano recuperato da Velázquez[9], è un'onomatopea, in francese, degli effetti di un piccolo urto o graffio subito da un bambino, mentre in spagnolo rimanda a quella tradizione del picaresco e dei giullari del Siglo de Oro ispirata a Velázquez. Picasso ibrida entrambi i significati nel processo di metamorfosi, desemantizzazione, asemantizzazione, risemantizzazione, ricollocando fonicamente questi termini sia in spagnolo che in francese (si vedano, per esempio, la prima poesia ritrovata – 18 aprile 1935 – e la terza scena del terzo atto de *Le Désir attrapé par la queue*, rispettivamente).
A volte le possibilità metamorfiche dei segni sono così estreme da far spezzare la corda, come nell'ultima parola di *Le Désir attrapé par la queue*: «personne», sostantivo che in francese può significare «persona» o «nessuno» a seconda del microcosmo semantico in cui è inserito, mentre in catalano o nello spagnolo andaluso di Malaga obbliga a scegliere uno dei due significati.

Ventriloquismi

Pablo Picasso non leggeva né parlava inglese né giapponese. Eppure, ha *poeticizzato* entrambe le lingue: le ha trasformate in dispositivi di produzione poetica. La prima, come una sorta di ventriloquismo ritmico, derivava dalle poesie, dalle opere teatrali e dai romanzi della sua mentore e amica Gertrude Stein[10], di cui molto è rimasto nelle sue poesie. Dal punto di vista formale, Picasso si appropriò della ripetizione, dell'ambiguità tra soggetto e predicato – lo stesso sostantivo può essere entrambi allo stesso tempo – e della dinamica di asemantizzazione, desemantizzazione, risemantizzazione nella costruzione dei segni[11]. Per quanto riguarda il contenuto, si appropriò

Like all polyglots, poets, translators and smugglers, the author of this poem knew perfectly well that the transition from one language to another forces a change of world, and that even the most faithful translation feels its feet sinking into the moving sands of imprecision and makes a hare metamorphose into a staggering wooden table. He also knew that the hybridisation of languages only occurs in a dizzying metamorphosis, that of terms that are de-semanticised, a-semanticised and re-semanticised. Words, then, become signs, just as Cubist forms were signs.
Thus, for example, the "ai ai ai ai ai" of a flamenco song, as well as being that, also sounds like "ail" in French (with garlic—*ail* in French—being one of the main ingredients of Spanish cuisine). Likewise "bo bo," an alter-ego of Picasso taken from Velázquez,[9] is onomatopoeic, resembling the childish word used in French when a child suffers some scratch or bump, whereas in Spanish it harkens back to the tradition from Velazquez of the picaresque and the jesters of the Spanish Golden Age. Picasso hybridises the two meanings in the process of metamorphosis of de-semanticisation–a-semanticisation–re-semanticisation, relocating these terms phonically in both Spanish and French. (See, for example, respectively, the first poem found – 18 April 1935, and the third scene of the Act 3 of *Le Désir attrapé par la queue*.)
At times the metamorphic signic possibilities are so extreme that they twist the rope till it breaks, as in the last word of *Le Désir attrapé par la queue*: "personne," a noun that, in French, can mean "person" and "nobody," depending on the semantic microcosms in which it is registered, while in Catalan or in the Andalusian Spanish of Málaga it is necessary to choose one of the two meanings.

Ventriloquisms

Picasso did not read or speak either English or Japanese. However, he did *poieticise* both languages: he transformed them into devices of poetic production. The former in a manner something like a rhythmic ventriloquism coming from the poems, plays and novels of Gertrude Stein, who was his mentor and friend.[10] Much remained of her in his poems. Formally, Picasso appropriated the repetition, the ambiguity between subjects and predicates—with the same noun being able to be both at the same time—and the dynamic of a-semanticisation–de-semanticisation–

re-semanticisation in the construction of signs.[11]
In the content, he appropriated the programmatic exercise of anonymity: where Stein wrote *everybody, somebody, anyone, someone*, Picasso deconstructed his "Yo Picasso" (very present in his plastic works) into a metamorphosis into other people; in this way, the drawing that precedes the text of *Le Désir attrapé par la queue* is, as I understand it, a portrait of Sabartés seen in a high reverse view from behind (accompanied by the legend "portrait de l'auteur"), in recognition of the creative hybridisation with his friend the writer from Barcelona.
There was also a creative hybridisation between Stein and Picasso, and this was not only poetic, but poietic in a broad sense. In this regard, it must be said that while he was struggling with her face in the portrait from 1906, Stein herself was finishing writing *Melanctha*, the first novel in which the main character is a black woman. The year of its publication (1907) was that of the creation of *Les Demoiselles d'Avignon*, with two of the five women having black features.
Stein said that calligraphy was a creative device for Picasso in his plastic work;[12] more than any other, this was Japanese calligraphy. Picasso copied Japanese syllables onto Japanese paper with Japanese brushes in a sort of choreography of gestures and strokes, which would lead him to the wonderful graphic exercise of Iliazad's *Poésie des mots inconnus* (1949).[13]

Silences and Numbers: the Iconoclastic Drive

It is perhaps strange to associate Picasso with iconoclasm, given his tempestuous plastic output, always generated by dynamics of excess. Nevertheless, Picasso's writing had much to do with the iconoclastic drive of European and American creativity before, during and after World War II. What he could not paint, Picasso expressed in poetry. For example: "boca llena de jalea de chinches de sus palabras" [mouth full of bedbug jelly of his words] (15–17 June 1937), a poem that accompanied the engraving *Sueño y mentira de Franco*. In this context, I propose that the scripts, increasingly long, frequent and arranged in a more programmatic way in his poems, act like the silences in a score, in a sort of phonic iconoclasm. This type of iconoclasm, to which the scholars of the period paid little or no attention, anticipated *4'33"* by John Cage, conceived in 1947–8, the years when Picasso wrote *Les Quatre petites filles*

dell'esercizio programmatico dell'anonimato: laddove Stein scriveva *everybody, somebody, anyone, someone*, Picasso decostruiva il suo «Io Picasso» (così presente nelle opere plastiche) in una metamorfosi in altre persone; così, il disegno che precede il testo di *Le Désir attrapé par la queue* è, a mio avviso, un ritratto di Sabartés visto in contropiano superiore da dietro (accompagnato dalla didascalia «portrait de l'auteur», ritratto dell'autore), in riconoscimento dell'ibridazione creativa con l'amico e scrittore barcellonese.
Fra Gertrude Stein e Picasso c'è stata anche un'ibridazione creativa, non solo poetica, ma *poietica* in senso lato. A tale proposito, va detto che mentre lui era alle prese con il volto di lei nel ritratto del 1906, Stein stava finendo di scrivere *Melanctha*, il primo romanzo in cui la protagonista era una donna nera. L'anno della sua pubblicazione (1907) fu l'anno della nascita de *Les Demoiselles d'Avignon*, in cui due delle cinque donne rappresentate avevano il volto dalla carnagione scura.
Stein diceva che la calligrafia era per Picasso un dispositivo creativo nel suo lavoro plastico[12]; più di ogni altra, la calligrafia giapponese. Picasso copiava le sillabe giapponesi su carta giapponese con pennelli giapponesi, in una sorta di coreografia di gesti e tratti, che lo avrebbe portato al meraviglioso esercizio grafico della *Poésie des mots inconnus* di Iliazad (1949)[13].

Silenzi e numeri: l'impulso iconoclasta

Può sembrare strano collegare Picasso all'iconoclastia, data la sua vulcanica produzione plastica, sempre generata dalla dinamica dell'eccesso. Tuttavia, la scrittura di Picasso ha molto a che fare con l'impulso iconoclasta della creatività europea e americana del periodo prebellico, bellico e postbellico della Seconda guerra mondiale. Picasso poeticizzava ciò che non poteva dipingere, come per esempio una «boca llena de jalea de chinches de sus palabras» (15-17 giugno 1937, «bocca piena della gelatina di cimici delle sue parole»), una poesia che accompagnava l'incisione *Sueño y mentira de Franco*. In questo contesto, suggerisco che i trattini sempre più lunghi, più frequenti e disposti in modo più programmatico nelle sue poesie sono come i silenzi di una partitura, in una sorta di iconoclastia fonica. Questo tipo di iconoclastia, che è stata poco o per nulla approfondita dagli studiosi del periodo, anticipa i *4'33"* di John Cage, concepiti nel 1947-1948, gli anni in cui Picasso scrisse *Les Quatre petites filles* (cat. 46), opera teatrale dedicata alla rifondazione del mondo dopo la Seconda guerra mondiale

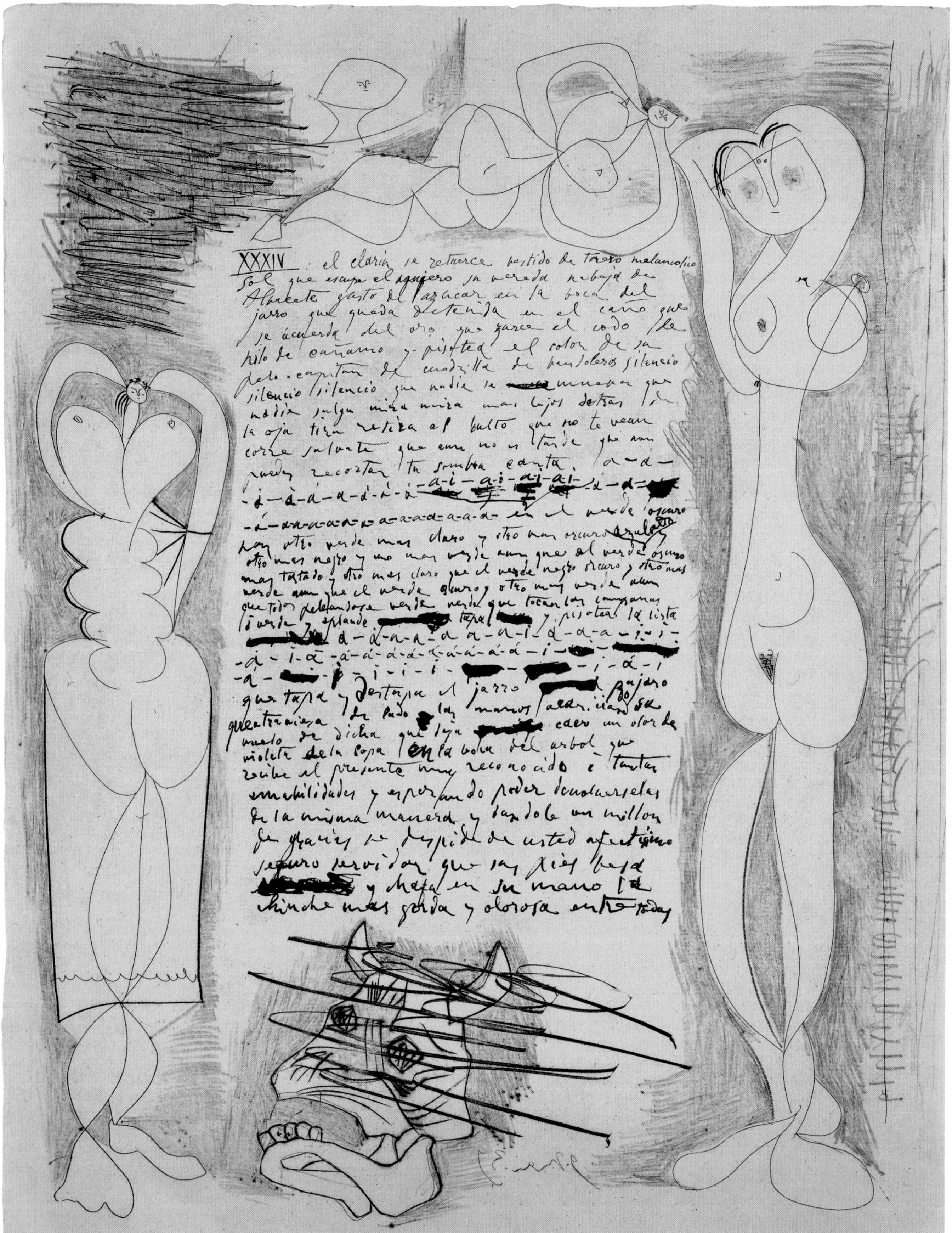
XXXIV
el clarín se retuerce vestido de torero melancolico
jarro que queda detenida en el caño que
silencio silencio que nadie se
la oja tira retira el bulto que no te vean
corre saltante que aun no es tarde que aun
puedes recortar tu sombra canta
otro verde mas claro y otro mas oscuro
que tapa y destapa el jarro
recibe el presente muy reconocido a tantas
amabilidades y esperando poder devolverselas
de la misma manera y dandole un millon
de gracias se despide de usted afectisimo
seguro servidor que sus pies besa
y mata en su mano la
chinche mas gorda y olorosa entre todas

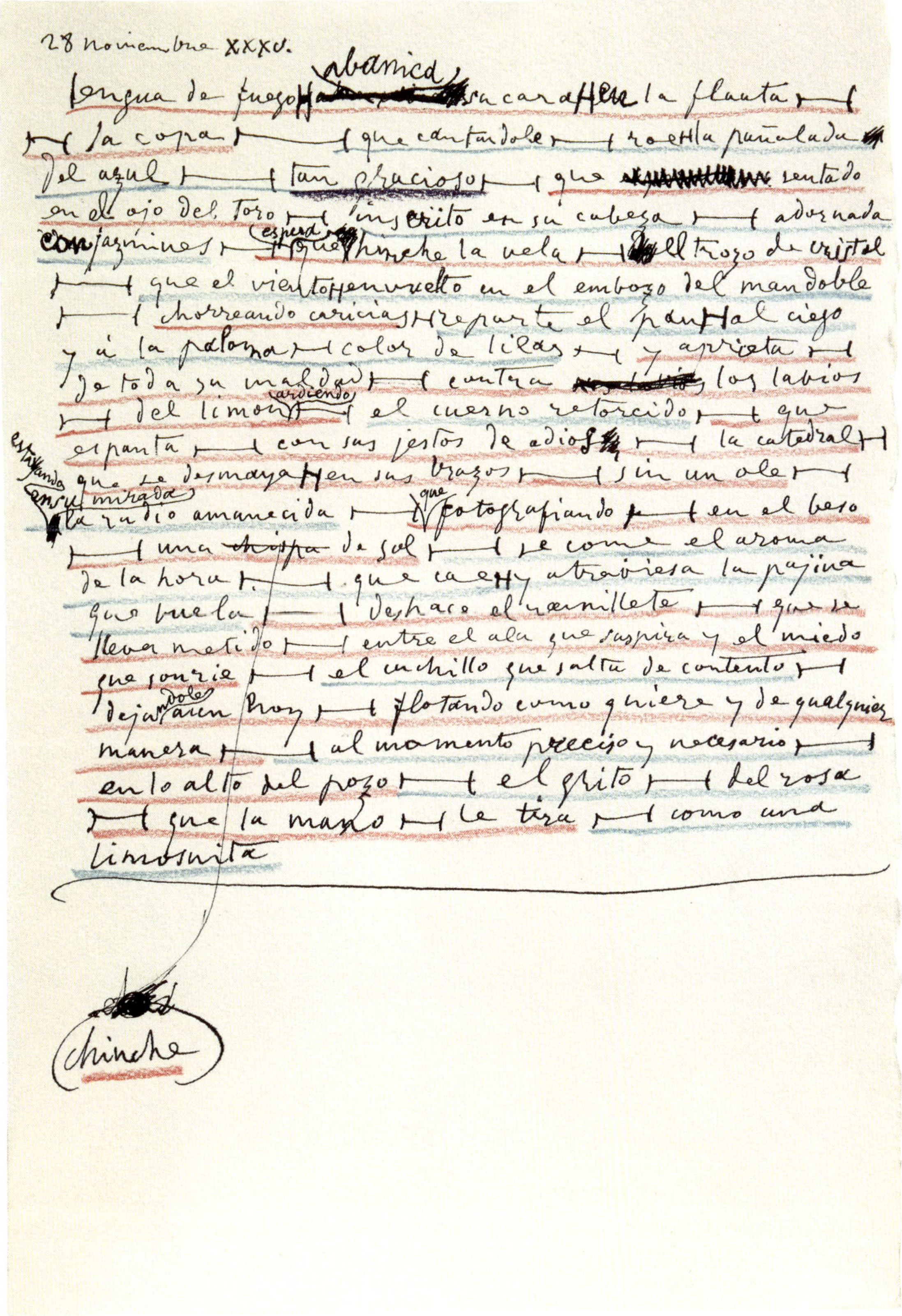

28 noviembre XXXV.

abanica

Lengua de fuego abanica su cara en la flauta

la copa que cantandole la puñalada

del azul tan gracioso que sentado

en el ojo del toro inscrito en su cabeza adornada

con jazmines espera que hinche la vela el trozo de cristal

que el viento envuelto en el embozo del mandoble

chorreando caricias reparte el pan al ciego

y a la paloma color de lilas y aprieta

de toda su maldad contra los labios

del limon ardiendo el cuerno retorcido que

espanta con sus jestos de adios la catedral

que se desmaya en sus brazos sin un ole

estallando en su mirada la radio amanecida que fotografiando en el beso

una chispa de sol se come el aroma

de la hora que cae y atraviesa la pajina

que vuela deshace el ramillete que se

lleva metido entre el ala que suspira y el miedo

que sonrie el cuchillo que salta de contento

dejandole aun hoy flotando como quiere y de qualquier

manera al momento preciso y necesario

en lo alto del pozo el grito del rosa

que la mano le tira como una

limosnita

chinche

fig. 3. Pablo Picasso, *XXXIV. El clarin se retuerce* [...] [Il clarinetto si contorce / The bugle twists], *recto*, 9 maggio / May 1939, Parigi / Paris, Musée national Picasso-Paris, dazione di / dation of Pablo Picasso, 1979

fig. 4. Pablo Picasso, *Lengua de fuego abanica* [...] [Lingua di fuoco sventaglia / Tongue of fire fan], *recto*, 28 novembre / November 1935, Parigi / Paris, Musée national Picasso-Paris, dazione di / dation of Pablo Picasso, 1979

e in cui i trattini danno rilievo iconografico a un silenzio estremamente eloquente[14].
I trattini sono spesso abbinati a numeri, non solo per motivi grafici, ma, secondo una ricerca congiunta di Marc Guastavino e Androula Michael, sono un luogo in cui sentirsi al sicuro, protetti da un linguaggio universale[15]; aggiungerei che sono un rifugio in cui ripararsi dalle esigenze distruttive dell'impulso iconoclasta, dato che le serie numeriche che compaiono nelle poesie di Picasso[16] possono essere un approdo in cui cancellare l'astinenza e la distruzione delle immagini, grazie al loro valore segnico e, quindi, risignificante. Picasso si trova a dare forma all'informe mondo postbellico con nuovi processi metamorfici in cui pronunciare un numero o tacere può rifondare ciò che è stato distrutto dalla barbarie.
«Bereshit bara Elohim et hashamayim ve'et ha'aretz»[17].

(cat. 46), a play devoted to reforming of the world after World War II, in which the scripts give iconographic protagonism to a very eloquent silence.[14]
The scripts are often combined with numbers, and not with a simple graphic purpose. According to a combined investigation conducted by Marc Guastavino and Androula Michael, they are a place to feel safe in the shelter of a universal language.[15] I would add that they are a coat to protect himself from the destructive demands of the iconoclastic drive, since the numerical series that appear in Picasso's poems[16] can be a haven to cancel out the abstinence and the destruction of images, thanks to their signic and therefore resignifying value. Picasso found himself giving form to the shapeless post-war world with new metamorphic processes in which pronouncing a number or remaining silent could restore what had been destroyed by barbarism.
Bereshit bara Elohim et hashamayim ve'et ha'aretz.[17]

1 Cfr. Serge Linarès, *Picasso et les écrivains*, Paris, Citadelles & Mazenot, 2013.
Si veda anche l'intervista tra l'autrice dell'articolo e l'autore di questo libro, https://www.youtube.com/h?v=pYQhR3bAnCE&list=PLoYR5PX6uX0b7DtP5xf8lRchuo4ccU3p1&index=4. Si veda anche il simposio *Au rendez-vous des poètes* a Catalunya, Museu Picasso de Barcelona, novembre 2019, inserito nella prima edizione del *Doctorado Picasso*. http://www.bcn.cat/museupicasso/es/actividades/simposio-au-rendez-vous-des-poetes-catalunya.html?multilink=switch.
2 Cfr. *Picasso écrits*, a cura di Marie-Laure Bernadac e Christine Piot, Paris, Gallimard, 1989, quarta edizione, 2021. Per uno studio sulla poesia di Picasso, si veda Androula Michael, *Picasso poète*, Paris, Beaux-arts de Paris les éditions, 2008; Marie-Laure Bernadac, Emmanuel Guigon, Androula Michael, Christine Piot, *Abécédaire Picasso poète,* Barcelona, Museu Picasso Paris, Musée national Picasso-Paris, 2019.
3 Boite B1. Poèmes ARPECB0021, Archives du MPP («Il sole del suo ventre / casereccio»). Ritrovato dall'autrice nel marzo 2016.
4 Pio Baroja, *Desde la última vuelta del camino*, in José-Carlos Mainer, *Obras Completas,* II, Madrid, Opera Mundi, Círculo de lectores, 1997, pp. 199-200. Ringrazio Rafael Inglada per aver affrontato questo argomento nella sua *Introducción a la antología de algunos de los textos en español de Picasso*, cfr. Pablo Ruiz Picasso, *Textos españoles*, a cura di Rafael Inglada, Malaga, Fundación Málaga, 2006.
5 Cfr. *Sabartés per Picasso per Sabartés*, a cura di Margarida Cortadella, Archivi / Museu Picasso de Barcelona, 2018.
6 Cfr. Jèssica Jaques Pi, *Picasso en Gósol, 1906: un verano para la modernidad*, Madrid, Antonio Machado, 2007; *Carnet Català*, in Malén Gual, *Picasso. Els Carnets.* Barcellona, Museu Picasso de Barcelona, 2020, pp. 341-363. *When Pablo Picasso was* Pau de Gósol *or the Birth of Cézanne's Grandson*, in «Ojo», giugno 2021, https://www.picasso.fr/ojo-le-journal.
7 Riporto la particolare ortografia picassiana.
8 28 ottobre 1935; («Se penso in una lingua /e scrivo "il cane corre / dietro la lepre nel / bosco» e voglio tradurlo / in / un'altra [lingua] devo dire / "la tavola di legno bianco / affonda le zampe nella / sabbia e muore / quasi di paura di / sapersi così sciocca"»). *Picasso écrits*, cit., p. 30.
9 Si vedano, rispettivamente, *El bufón Calabacillas*, 1639, e *El bobo*, 1959.
10 Cfr. Marc Guastavino, *Picasso - Gertrude Stein: Portraits et traductions*, in *Contemporanéités de Gertrude Stein*, Paris, Éditions des archives contemporaines, 2011, pp. 125-138.
11 Come si può osservare, ad esempio, nei due *literary portraits* di Picasso realizzati dalla Stein, rispettivamente nel 1909 e nel 1923. Cfr. Gertrude Stein, *Picasso. Writings 1903-1932*, New York, The Library of America, 1998, pp. 282-284 e 506-508.

1 See Serge Linarès, *Picasso et les écrivains* (Paris: Citadelles & Mazenot, 2013). See also the interview between the author of the article and the author of this book, https://www.youtube.com/h?v=pYQhR3bAnCE&list=PLoYR5PX6uX0b7DtP5xf8lRchuo4ccU3p1&index=4. See also the Symposium "*Au rendez-vous des poètes* a Catalunya," Museu Picasso de Barcelona, November 2019, included in the first edition of the *Doctorado Picasso*. http://www.bcn.cat/museupicasso /es/actividades/simposio-au-rendez-vous-des-poetes-catalunya.html?multilink= switch.
2 See Marie-Laure Bernadac and Christine Piot, (eds.), *Picasso écrits* (Paris: Gallimard, 1989). Fourth edition: 2021. For the study of Picasso's poetry, see Michael, Androula, *Picasso poète*. Paris, Beaux-Arts de Paris les éditions, 2008; Marie Laure Bernadac, Emmanuel Guigon, Androula Michael, Christine Piot, *Abécédaire Picasso poète* (Barcelona: Museu Picasso /Paris: Musée national Picasso-Paris, 2020), 262.
3 Boite B1. Poèmes ARPECB0021, Archives du MPP. Found by the author in March 2016.
4 Pio Baroja, *Desde la última vuelta del camino*, in José-Carlos Mainer, *Obras Completas*, II (Madrid: Opera Mundi, Círculo de lectores, 1997), 199-200. I wish to thank Rafael Inglada for having revealed this topic in his Introduction to the anthology of some of Picasso's texts in Spanish; see Pablo Ruiz Picasso, *Textos españoles*, Rafael Inglada, ed. (Málaga: Fundación Málaga, 2006).
5 See Cortadella, Margarida (ed.), *Sabartés per Picasso Per Sabartés* (Arxius / Museu Picasso de Barcelona, 2018).
6 See Jèssica Jaques Pi, *Picasso en Gósol, 1906: un verano para la modernidad* (Madrid: Antonio Machado, 2007); Ead., "Carnet Català," in Malén Gual, *Picasso. Els Carnets* (Barcelona, Museu Picasso de Barcelona, 2020), pp. 341 –363. Ead., "When Pablo Picasso was *Pau de Gósol* or the Birth of Cézanne's Grandson," *Ojo*, June 2021. See

https://www.picasso.fr/ojo-le-journal.

7 Picasso's peculiar spelling is followed here.

8 28 October 1935; "If I think in one language / and write 'the dog runs / after the hare in the / woods' and I want to translate it / into / another [language] I have to say / 'the white wooden table / sinks its paws into the / sand and dies / almost of fear of / knowing that it is so foolish," in *Picasso écrits,* 30.

9 See respectively *El bufón de Calabacillas*, 1639, and *El bobo*, 1959.

10 See Guastavino, Marc, "Picasso–Gertrude Stein: Portraits et traductions," in *Contemporanéités de Gertrude Stein* (Paris: Éditions des archives contemporaines, 2011), 125–38.

11 As can be appreciated, for example, in the two *literary portraits* that Stein created of Picasso, respectively from 1909 and 1923. See Gertrude Stein, *Picasso.Writings 1903–1932* (New York: The Library of America, 1998), 282–4 and 506–8.

12 "But for Picasso, a Spaniard, the art of writing, that is to say, calligraphy, is an art." Gertrude Stein, *Picasso.Writings 1932–1946*. The Library of America (New York: The Library of America, 1998), 495–533, see specifically p. 521.

13 See for example lithograph 13, in Picasso, *Poèmes et lithographies*, Paris, (1949) 1954.

14 See Jaques, Jèssica, "Idées esthétiques et théâtre engagé: *Les Quatre petites filles* de Pablo Picasso," *Proceedings of the European Society of Aesthetics*, vol. 11, 2019, 375–98. http://www.eurosa.org/wp-content/uploads/ESA-Proc-11-2019-Jaques-Pi-2019.pdf.

15 See http://iojik.net/PicassoBarcelone/PicassoNombreBarcelone-20201204-leger.mp4 e https://www.youtube.com/h?v=7OK6e9KnsGw&list=PLoYR5PX6uX0b7DtP5xf8lRchuo4ccU3p1&index=7.

16 See for example that of May-June 1935, in *Picasso écrits,* 13–7.

17 "In the beginning God created the heavens and the earth," Genesis 1:1.

12 «But for Picasso, a Spaniard, the art of writing, that is to say, calligraphy, is an art». Cfr. Gertrude Stein, *Picasso. Writings 1932-1946* New York, The Library of America, 1998 [1938], pp. 495-533, in particolare p. 521.

13 Si veda per esempio la litografia 13, in Pablo Picasso, *Poèmes et lithographies*, Paris, (1949) 1954.

14 Cfr. Jèssica Jaques Pi, *Idées esthétiques et théâtre engagé:* Les Quatre petites filles *de Pablo Picasso*, in «Proceedings of the European Society of Aesthetics», XI, 2019, pp. 375-398. http://www.eurosa.org/wp-content/uploads/ESA-Proc-11-2019-Jaques-Pi-2019.pdf.

15 Cfr. http://iojik.net/PicassoBarcelone/PicassoNombreBarcelone-20201204-leger.mp4 e https://www.youtube.com/h?v=7OK6e9KnsGw&list=PLoYR5PX6uX0b7DtP5xf8lRchuo4ccU3p1&index=7.

16 Si veda per esempio quella del maggio-giugno 1935, in *Picasso écrits*, cit., pp. 13-17.

17 «In principio creò Iddio il cielo e la terra», Genesi 1:1.

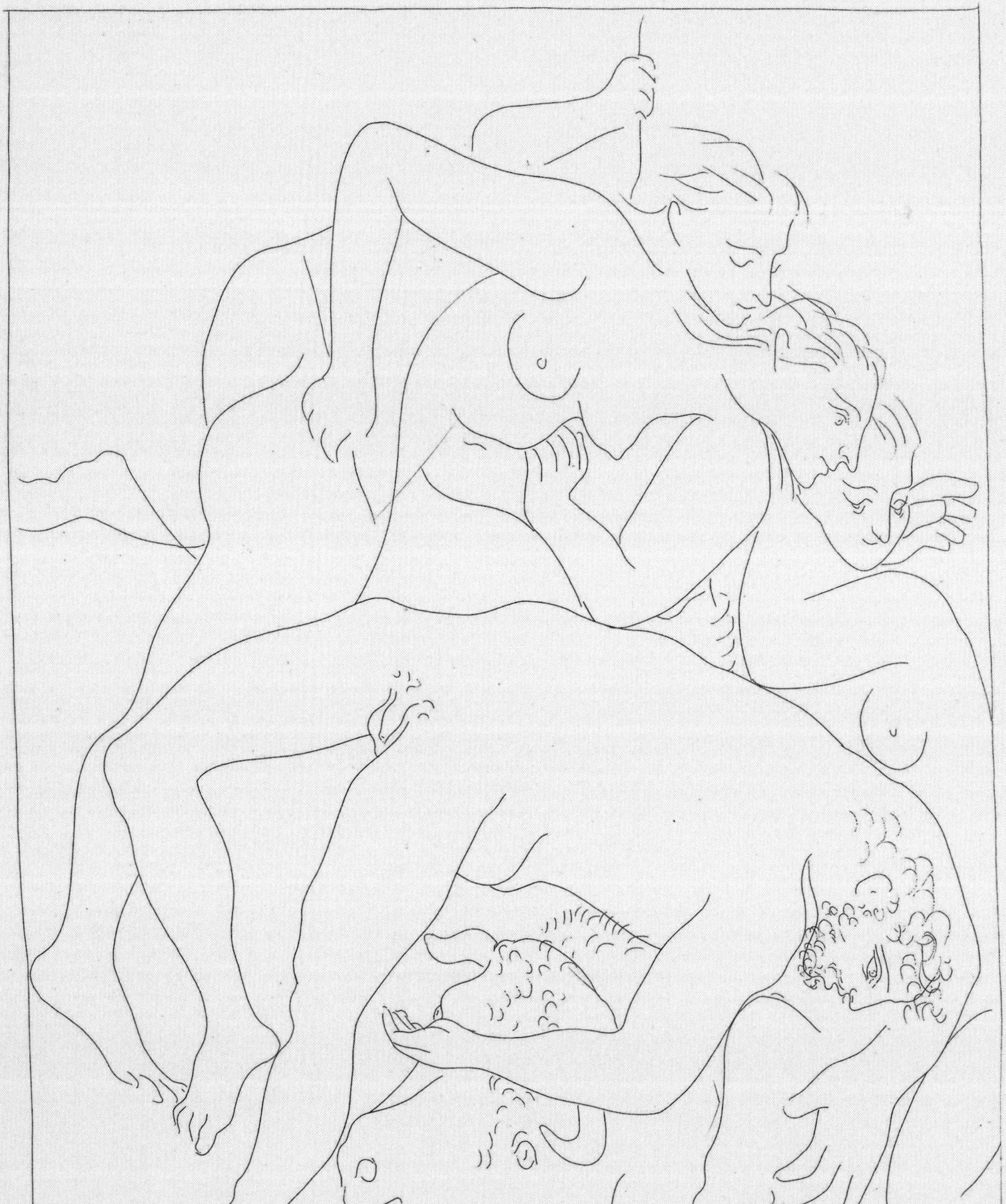

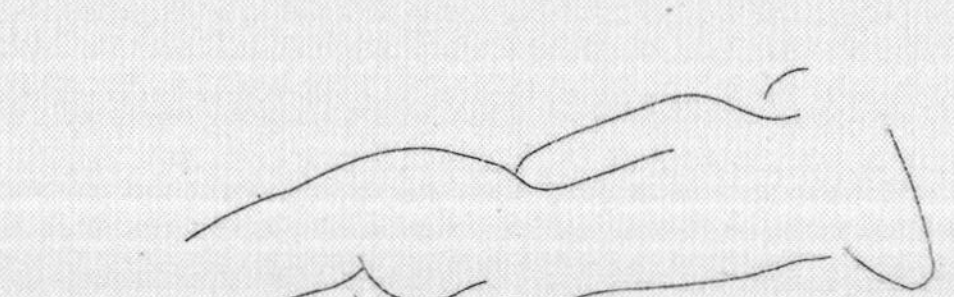

Between Orpheus and Minotaur

Tra Orfeo e Minotauro

CARLOS FERRER BARRERA

In around 1928, an aspiring young Swiss publisher dreamed of producing a book illustrated by Picasso. It was to be his first publishing project and he had in mind a biography of Napoleon. His audacity was enormous; he had not chosen a good topic and the painter responded by saying he should come back when he had gained some experience. His name was Albert Skira and he was to become one of the century's major publishers. However, after months of insistence, he succeeded in persuading the artist to sign a contract for the first time. Perhaps he would agree to illustrate something mythological, to which Pierre Matisse added a decisive suggestion: "Why not the *Metamorphoses*?"[1]

Why the *Metamorphoses*?
Picasso did not want to work with a beginner and refused to see himself associated with Napoleon, as on the one hand the magnetism of the French soldier, who—we should not forget—had invaded Spain, did not work on him, and on other, Gertrude Stein, strangely, had compared them both him in terms of their stature. However, he would certainly illustrate Ovid! (catt. 2–4, 47–52).
The son of José Ruiz Blasco (an academic painter and drawing teacher), Pablo Ruiz Picasso's artistic training was marked by plaster casts and classical drawings. As an example, we need only consider his first drawing to be preserved, *Hercules with his Club*[2] (Malaga, 1890), a copy of the statue that his father always kept at home. Unsurprisingly, when in 1930 he engraved the printer's plate of Hercules for the *Metamorphoses*, in the lower margin he left a space for a boy studying at his desk, perhaps as a recollection of his readings as a child or—why not?—of himself copying that first drawing.
For Picasso, myth was a home from which he had wished to escape many times but which he always bore in mind. Even in his most iconoclastic phases, it remained as a reference for him. And in fact in his Surrealist period, which began in around 1925, he went through the process of a search for identity and regeneration in which myth possessed an unusual force. He abandoned Harlequin as an alter ego and chose the Minotaur as a double to represent himself.

Intorno al 1928 un giovane aspirante editore svizzero sognava di pubblicare un libro illustrato da Picasso. Sarebbe stato il suo primo progetto editoriale e aveva in mente una biografia di Napoleone. Forse l'idea era fin troppo ambiziosa, infatti non aveva scelto un buon soggetto e il pittore gli disse di tornare quando avesse avuto più esperienza.
Si chiamava Albert Skira e sarebbe diventato uno dei più grandi editori del secolo. Tuttavia, dopo mesi di insistenza, riuscì a far firmare il primo contratto all'artista. Forse avrebbe accettato di illustrare qualcosa di mitologico, al che Pierre Matisse aggiunse un suggerimento decisivo: «Perché non le *Metamorfosi*?»[1].

Perché le *Metamorfosi*?
Picasso non voleva lavorare con un principiante e rifiutò di essere associato a Napoleone perché, da una parte, non era minimamente toccato dal magnetismo del militare francese che, non dimentichiamolo, aveva invaso la Spagna, e, dall'altra, Gertrude Stein lo aveva stranamente paragonato a Napoleone per la sua statura. Ma Ovidio sì, che lo avrebbe illustrato! (catt. 2-4, 47-52).
Figlio di José Ruiz Blasco (pittore accademico e insegnante di disegno), la formazione artistica di Pablo Ruiz Picasso fu caratterizzata da calchi in gesso e schizzi classici. Un esempio è il suo primo disegno conservato, *Ercole con la clava*[2] (Malaga, 1890), una copia della statua che il padre teneva sempre in casa. Non a caso, quando nel 1930 incise la tavola di Ercole per le *Metamorfosi*, lasciò nel margine inferiore lo spazio per raffigurare un bambino che studiava alla sua scrivania, forse per ricordare le sue letture infantili o, perché no, se stesso che copiava quel primo disegno.

cat. 47
PABLO PICASSO
Illustrazione per le *Metamorfosi* di Ovidio / Illustration for Ovid's *Metamorphoses*
Lausanne, Albert Skira, 1931
Morte di Orfeo / Death of Orpheus, IX, pp. 274-275
Parigi / Paris, 18 settembre / September 1930
Acquaforte su rame / Etching on copper, 34,8 × 27,9 × 8,7 cm
Parigi / Paris, Musée national Picasso-Paris, dazione di / dation of Pablo Picasso, 1979

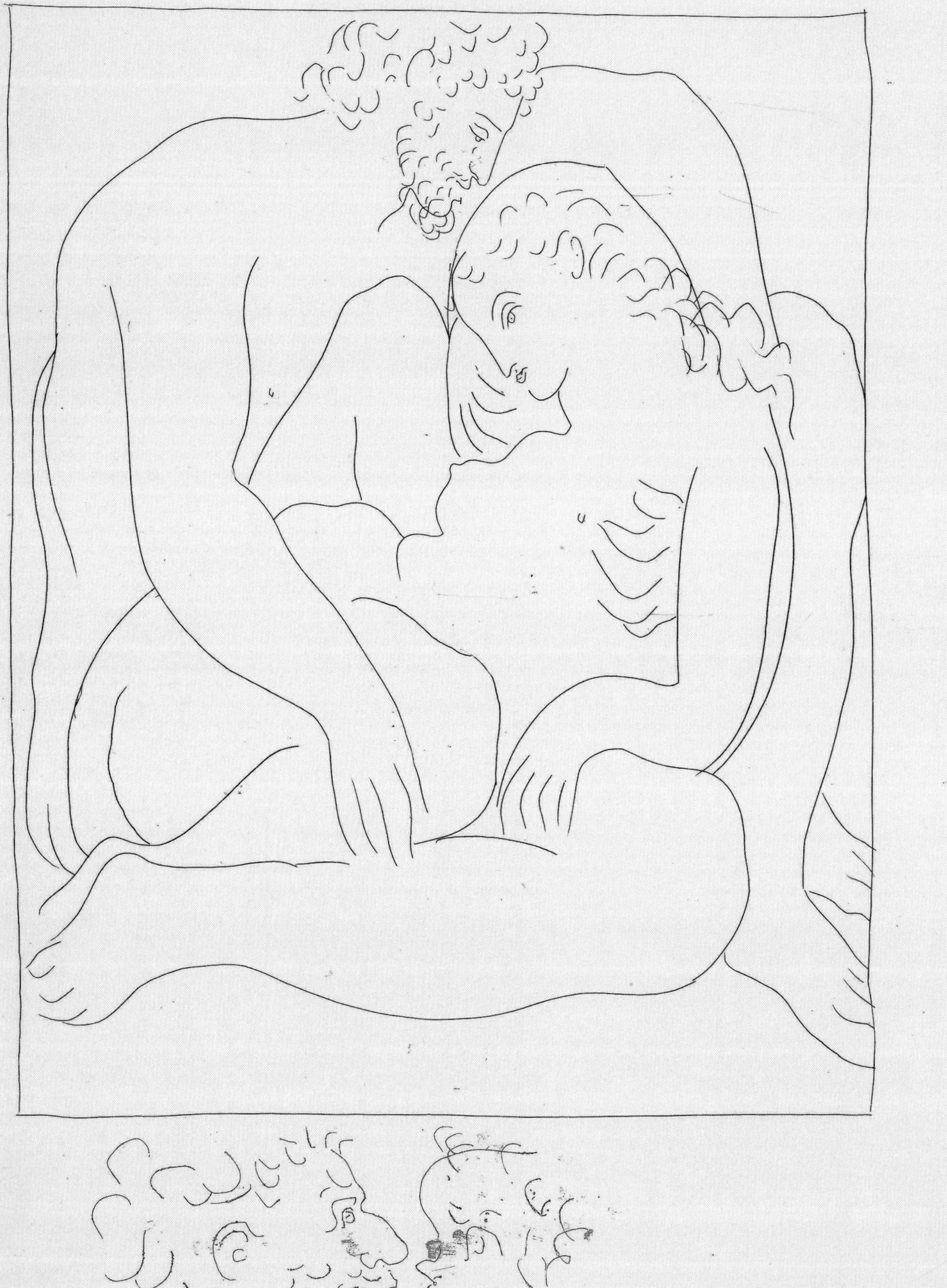

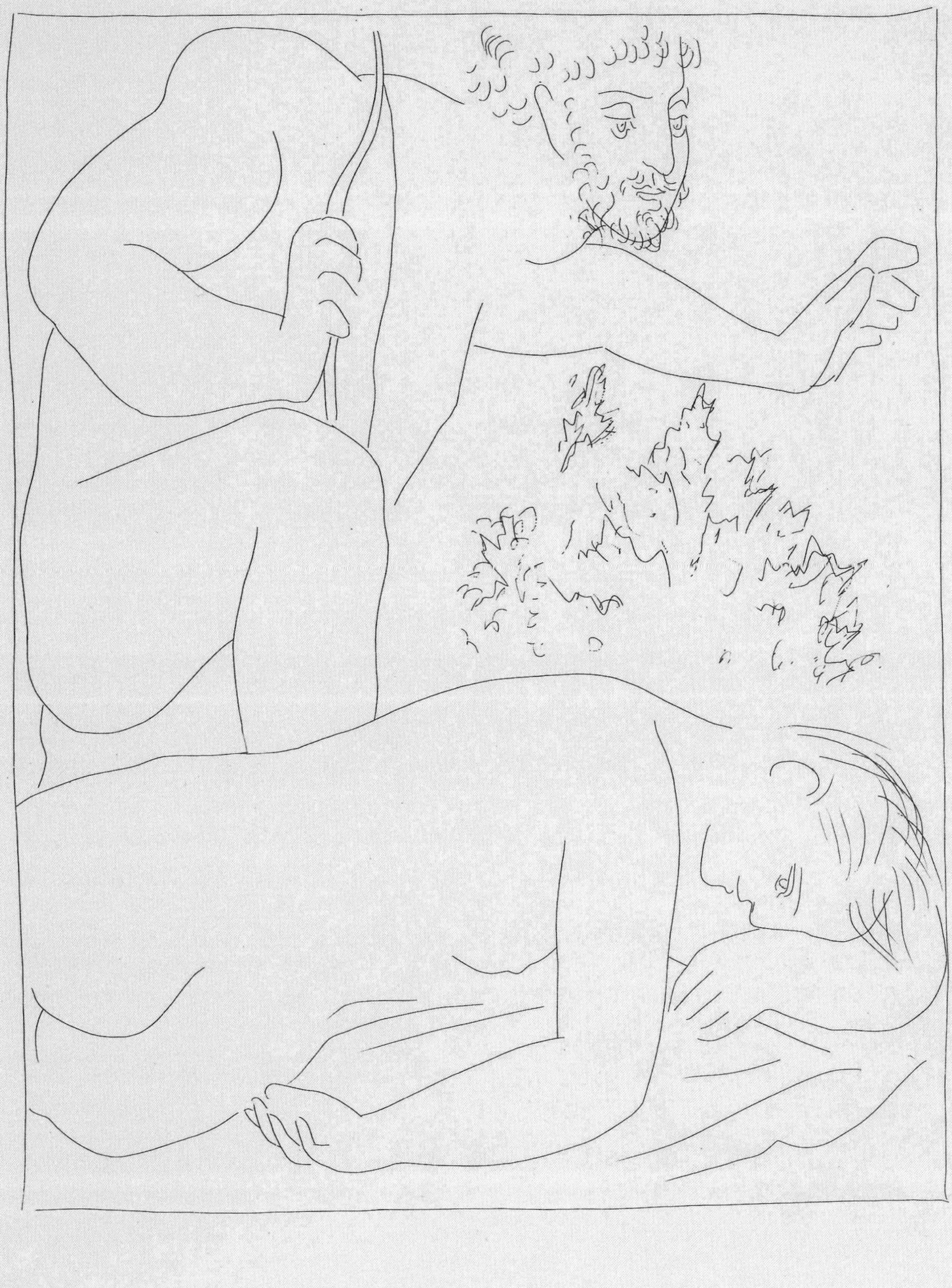

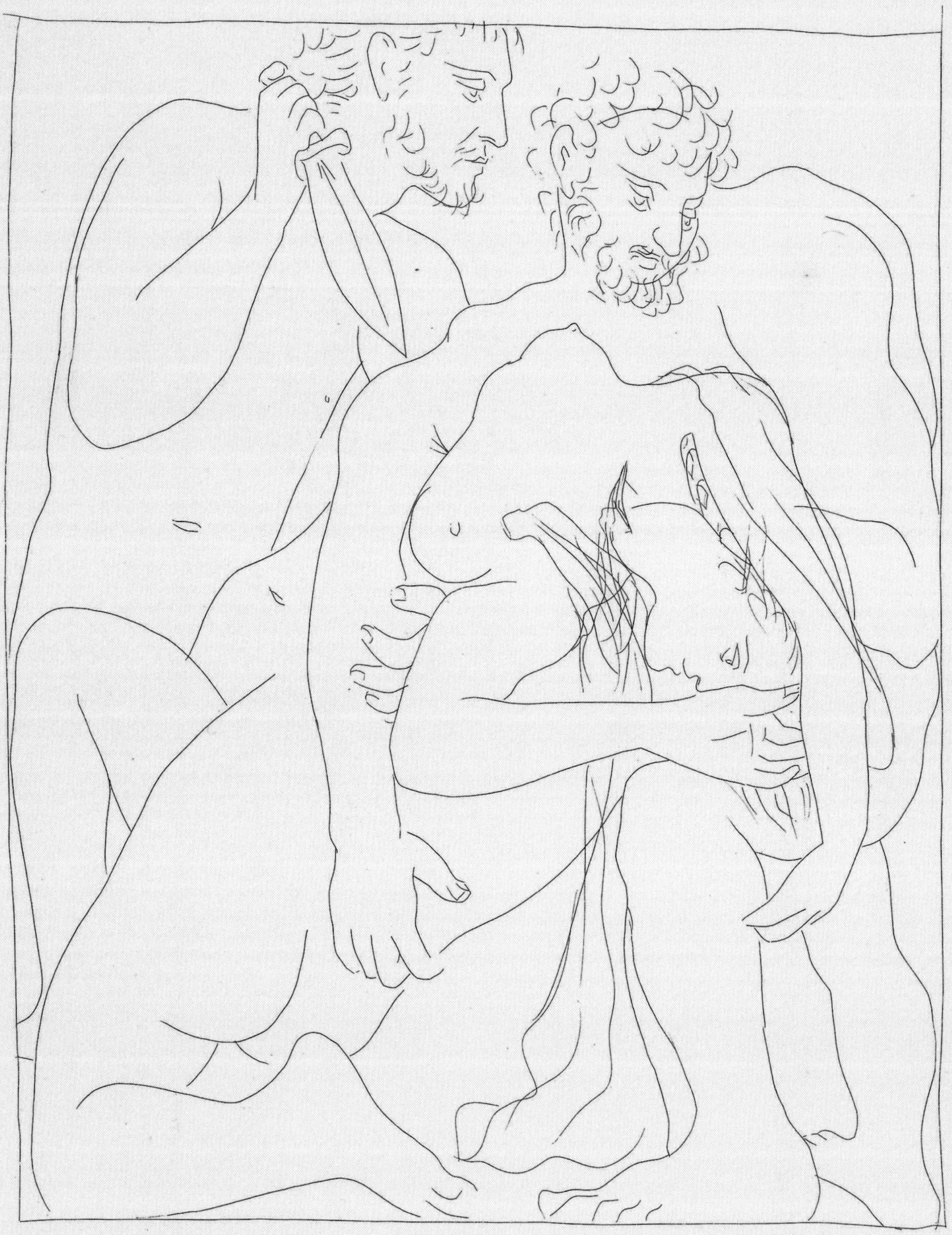

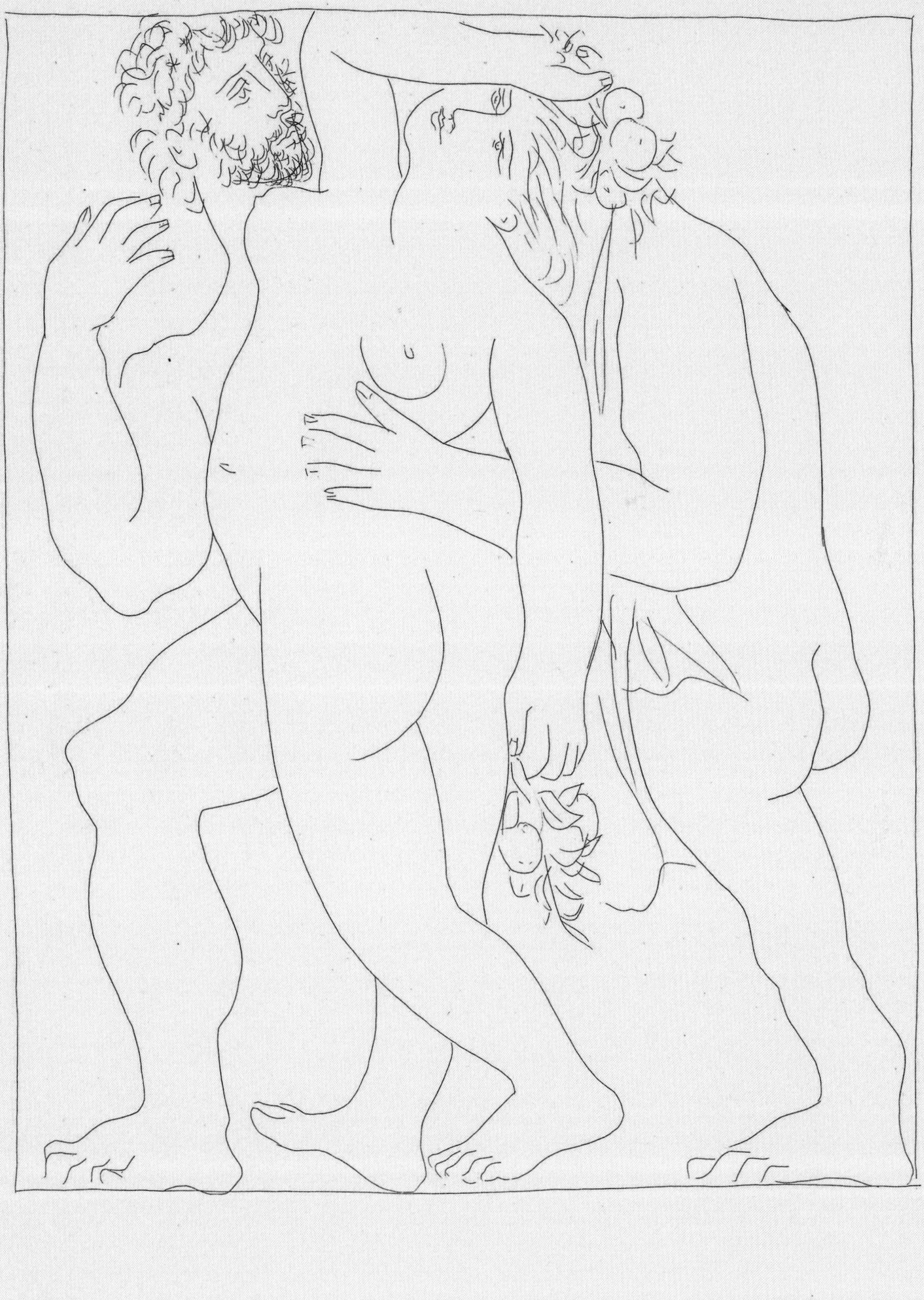

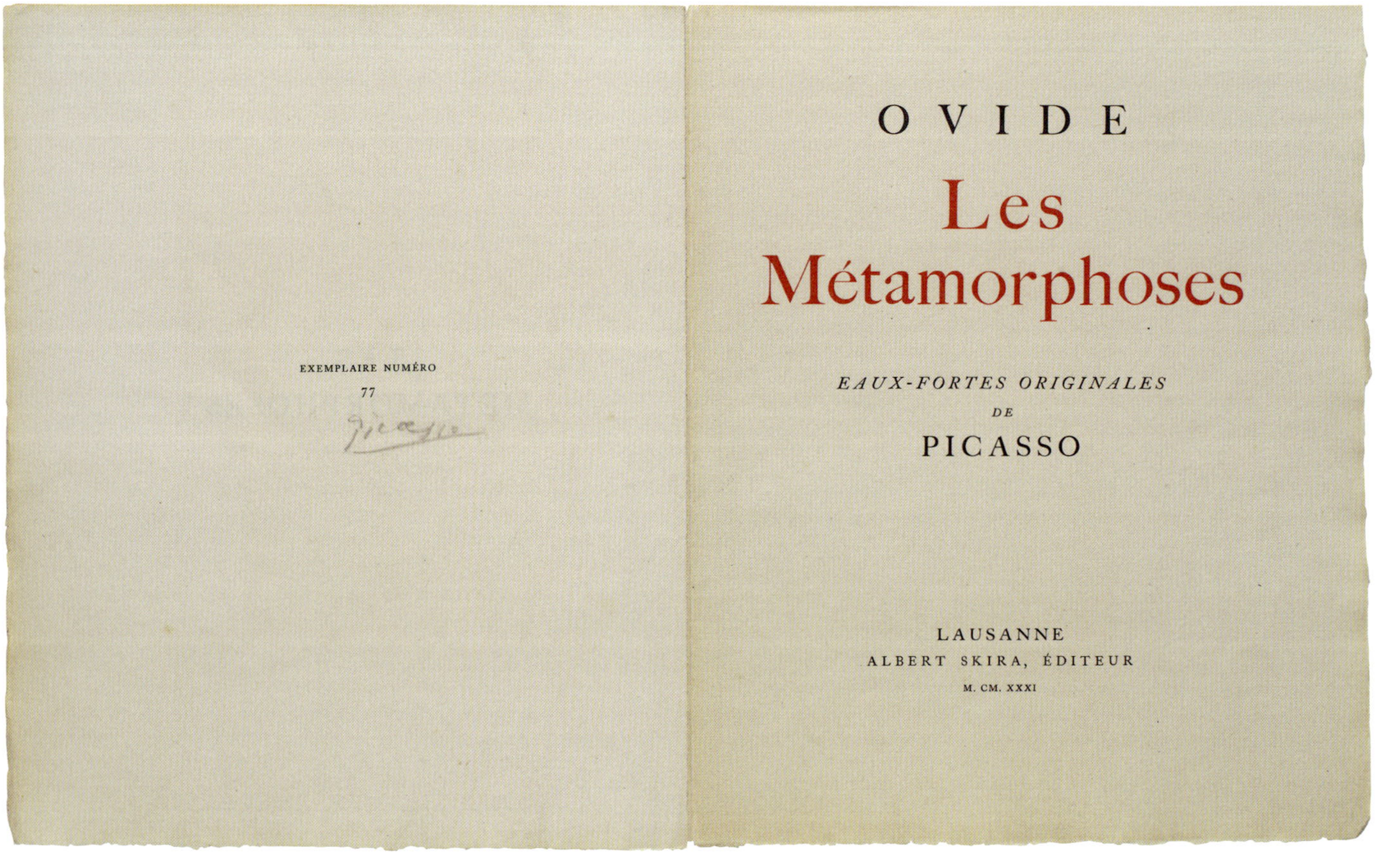

pagine precedenti / preceding pages
catt. 48-51
PABLO PICASSO
Illustrazioni per le *Metamorfosi* di Ovidio / Illustrations for Ovid's *Metamorphoses*
Lausanne, Albert Skira, 1931
Amori di Giove e di Semele / The Love of Jupiter and Semele, III, p. 71
Parigi / Paris, 25 ottobre / October 1930
Cefalo uccide inavvertitamente la moglie Procri / Cephalus kills his wife Procris by accident, VII, pp. 170-171
Parigi / Paris, 18 settembre / September 1930
Polissena, figlia di Priamo viene sgozzata sulla tomba di Achille / Polyxena, the daughter of Priam is sacrificed at the tomb of Achilles, XIII, pp. 324-325
Parigi / Paris, 23 settembre / September 1930
Vertumno perseguita Pomona con il suo amore / Vertumnus amorously pursuing Pomona with his love, XIV, pp. 356-357
Parigi / Paris, 23 settembre / September 1930
Acqueforti su rame / Etchings on copper, 34,8 × 27,9 × 8,7 cm
Parigi / Paris, Musée national Picasso-Paris, dazione di / dation of Pablo Picasso, 1979

cat. 52
PUBLIO OVIDIO NASONE
Les Métamorphoses
[*Le metamorfosi / The Metamorphoses*]
Libro illustrato / Illustrated book, acqueforti originali di / original etchings by Picasso, Lausanne, Albert Skira, 25 ottobre / October 1931, 34 × 27,3 × 6,5 cm (chiuso / closed)
Barcellona / Barcelona, Museu Picasso, donazione di / donated by Salvador Dalí, 1963

There is no doubt that, after reaching an agreement with the artist, Skira went for some time without receiving any news from him. Perhaps Picasso failed to find a compelling reason, but on 1 September 1930 he did focus on the project. It was in Juan-les-Pins, by the light of the Mediterranean, that he sketched the *Death of Orpheus*,[3] (cat. 47) a version still far removed from the line image that would eventually accompany the text in the publication.
In the same way that, in the 16th century, in Palazzo Te, Federico II Gonzaga and Giulio Romano created their *mythical* place of respite far from the Vatican court, in the summer of 1930 Picasso acquired the Château de Boisgeloup. He moved there in the company of Marie-Thérèse Walter, far from the noise of Paris, and allowed himself to be carried away by the form of his lover to translate it into the clear, clean lines of the *Metamorphoses*. Myth was a refuge to provide shelter and move forwards, as well as being a useful tool to express the artistic and vital concerns of modernity.
It was here that the figure of Orpheus acquired special importance. Between 1925 and 1937, in his search for self, he investigated characters that codified such concerns: the Minotaur, Christ, the bullfighter, the sculptor or the fisherman. In close connection with these, Orpheus acted as a hidden or secondary alter ego.

Picasso Orpheus

The first image that he tackled for *Metamorphoses* was the death of Orpheus, and this choice proved crucial. After the many sketches of great violence that were preludes to *Guernica*[4] (1937), he now opted for a classical design deriving from the Death of a Bullfighter, vaguely inspired by Goya, in which the body falls onto the bull's back. The parallel is logical, because Orpheus—deprived of his lyre—has the ox as his associated animal, which is none other than a castrated bull.
Picasso was very familiar with the theme. In his youth he wanted to illustrate the *Bestiary or Procession of Orpheus* by Guillaume Apollinaire while he was exploring the nudes of *Les Demoiselles d'Avignon* (1907). As regards Cocteau, he tackled his work in a theatre piece from 1925, and in the film *The Blood of a Poet* from 1930, the same year when the painter engraved his first plates. Three years later, Picasso executed eleven monotypes[5] to illustrate *Orphée* by Cocteau (Oxford, 1933, fig. 1). Here, Orpheus escapes with his lyre and turns his head back at an impossible 180° angle. He is pursued by shades or maenads with

Il mito è per Picasso una casa da cui spesso vuole fuggire ma che tiene sempre presente. Anche nelle sue fasi più iconoclaste, rimane infatti un punto di riferimento. Ed è proprio nel periodo surrealista, iniziato intorno al 1925, che l'artista intraprende un processo di ricerca dell'identità e di rigenerazione in cui il mito assume una forza inconsueta. Abbandona l'Arlecchino come *alter ego* e sceglie il Minotauro come sua controfigura, per rappresentare se stesso...
È vero che, dopo aver raggiunto un accordo con l'artista, Skira tardò ad avere sue notizie. Forse Picasso non trovava la motivazione giusta, ma il 1° settembre 1930 si buttò a capofitto nel progetto. Fu a Juan-Les-Pins, immerso nella luce del Mediterraneo, che tratteggiò la *Morte di Orfeo*[3] (cat. 47), ancora lontana dall'immagine lineare che avrebbe accompagnato il testo nell'edizione definitiva.
Proprio come, nel XVI secolo, Federico II Gonzaga e Giulio Romano crearono il loro luogo di riposo *mitico* lontano dalla corte vaticana a Palazzo Te, nell'estate del 1930 Picasso acquistò il castello di Boisgeloup. Vi si stabilì con Marie-Thérèse Walter, lontano dai rumori di Parigi, e si lasciò trasportare dalle forme del corpo della sua amante per tradurle nelle linee chiare e limpide delle *Metamorfosi*. Il mito è un luogo in cui trovare rifugio e andare avanti, oltre che uno strumento utile per esprimere inquietudini artistiche e vitali anche in tempi moderni.
Qui la figura di Orfeo assume un'importanza fondamentale. Tra il 1925 e il 1937, nella sua ricerca dell'io, Picasso esplora personaggi che codificano queste inquietudini: il Minotauro, Cristo, il torero, lo scultore o il pescatore. In stretta connessione con essi, Orfeo agisce come *alter ego* nascosto o secondario.

Picasso Orfeo

La prima immagine che utilizzò per le *Metamorfosi* fu la morte di Orfeo, una scelta che si rivelò decisiva. Dopo alcuni schizzi di grande violenza che preludevano a *Guernica*[4] (1937), optò per uno schema classico derivato dalla morte del torero, lontanamente ispirato a Goya, dove il corpo è riverso sulla schiena del toro. Il parallelismo è logico, perché Orfeo, privato della sua lira, è associato al bue, che altro non è se non un toro castrato.
Picasso conosceva bene il soggetto. In gioventù aveva voluto illustrare *Le Bestiaire, ou Cortège d'Orphée* di Guillaume Apollinaire, mentre approfondiva i nudi delle *Demoiselles d'Avignon* (1907). Quanto a Cocteau, vi si accostò in un'opera teatrale del 1925 e nel film *Le Sang*

d'un poète del 1930, lo stesso anno in cui il pittore incise le prime tavole. Tre anni dopo, Picasso realizzò undici monotipi[5] per illustrare l'*Orphée* di Cocteau (Oxford, 1933, fig. 1). Qui Orfeo fugge con la sua lira e gira la testa all'indietro in un'impossibile rotazione di 180 gradi. È inseguito da ombre o menadi armate di lancia e il suo volto con la bocca semiaperta è paralizzato dal terrore o dal senso di colpa per aver condannato per sempre la sua amata.
In questo contesto, sono illuminanti alcune crocifissioni realizzate tra il 1926 e il 1929[6]. In esse, il centro della composizione si sposta a sinistra, dove una figura maschile porta una scala o vi si aggrappa durante la discesa. Questa ricollocazione di Cristo è una fusione tra la morte e la deposizione e dobbiamo quindi dedurre che l'artista di Malaga sta lavorando con l'idea della caduta, con tutte le sue implicazioni filosofiche. La scala è in questo contesto il mezzo per la *catabasi* (discesa) e l'*anabasi* (salita), insite nella morte e nella resurrezione, qualcosa di accessibile solo a pochi eletti come Orfeo o Cristo stesso.
Nel corso della storia, Cristo e Orfeo sono stati spesso equiparati. È nota l'immagine paleocristiana di Gesù circondato di animali, con il berretto frigio e la lira. Le coincidenze e le confusioni sono numerose, poiché Orfeo era il fondatore di un movimento religioso mistico basato sulla vita dopo la morte e, sebbene non sia questa la sede per sviluppare un argomento così complesso, possiamo dire che Picasso era un iniziato. Fu così che Cocteau lo inserì nel film *Le Testament d'Orphée*, dove mise in scena il rito della propria morte con il flamenco e una resurrezione circondata da gitani. Il tutto sotto gli occhi dell'artista e del torero Luis Miguel Dominguín, che osservavano la scena da un balcone in compagnia di Jacqueline Roque e Lucia Bosè.
Il momento chiave della presenza orfica si verifica nella *Minotauromachia* (cat. 53), un'acquaforte eseguita tra il marzo e l'aprile del 1935, che condensa le riflessioni esistenziali che tormentavano Picasso. L'immagine può essere letta in tre cerchi concentrici. Il primo, centrale, mostra Marie-Thérèse nelle vesti di un torero morto. Il suo corpo è accasciato sul cavallo e il costume strappato rivela il suo ventre rigonfio[7]. A sinistra una fanciulla illumina il Minotauro, che, imponente ma debole, ha sulle spalle un drappo da torero e si protegge dalla luce. In alto, accanto a due ragazze alla finestra, ci sono due colombe, simbolo di amore e fedeltà. Esse guardano il personaggio con la barba e il panno della purezza che sta salendo la scala. Quest'ultimo gira la testa con una rotazione impossibile che, insieme ad altri elementi dell'iconografia cristiana come la scala, la barca o le colombe, e ai riferimenti alla morte, alla cecità o alla

lances and his expression with a half-open mouth is paralysed with terror, or perhaps guilt for having condemned his beloved for eternity.
In this context, various crucifixions between 1926 and 1929[6] are enlightening. In these, the focus of the composition is directed to the left, where a male character is carrying a ladder or holding onto it as he descends. Christ's relocation merges death and the Descent, and we should therefore deduce that the painter from Malaga was working with the idea of the Fall, filled with all its philosophical considerations. In this context the stairway is the means of katabasis (descent) and anabasis (ascent), implying death and resurrection, something that is only accessible to the chosen few, such as Orpheus or Christ Himself.
Throughout history, Christ and Orpheus have frequently been compared. The Paleochristian image of Christ with Phrygian cap, lyre and surrounded by animals is well known. There have been numerous coincidences and confusions, since Orpheus was the central figure of a mystic belief based on life after death, and although this is not the place to develop such a complex topic, we will suggest that Picasso was an initiate. Cocteau therefore included him in *Testament of Orpheus*, in which he staged the ritual of his own death, with flamenco and a resurrection surrounded by gypsies. All this observed from a balcony by the artist and the bullfighter Luis Miguel Dominguín, accompanied by Jacqueline Roque and Lucía Bosé.
The key moment of the Orphic presence occurs in *Minotauromachy* (cat. 53), an etching executed between March and April 1935, which condenses the existential reflections that were tormenting Picasso. We can read the image in three concentric circles. The first, central, with Marie-Thérèse dead as a bullfighter. Her body falls on the horse and her torn dress reveals her swollen belly.[7] On the left, a girl is illuminating the Minotaur. Imposing but weak, he is wearing a bullfighter's *muleta* on his back and is shielding himself from the light. Up above, together with two girls in the window, there are two doves, the symbol of love and fidelity. Their gaze is turned to the bearded figure in a loincloth climbing up the ladder. He turns his head at an impossible angle that, together with other elements of the Christian image, such as the ladder, the boat or the doves, and together with the references to death, blindness or the bullfight, can only have a profound spiritual meaning. It is the gesture of Orpheus–Picasso, who is fleeing from the monsters that torment him. The ladder of Descent becomes an instrument

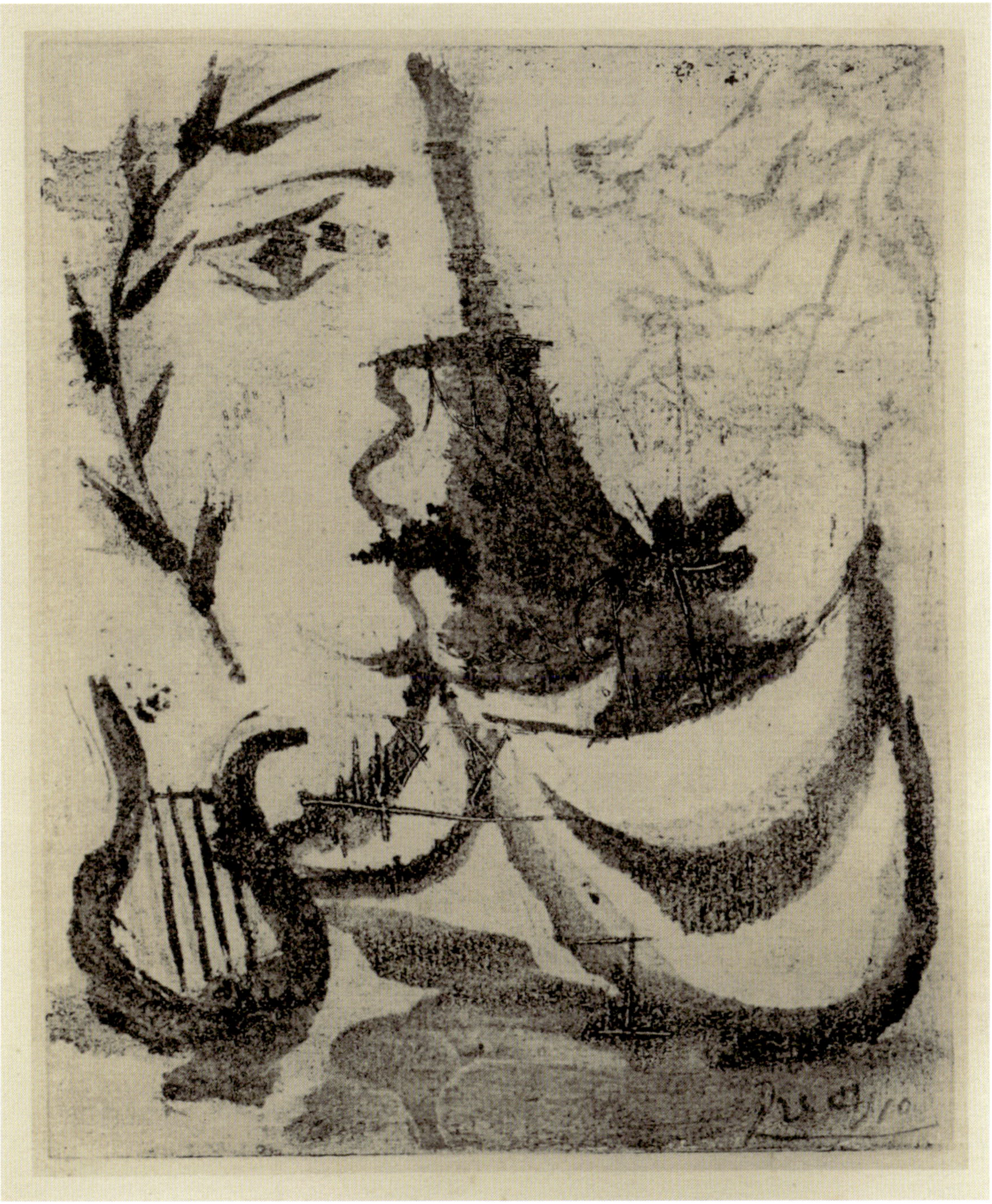

fig. 1. Pablo Picasso, *Orpheus or the Poet* [Orfeo o il poeta], monotipo / monotype, in *Orphée. A tragedy in one Act and an Interval* di / by Jean Cocteau, London, Oxford University press, Humphrey Milford, febbraio / February 1933

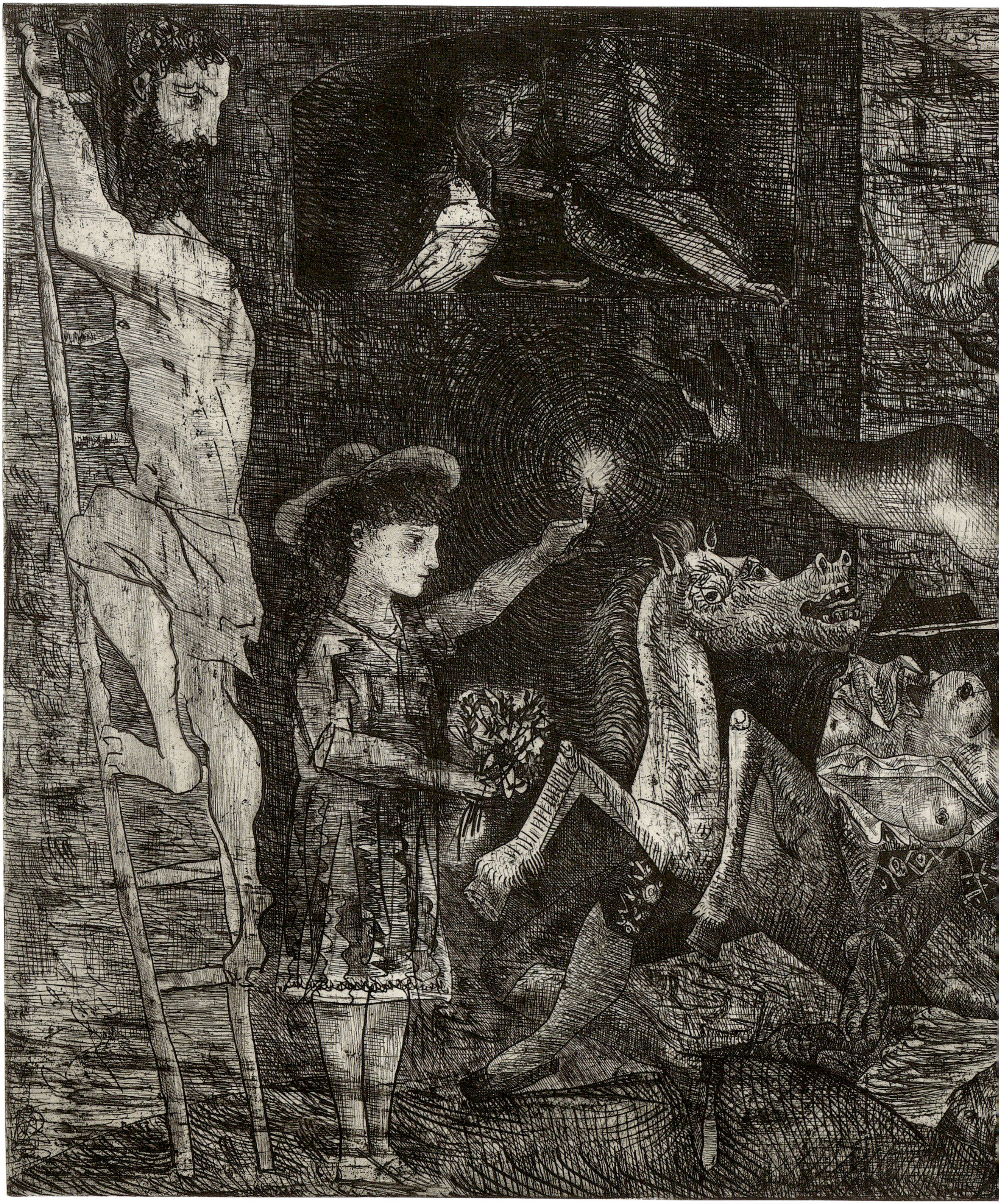

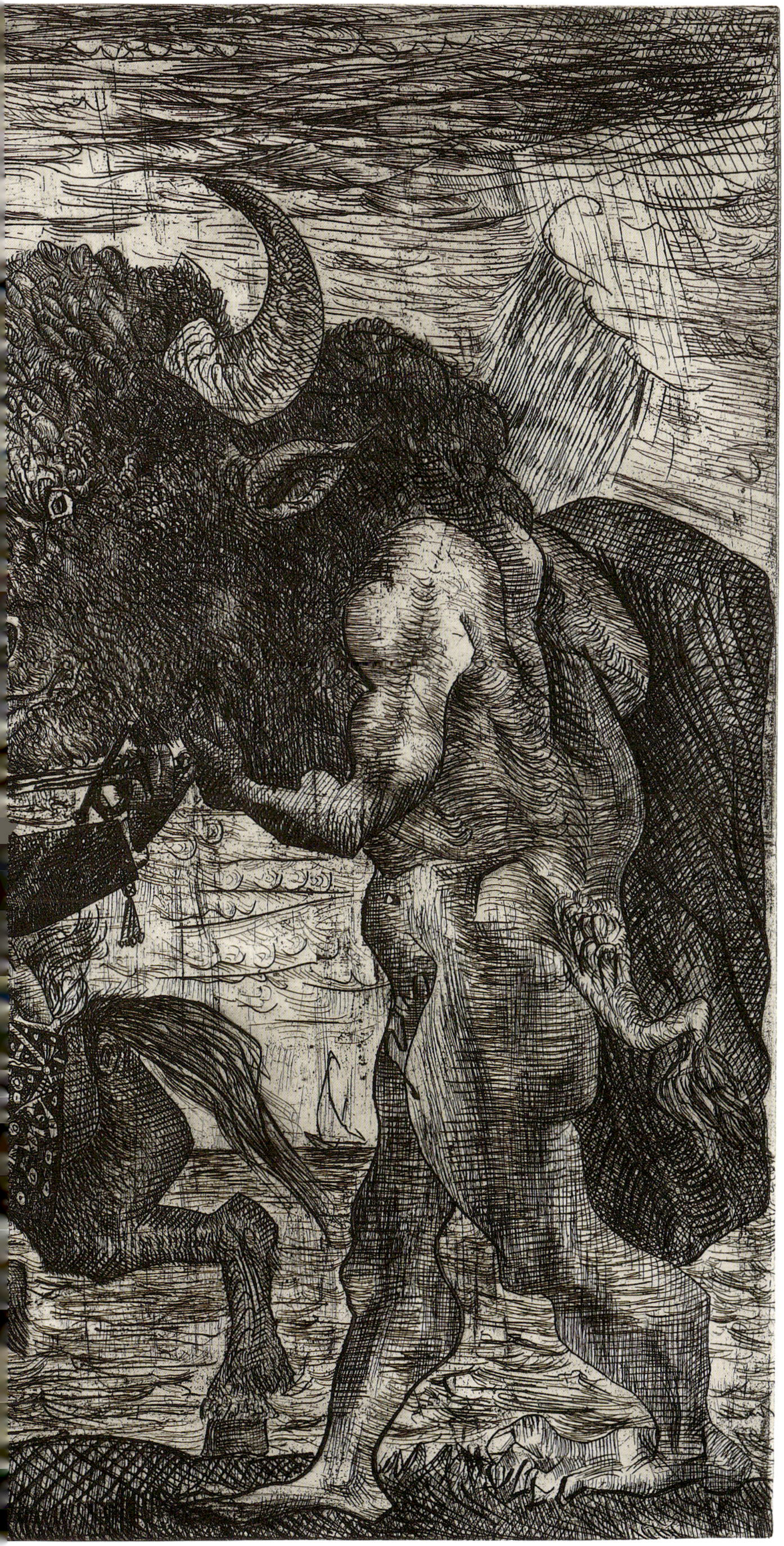

cat. 53
PABLO PICASSO
Minotauromachia
[Minotauromachy]
Parigi / Paris, 23 marzo / March 1935
5° stato / 5th state
Acquaforte lavorata a bulino su carta vergata / Etching and engraving on laid paper,
55,7 × 71 cm
collezione privata / private collection

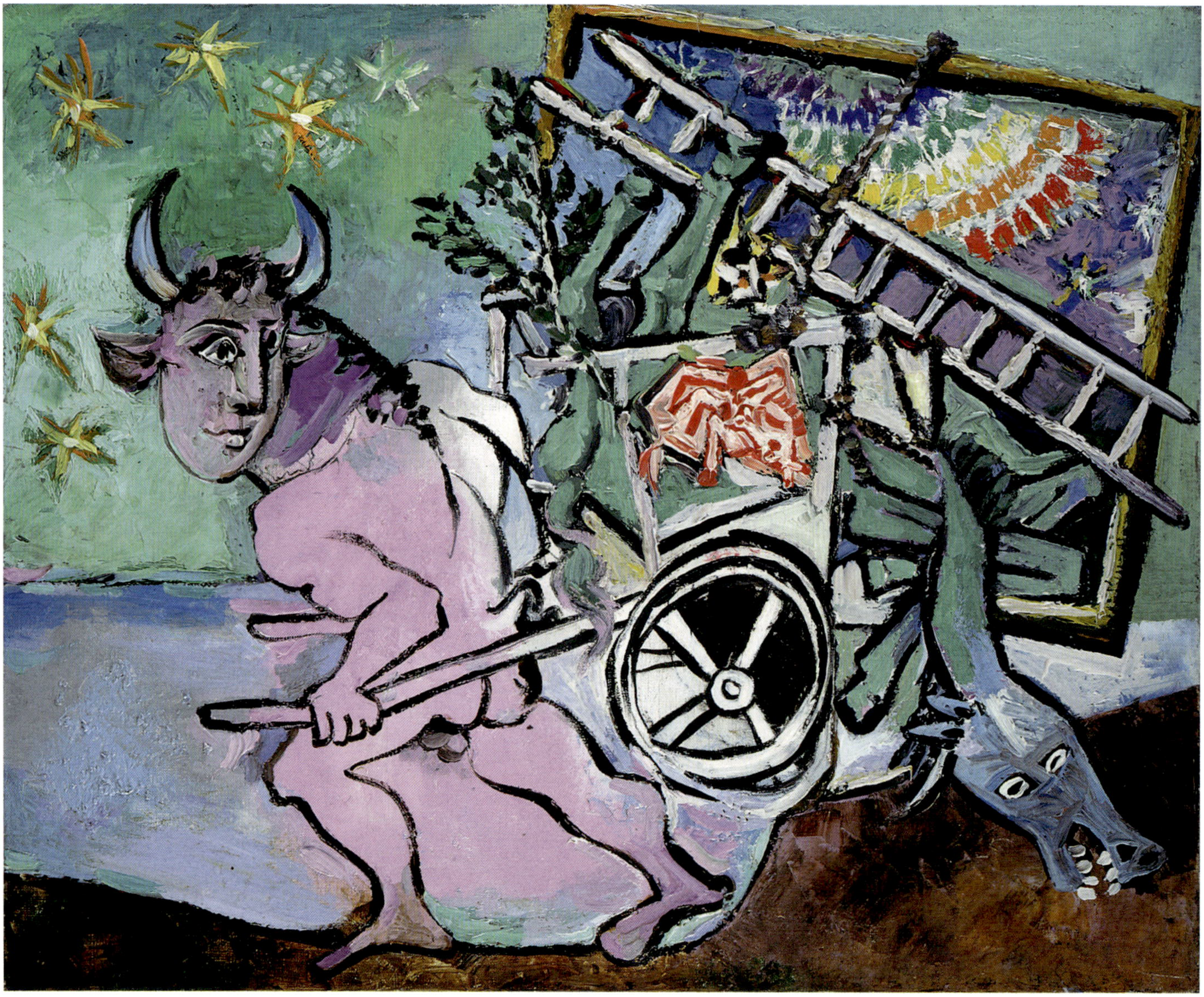

fig. 2. Pablo Picasso, *Minotauro con carreta* [Minotauro con un carro / Minotaur Pulling a Cart], 6 aprile / April 1936, collezione privata / private collection

of flight and transcendence that the author takes as his own.
As he was executing the final stages of the engraving, Picasso suffered a personal crisis that was subsequently to be a creative one for him. Due to a petition for divorce filed by his wife Olga, his workshop was closed as part of the judicial inventory and he stopped painting for a year. He turned to literature as a form of resilience. His first poetic text, 34 pages written on 18 April 1935, is riddled with references to animals, music and his childhood, with a clear Orphic inspiration from the first lines: "Si yo fuera fuera las fieras vendrían a comer en mis manos y mi cuarto aparecería sino fuera de mi otros sueldos irían alrededor del mundo hecho trizas."[8] [If I were outside the beasts would come to eat from my hands and my room would appear but outside of me other wages would go around the world torn to pieces.]
Soon afterwards Paul Éluard declared that Picasso felt like "an old painter and a recently born poet."[9] The leap into poetry, in this allegory of his regeneration, was a natural and necessary step, given the circumstances.
Orpheus represents the arts, and Picasso includes him in multiple scenes of the Minotaur. In April 1936 he drew two versions of the *Minotaur Pulling a Cart*[10] (fig. 2), in which the protagonist escapes while, like Orpheus, he looks back completely turning his neck. The cart contains few belongings, but ones of great value: the light, the ladder and the corpses of a mare and her offspring. The painting also enables us to read the escape in a biographical vein, although it is not a simple metaphor of everyday life, as he often wants to show us, but the result of a mature process of reflection.
Minotaur with Dead Mare in Front of a Cave Facing a Girl in a Veil[11] (fig. 3) dates from a month later, and can also be read in terms of Orpheus and Eurydice. It is the moment when the poet enamoured emerges from the underworld, has already looked behind him and has condemned Eurydice to fall forever into darkness, even though her hands are pleading for help.
Why repeat so this gesture so frequently in characters that allude to his inner life? Only Orpheus can be behind it, and for an important reason, but we have to read these images as a whole and analyse him with his travelling companions. The parable of regeneration closes with *Remains of Minotaur in a Harlequin Costume*[12] (fig. 4). In it, a gryphon carries the inert body of the Minotaur in a Harlequin costume and with a bullfighter's *muleta* as a cape. A bearded man is driving the monster away. Above

corrida, non può che avere un profondo significato spirituale. È il gesto di Orfeo-Picasso, che fugge dai mostri che lo tormentano. La scala della deposizione diventa uno strumento di fuga e trascendenza che l'autore assume come proprie.
Durante l'esecuzione delle ultime fasi dell'incisione, Picasso attraversò una crisi personale che più tardi si trasformò in crisi creativa. In seguito alla causa di divorzio intentata contro la moglie Olga, il suo studio venne chiuso per l'inventario giudiziario ed egli smise di dipingere per un anno. Si riversò nella letteratura come forma di resilienza. Il suo primo testo poetico, trentaquattro pagine scritte il 18 aprile, è ricco di riferimenti agli animali, alla musica e alla sua infanzia, con una chiara ispirazione orfica sin dai primi versi: «Si yo fuera fuera las fieras vendrían a comer en mis manos y mi cuarto aparecería sino fuera de mi otros sueldos irían alrededor del mundo hecho trizas.»[8] [Se io fossi fuori le belve verrebbero a mangiare dalle mie mani e la mia stanza apparirebbe, ma all'infuori di me altri soldi andrebbero in giro per il mondo fatto a pezzi].
Poco dopo Paul Éluard dichiarò che Picasso si sentiva «un pittore vecchio e un poeta appena nato»[9]. Il passaggio alla poesia, in questa allegoria della sua rigenerazione, costituisce una fase naturale e necessaria, date le circostanze.
Orfeo rappresenta le arti e Picasso lo inserisce in varie scene del Minotauro. Nell'aprile del 1936 disegnò due versioni del *Minotauro con carreta*[10] (fig. 2), dove il protagonista fugge mentre, come Orfeo, si volta indietro con una rotazione completa del collo. Porta con sé pochi oggetti, ma di grande valore. La luce, la scala e i cadaveri di una giumenta e del suo puledro, oltre al quadro, ci permettono di interpretare la fuga in chiave biografica, anche se non si tratta di una semplice metafora del quotidiano, come spesso siamo portati a credere, ma del frutto di un maturo processo di riflessione.
Di un mese dopo è *Minotaure et jument morte devant une grotte face à une jeune fille au voile*[11] (fig. 3), che può essere letto anche nella chiave di Orfeo ed Euridice: è il momento in cui il poeta innamorato lascia gli inferi, si è già voltato indietro e ha condannato Euridice, che cade per sempre nelle tenebre anche se le sue mani chiedono aiuto.
Perché ripetere così spesso un gesto in personaggi che alludevano alla sua vita interiore? Dietro può esservi solo Orfeo e per un motivo importante, ma è necessario interpretare queste immagini nel loro complesso e analizzarle insieme ai loro compagni di viaggio. La parabola della rigenerazione si chiude con *La dépouille du Minotaure en costume d'arlequin* (fig. 4) [12]. In questa opera, un grifone trasporta il corpo inerte di

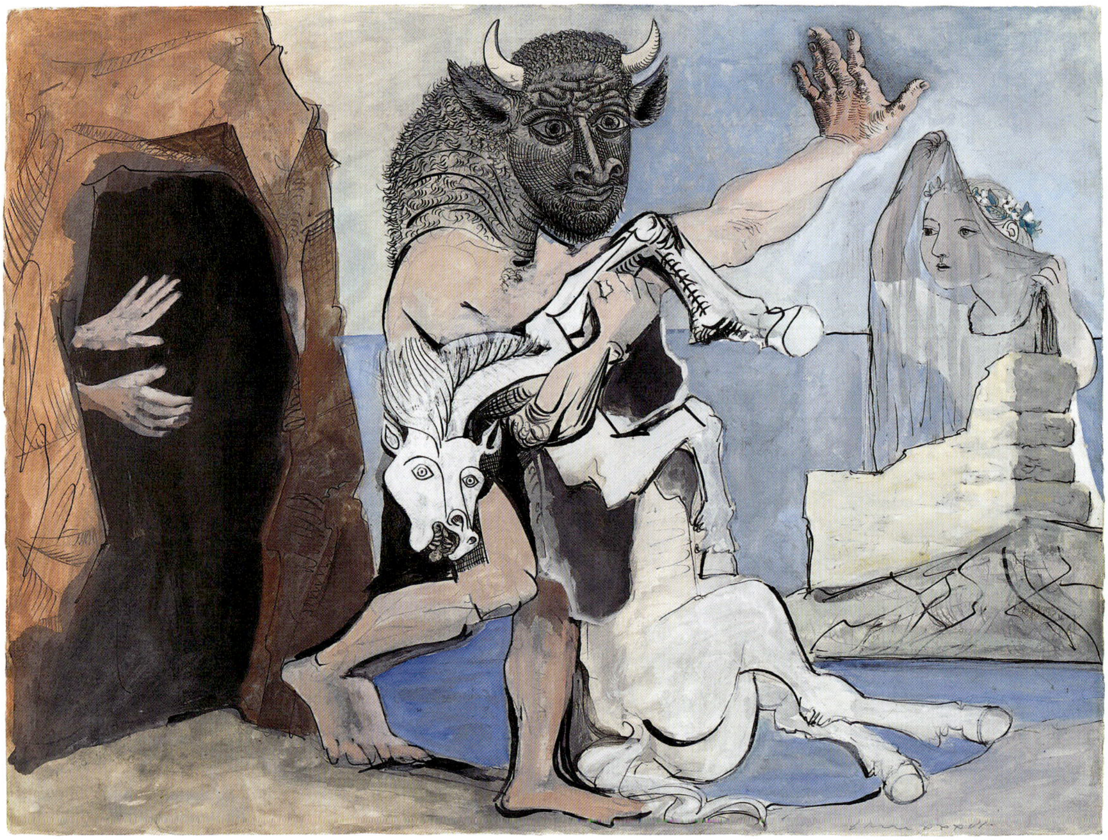

fig. 3. Pablo Picasso, *Minotaure et jument morte devant une grotte face à une jeune fille au voile* [Minotauro e cavallo morto davanti a una grotta, di fronte a una ragazza velata / Minotaur with Dead Mare in Front of a Cave Facing a Girl in a Veil], *recto*, Juan-les-Pins, 6 maggio / May 1936, Parigi / Paris, Musée national Picasso-Paris, dazione di / dation of Pablo Picasso, 1979

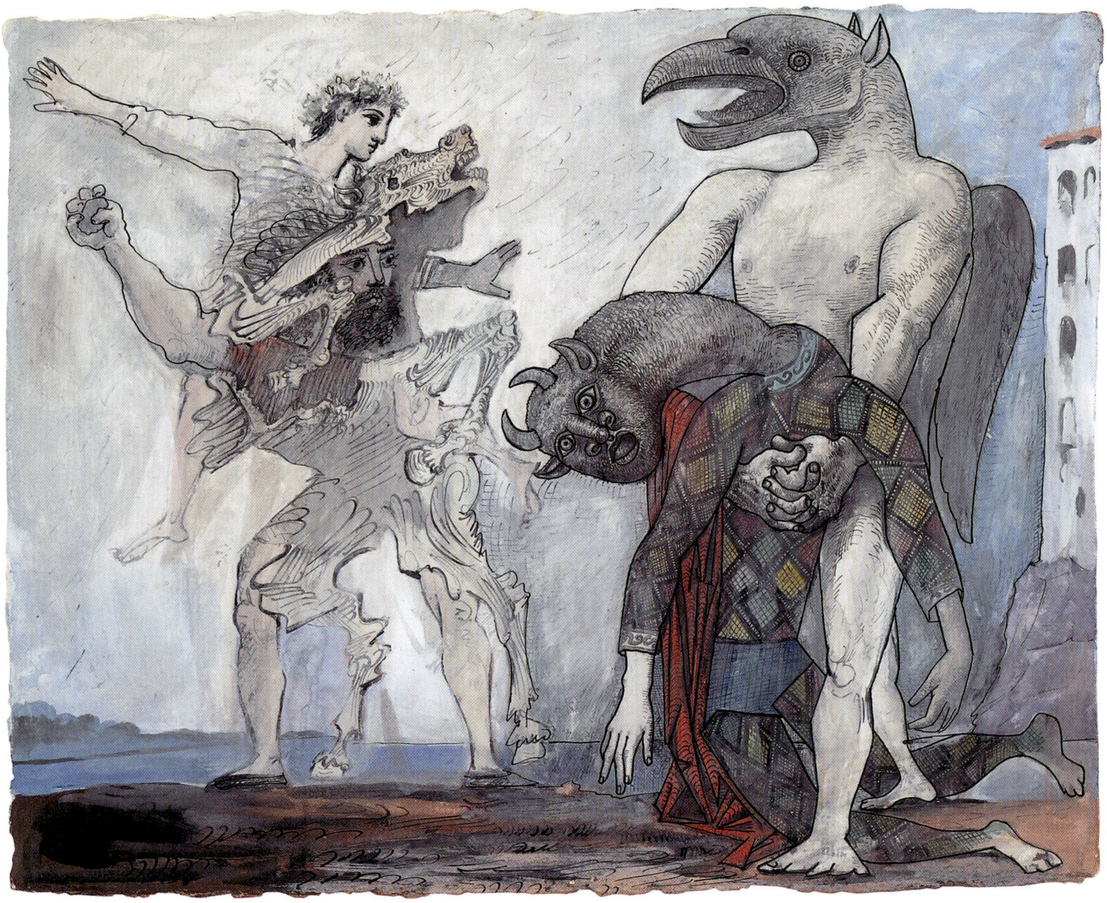

fig. 4. Pablo Picasso, *La dépouille du Minotaure en costume d'arlequin* [Resti del Minotauro in costume da Arlecchino / Remains of Minotaur in a Harlequin Costume], sipario di scena per la pièce / stage curtain for *14 Juillet* di / by Romain Rolland, *recto*, Parigi /Paris, 28 maggio / May 1936, Parigi / Paris, Musée national Picasso-Paris, dazione di / dation of Pablo Picasso, 1979

un Minotauro che indossa un costume da Arlecchino e un drappo da torero come mantello. Un uomo barbuto scaccia il mostro: sopra di lui si ergono un cavallo psicopompo e un giovane in camicia da marinaio, coronato di fiori. Come nell'opera giovanile *Evocación* o *El entierro de Casagemas*[13] (1901), il giovane galoppa verso il cielo con le braccia aperte a formare una croce, metafora di rigenerazione.

Lo sguardo rivolto all'indietro come incontro con il sé

Nello sviluppo sin qui delineato, il gesto orfico di voltarsi indietro è al contempo uno sguardo interiore e un'esplorazione della propria identità a partire dalle origini. Lo dimostrano le interazioni con l'iconografia taurina, lo scultore, gli elementi della Passione o Cristo stesso e, soprattutto, l'inserimento nella favola del Minotauro.

Il ricorso a Orfeo deriva dal bisogno di rigenerazione. Passato finora inosservato nell'immensa bibliografia picassiana, il mito serve a reinterpretare la sua opera e a comprendere l'uomo come essere sofferente, vittima di un contesto emotivo complicato. Ma Picasso, come Orfeo, si affida alla poesia e all'amore come mezzi per abbandonare il proprio inferno, lasciarsi alle spalle i mostri e rinascere rinnovato con un'unica certezza: l'arte è una risposta necessaria per riaffermare la vita.

him are a psychopomp horse and a youth in a sailor's shirt crowned with flowers. As in his youthful work *Evocation or The Burial of Casagemas*[13] (1901), the youth gallops towards the sky with his arms crossed, a metaphor of regeneration.

The Glance Behind as an Encounter with the Self

In the idea developed, the Orphic expression of looking back is at the same time an inner gaze, and the exploration of one's identity from its origins. This appears in the interactions with taurine iconography, the sculptor, the elements of the Passion or of Christ Himself and, above all, when included in the fable of the Minotaur.

The use of Orpheus derives from the need for regeneration. Unnoticed until now in what is a huge Picasso bibliography, the myth serves to enable us to reinterpret his work and to understand the man as a tormented being, the victim of a complicated emotional situation. Yet Picasso, like Orpheus, has poetry and love as the means to abandon his own hell, to leave the monsters behind and to be reborn, renewed with one sole certainty: art is a necessary response to reaffirm life.

1 Interview with Albert Skira by Brassaï, published, without title or page numbers, in *Skira. Bulletin trimestriel,* no. 3 (September 1966).
2 The original model is by Giambologna (1584) and is preserved in the Museo Nazionale del Bargello.
3 Collection Musée national Picasso-Paris (MPP 1033), in *Musée Picasso,* ed. Michèle Richet (Paris: RMN, 1987), 296.
4 Collection Musée national Picasso-Paris (MPP 1037), ibid. 298.
5 Bernhard Geiser, *Picasso peintre-graveur, II. Catalogue raisonné de l'œuvre gravé et des monotypes, 1932-1934*, ed. Brigitte Baer (Bern: Kornfeld, 1992), 429–39.
6 Christian Zervos, *Pablo Picasso*, VII, *Oeuvres de 1926 à 1932* (Paris: Cahiers d'art, 1955), 14, 115–6 and 130; Brigitte Léal, *Musée Picasso*, III, *Carnets. Catalogue des dessins,* vol. 2 (Paris: RMN, 1996), 114.
7 At this time she was pregnant with Maya, who was born on 5 September.
8 Text written by Picasso, Boisgeloup, 18 April 1935, in Marie-Laure Bernadac, Christine Piot, eds., *Picasso écrits* (Paris: RMN / Gallimard, 1989), 1.
9 *El Sol*, Madrid, 29 January 1936 (year XX, no. 5752): 5.
10 Christian Zervos, *Pablo Picasso*, VIII, *Oeuvres de 1932 à 1937* (Paris: Cahiers d'art, 1957), 130; Enrique Mallen, *On-line Picasso Project.* picasso.shsu.edu.
11 Collection Musée national Picasso-Paris (MPP 1163), in *Musée Picasso*, 328.
12 Christian Zervos, *Pablo Picasso*, VIII, 136. Enrique Mallen, *On-line Picasso Project.*
13 Christian Zervos, *Pablo Picasso*, I, *Oeuvres de 1895 à 1906* (Paris: Cahiers d'art, 1957), 25.

1 Intervista di Brassaï ad Albert Skira pubblicata, senza titolo né impaginazione, in «Skira. Bulletin trimestriel», 3, settembre 1966.
2 Il modello originale è di Giambologna (1584) ed è conservato a Firenze, al Museo Nazionale del Bargello.
3 Collection Musée national Picasso-Paris (MPP1033), in *Musée Picasso,* a cura di Michèle Richet, Paris, RMN, 1987, p. 296.
4 Collection Musée national Picasso-Paris (MPP 1037), ivi, p. 298.
5 Bernhard Geiser, *Picasso peintre-graveur, II. Catalogue raisonné de l'œuvre gravé et des monotypes, 1932-1934*, a cura di Brigitte Baer, Bern, Kornfeld, 1992, pp. 429-439.
6 Christian Zervos, *Pablo Picasso*, VII, *Oeuvres de 1926 à 1932*, Paris, Cahiers d'art, 1955, pp. 14, 115-116 e 130; Brigitte Léal, *Musée Picasso*, III, *Carnets. Catalogue des dessins,* vol. 2, Paris, RMN, 1996, p. 114.
7 In quel periodo era incinta di Maya, che sarebbe nata il 5 settembre.
8 Testo scritto da Picasso a Boisgeloup il 18 aprile 1935, in *Picasso écrits*, a cura di Marie-Laure Bernadac e Christine Piot, Paris, RMN / Gallimard, 1989, p. 1.
9 «El Sol», Madrid, 29 gennaio 1936, XX, n. 5752, p. 5.
10 Christian Zervos, *Pablo Picasso*, VIII, *Oeuvres de 1932 à 1937*, Paris, Cahiers d'art, 1957, p. 130; Enrique Mallen, *On-line Picasso Project.* picasso.shsu.edu.
11 Collection Musée national Picasso-Paris (MPP 1163), in *Musée Picasso*, cit., p. 328.
12 Christian Zervos, *Pablo Picasso*, VIII, cit., p. 136. Enrique Mallen, *On-line Picasso Project.*
13 Christian Zervos, *Pablo Picasso*, I, *Oeuvres de 1895 à 1906*, Paris, Cahiers d'art, 1957, p. 25.

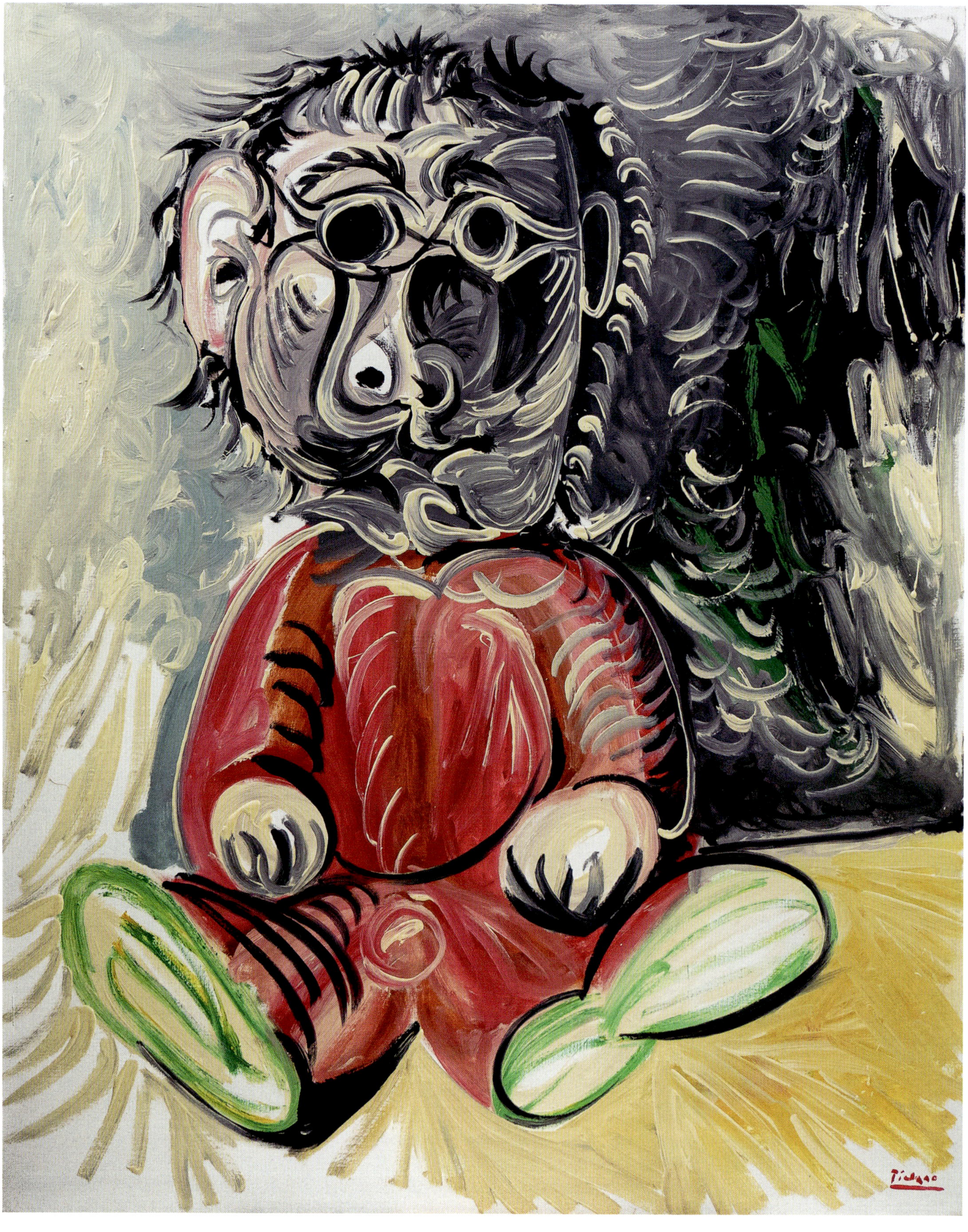

Opere in mostra | Exhibited Works

cat. 54
PABLO PICASSO
Le Nain
[Il nano / The dwarf]
16 luglio / July 1969
Olio su tela / Oil on canvas,
146 × 114 cm, Parigi / Paris,
collezione privata / private
collection

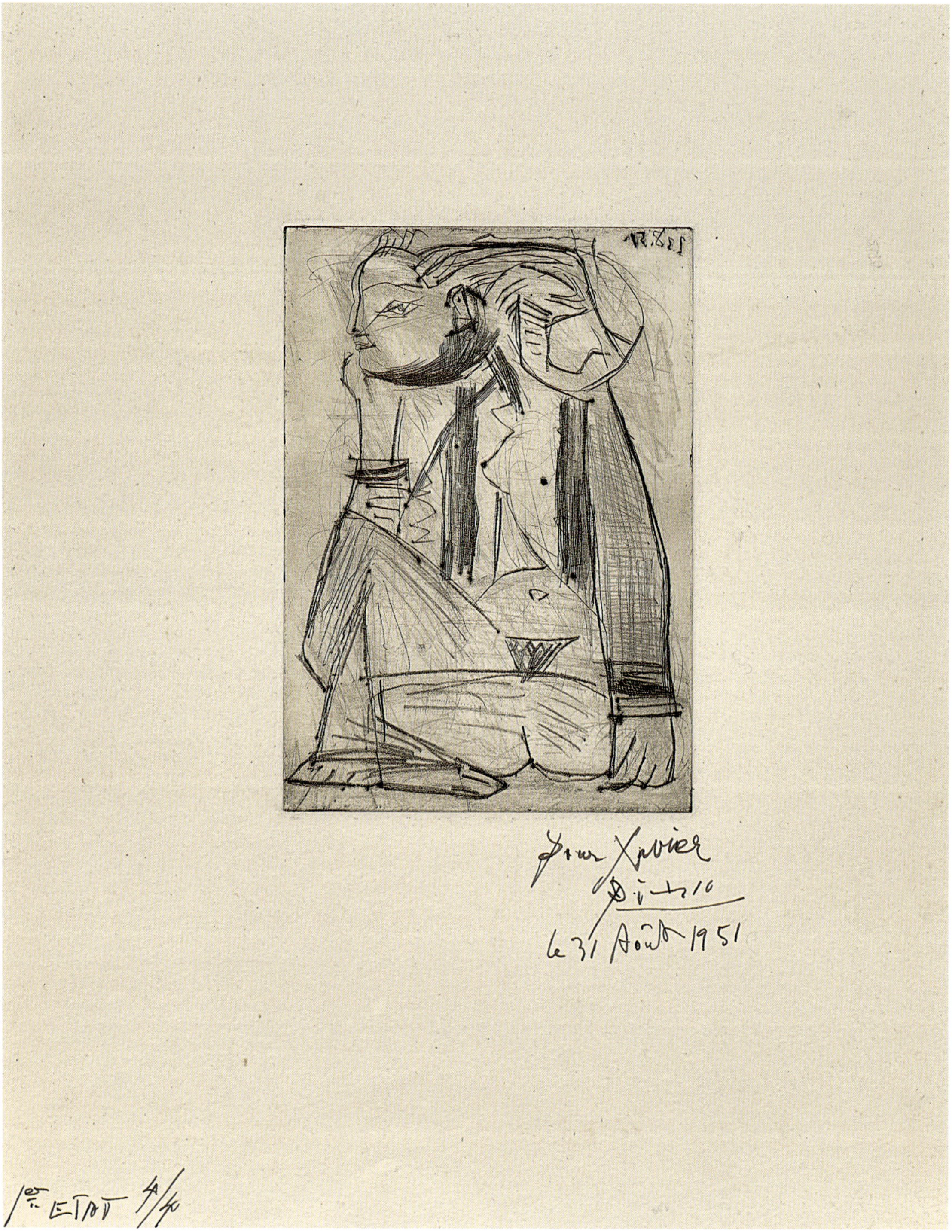

cat. 55
PABLO PICASSO
Mujer sentada con las piernas cruzadas
[Donna seduta a gambe incrociate / Woman sitting cross-legged]
1951
Catalogo / Catalogue Bloch n. 53

Incisione, prova di stato stampata da / Engraving, proof of state printed by Javier Vilató
foglio / sheet, 32,5 × 24,9 cm,
incisione / engraving,
14 × 10 cm
Parigi / Paris, collezione privata / private collection

cat. 1
PABLO PICASSO
Femme couchée lisant
[Donna sdraiata che legge / Reclining woman reading]
Le Tremblay-sur-Mauldre, 21 gennaio / January 1939
Olio su tela / Oil on canvas, 96,5 × 130 cm
Parigi / Paris, Musée national Picasso-Paris, dazione di / dation of Pablo Picasso, 1979. Inv. MP177
p. 2

catt. 2-4
PABLO PICASSO
Illustrazioni per le *Metamorfosi* di Ovidio / Illustrations for Ovid's *Metamorphoses*
Lausanne, Albert Skira, 1931
Deucalione e Pirra creano un nuovo genere umano / Deucalion and Pyrrha create a new human race, I, p. 29
Parigi / Paris, 20 settembre / September 1930. Inv. MP3553(2)
Ercole uccide il centauro Nesso / Hercules slaying the centaur Nessus, IX, pp. 224-225. Inv. MP3553(18)
Caduta di Fetonte con il carro del sole / The fall of Phaethon with the chariot of the sun, II, pp. 44-45
Parigi / Paris, 20 settembre / September 1930
Acqueforti su rame / Etchings on copper, 34,8 × 27,9 × 8,7 cm
Parigi / Paris, Musée national Picasso-Paris, dazione di / dation of Pablo Picasso, 1979. Inv. MP3553(4)
pp. 34, 35, 38

cat. 5
PABLO PICASSO
Adolescent
[Adolescente / Adolescent]
2 agosto / August 1969
Olio su tela / Oil on canvas, 130 × 97 cm
Parigi / Paris, collezione privata / private collection
p. 41

cat. 6
PABLO PICASSO
Fumeur
[Fumatore / Smoker]
19 giugno / June 1969
Catalogo / Catalogue Palais des Papes, Zervos n. 38
Olio su compensato / Oil on plywood, 146 x 114 cm
Parigi / Paris, collezione privata / private collection
p. 42

cat. 7
PABLO PICASSO
Homme dans un fauteuil
[Uomo in poltrona / Man in an armchair]
4 maggio / May 1969
Catalogo / Catalogue Palais des Papes, Zervos n. 26
Olio su tela / Oil on canvas, 146 × 114 cm
Parigi / Paris, collezione privata / private collection
p. 43

cat. 8
PABLO PICASSO
«I. la lame du couteau [...]» «II. la lame du couteau [...]»
[«I. lama del coltello [...]» «II. lama del coltello» / "I. the blade of the knife [...]" "II. the blade of the knife"]
recto, pagina / page 1
15 dicembre / December 1935
Penna e inchiostro su carta Arches spessa / Pen and ink on thick Arches paper, 25,5 × 34,5 cm
Archivi privati / Private archives
Parigi / Paris, Musée national Picasso-Paris, dazione di / dation of Pablo Picasso, 1979. Inv. MP3663-102
p. 44

cat. 9
PABLO PICASSO
«Si brule dans la coupe [...]» «Si subitement [...]»
[«Se brucia nella coppa [...]» «Così all'improvviso [...]» / "If it burns in the cup [...]" "So suddenly [...]"]
recto, pagina / page 1
16 dicembre / December 1935
Penna e inchiostro su carta Arches spessa / Pen and ink on thick Arches paper, 25,5 × 34,5 cm
Archivi privati / Private archives
Parigi / Paris, Musée national Picasso-Paris, dazione di / dation of Pablo Picasso, 1979. Inv. MP3663-103
p. 44

cat. 10
PABLO PICASSO
«Le Cornet à dés» de Max Jacob
[*Le Cornet à dés* di Max Jacob / Max Jacob's *Le Cornet à dés*]
recto
1917
Esemplare su carta Hollande con riproduzione del ritratto dell'autore realizzato da Picasso / Copy on Hollande paper with a reproduction of Picasso's portrait of the author, 19,9 × 15,5 × 2,8 cm
Parigi / Paris, Musée national Picasso-Paris, acquisizione / acquisition 2000. Inv. MP2000-1
p. 47

cat. 11
GUILLAUME APOLLINAIRE
Agenda autographe et carnet de visites
[Agenda autografa e taccuino dei visitatori / Autograph diary and visitors' notebook]
Villefranche, gennaio-febbraio-marzo-aprile / January-February-March-April 1905
In-dodicesimo 106 pagine, non rilegato, sottocopertina stampata usurata, custodia, iscrizioni manoscritte in inchiostro o grafite / 12mo, 106 pages, unbound, printed cover, slipcase, handwritten inscriptions in ink or pencil, 14,5 × 9 × 1,5 cm
Collezione / Collection Pedro Corrêa do Lago
p. 49

cat. 12
PABLO PICASSO
Cabeza de Max Jacob y estudio de quiromancia con las claves para su interpretación
[Testa di Max Jacob e studio di chiromanzia con le chiavi di lettura / Head of Max Jacob and study of chiromancy with keys to interpretation]
Parigi / Paris, 1902
Matita di grafite e inchiostro a penna su carta / Graphite pencil and pen and ink on paper, 29,6 × 19 cm
Barcellona / Barcelona, Museu Picasso, donazione di / donation by Pablo Picasso, 1970. Inv. MPB 110.373
p. 50

cat. 13
PABLO PICASSO
Estudio de quiromancia de Picasso con texto de Max Jacob
[Studio di chiromanzia di Picasso con testo di Max Jacob / Study of chiromancy of Picasso's hand with text by Max Jacob]
Parigi / Paris, 1902
Matita di grafite e inchiostro a penna su carta / Graphite pencil and pen and ink on paper, 29 × 18,9 cm
Barcellona / Barcelona, Museu Picasso, donazione di / donation by Pablo Picasso, 1970. Inv. MPB 110.372
p. 51

cat. 14
PABLO PICASSO
Portrait de Max Jacob
[Ritratto di Max Jacob / Portrait of Max Jacob]
recto
Montrouge, 1917
Matita di grafite su carta / Graphite pencil on paper, 32,6 × 25, 3 cm,
con l'annotazione: «Al mio amico Max Jacob, Picasso, 22 R. Victor Hugo, Montrouge (Seine)» / with the annotation: "To my friend Max Jacob, Picasso, 22 R. Victor Hugo, Montrouge (Seine)"
Parigi / Paris, Musée national Picasso-Paris, dazione di / dation of Pablo Picasso, 1979. Inv. MP793
p. 52

cat. 15
Lettera di Max Jacob a Élie Lascaux / Letter from Max Jacob to Élie Lascaux
21 settembre / September 1929
Testo su carta / Text on paper, 27 × 21 cm
Parigi / Paris, collezione privata / private collection
p. 53

cat. 16
PABLO PICASSO
Arlequin
[Arlecchino / Harlequin]
Frontespizio per gli esemplari dell'edizione a tiratura limitata di / Frontispiece for the limited edition copies of Max Jacob, *Le Cornet à dés*, Paris, 1918
recto
autunno 1917 - inverno 1918 / autumn 1917–winter 1918
2° stato, bulino e raschietto su rame, prova stampata da Delâtre / 2nd state, engraving and scraper on copper, proof printed by Delâtre, 19,5 × 15,9 cm
Parigi / Paris, Musée national Picasso-Paris, dazione di / dation of Pablo Picasso, 1979. Inv. MP2013
p. 54

cat. 17
PABLO PICASSO
Guillaume Apollinaire
Ritratto per la raccolta di poesie / Portrait for the collection of poems *Alcools,* di / by *Guillaume Apollinaire*, composta tra il / composed between 1898 e il / and 1913,
copia della prima edizione, su carta velina, numerata 519 / copy of the first edition, on tissue-like paper, numbered 519, 18,5 × 12 × 2,5 cm
Parigi / Paris, Musée national Picasso-Paris, acquisizione / acquisition, 2002. Inv. MP2002-7
p. 56

cat. 18
PABLO PICASSO
Figure: projet pour un monument à Guillaume Apollinaire
[Figura: progetto per un monumento a Guillaume Apollinaire / Figure: project for a monument to Guillaume Apollinaire]
Parigi / Paris, ottobre / October 1928
Filo di ferro e lamiera / Iron wire and sheet metal, 37,5 × 10 × 19,6 cm
Parigi / Paris, Musée national Picasso-Paris, dazione di / dation of Pablo Picasso, 1979. Inv. AM 1984-DEP 20
p. 57

cat. 19
PABLO PICASSO
Portrait de Daniel-Henry Kahnweiler II
[Ritratto di Daniel-Henry Kahnweiler II / Portrait of Daniel-Henry Kahnweiler II]
1957
Catalogo / Catalogue Bloch n. 835
Litografia / Lithograph, foglio / sheet, 65,5 × 50,5 cm
Parigi / Paris, collezione privata / private collection
p. 58

cat. 20
MICHEL LEIRIS
Balzacs en bas de casse et Picassos sans majuscule
[Balzac in minuscolo e Picasso senza maiuscole / Balzacs in lowercase and Picassos without capitalisation]
25 febbraio / February 1952
Cramer n. 86
Libro illustrato / Illustrated book, cofanetto / slipcase, 95,5 × 67,2 cm (aperto / open), 34,5 × 26,5 × 1,6 cm (chiuso / closed), stampa / print n. 7, 33,3 × 25,3 cm
Parigi / Paris, collezione privata / private collection
p. 60

cat. 21
La voix de Paul Éluard
[La voce di Paul Éluard / The Voice of Paul Éluard]
1954
Disco 45 giri con firma di Pablo Picasso, vinile / 45 rpm record with Pablo Picasso's signature, vinyl, 19 × 21,5 × 2 cm
Parigi / Paris, collezione privata / private collection
p. 60

catt. 22, 23
MICHEL LEIRIS
Nous avons fait de l'ordre
[Abbiamo fatto ordine / We have made order]
ca. 1925
Testo su carta / Text on paper, 27 × 21 cm
Parigi / Paris, collezione privata / private collection
pp. 62, 63

cat. 24
PIERRE REVERDY
Sables mouvants
[Sabbie mobili / Quicksand]
1966
Cramer n. 136
Libro illustrato, cofanetto / Illustrated book, slipcase, 51,5 × 84 cm (aperto / open), 51,5 × 42 × 7,2 cm (chiuso / closed)
Parigi / Paris, collezione privata / private collection
p. 65

cat. 25
ANDRÉ SALMON
Poèmes
[Poesie / Poems]
1905
Libro illustrato / Illustrated book, copertina / cover
Esemplare su carta di puro cotone non numerata / Copy on unnumbered pure cotton paper, 18,8 × 12,4 × 1,9 cm
Parigi / Paris, Musée national Picasso-Paris, acquisizione / acquisition, 2003. Inv. MP2003-16
p. 65

catt. 26, 27
PABLO PICASSO
Poèmes et lithographies
[Poesie e litografie / Poems and lithographs]
6 aprile / April 1949
Portfolio di 14 litografie, pubblicato dalla / Portfolio of 14 lithographs, published by Galerie Louise Leiris, Mourlot Frères, Parigi / Paris
recto
Composizione in inchiostro litografico, penna, matita litografica e gouache su fogli di carta da lucido / Composition in lithographic ink, pen, lithographic pencil and gouache on sheets of tracing paper, 25 × 32 cm ciascuno / each, assemblati in set di 4 esemplari / assembled in sets of 4 copies, 65 × 50 cm
Parigi / Paris, Musée national Picasso-Paris. Inv. MP1988-8(1), MP1988-8(2)
pp. 68, 69

cat. 28
PABLO PICASSO
Nu couché
[Nudo sdraiato / Reclining nude]
Boisgeloup, 4 aprile / April 1932
Olio su tela / Oil on canvas, 130 × 161,7 cm
Parigi / Paris, Musée national Picasso-Paris, dazione di / dation of Pablo Picasso, 1979. Inv. MP142
p. 71

cat. 29
PABLO PICASSO
Barca delle naiadi e fauno ferito
[Boat of naiads and injured faun]
31 dicembre / December 1937
Olio e carbone su tela / Oil and charcoal on canvas, 46 × 55 cm
collezione privata / private collection
p. 72

cat. 30
PABLO PICASSO
Minotaure et femme faisant l'amour
[Minotauro e donna che fanno l'amore / Minotaur and woman making love]
30 novembre /November 1960
Catalogo / Catalogue Bloch n. 372
Incisione / Engraving, foglio / sheet, 52,5 × 41,6 cm
Parigi / Paris, collezione privata / private collection
p. 73

cat. 31
PABLO PICASSO
Minotaure
[Minotauro / Minotaur]
1935
Arazzo di lana e seta, tessuto ad Aubusson / Wool and silk tapestry, woven in Aubusson, 142 × 237 cm
Antibes, Musée Picasso, donazione di / donated by Marie Cuttoli, 1950. Inv. MPA 1950.5.1
p. 74

cat. 32
Torso del Minotauro dal gruppo con Teseo / Torso of the Minotaur from the group with Theseus
I secolo d.C. / 1st century AD, Marmo bianco / White marble, 50 × 116 × 42 cm
Roma, Museo Nazionale Romano, Palazzo Massimo. Inv. 124665
p. 76

cat. 33
PABLO PICASSO
Femme lisant
[Donna che legge / Woman reading]
Parigi / Paris, 9 gennaio / January 1935
Olio su tela / Oil on canvas, 162 × 113 cm
Parigi / Paris, Musée national Picasso-Paris, dazione di / dation of Pablo Picasso, 1979. Inv. MP149
p. 77

cat. 34
Anfora da trasporto tipo SOS con iscrizione in greco: «kalòs» (bello) / Transport amphora of the SOS type with Greek inscription: "kalòs" (beautiful)
fine VII sec. a.C. / late 7th century BC
Ceramica di produzione attica, proveniente da Cerveteri / Pottery of Attic workmanship, from Cerveteri, 67 × 23 × 48 cm, diametro del piede / diameter of the foot 17 cm
Milano, Fondazione Luigi Rovati. Inv. 424
p. 80

cat. 35
PABLO PICASSO
Métamorphose I
[Metamorfosi I / Metamorphosis I]
Parigi / Paris, 1928
Bronzo / Bronze, 22,8 × 18 × 11 cm, edizione: prova unica / edition: single proof
Parigi, Musée national Picasso-Paris, dazione di / dation of Pablo Picasso, 1979. Inv. MP261
p. 81

cat. 36
Lettera di Pablo Picasso ai genitori con autoritratto / Letter from Pablo Picasso to his parents with self-portrait
1901
Inchiostro su carta / Ink on paper, 20,3 × 26,4 cm
Parigi / Paris, collezione privata, in deposito presso il / private collection, on loan to the Museu Picasso, Barcellona / Barcelona
p. 84

cat. 37
Lettera di Pablo Picasso a J. Fin / Letter from Pablo Picasso to J. Fin
26 giugno / June 1954
Inchiostro su carta / Ink on paper, 27 × 21 cm
Parigi / Paris, collezione privata / private collection
p. 87

cat. 38
PABLO PICASSO
Il neige au soleil
[Sta nevicando al sole / It's snowing in the sun]
recto
Parigi / Paris, 10 gennaio / January 1934
Inchiostro su carta / Ink on paper, 26 × 32,7 cm
Parigi / Paris, Musée national Picasso-Paris, dazione di / dation of Pablo Picasso, 1979. Inv. MP1124
p. 88

cat. 39
MARCOS JIMENEZ DE LA ESPADA
PIERRE MARGRY
Le frère mendiant o Libro de conocimiento
[Il fratello mendicante o *Libro de conocimiento* / The mendicant friar or *Libro de conocimiento*]
1959
Cramer n. 98
Libro illustrato, stampa, cofanetto / Illustrated book, print, slipcase 72,8 × 43,8 cm (aperto / open), 44,9 × 35,3 × 4,5 cm (chiuso / closed)
Parigi / Paris, collezione privata / private collection
p. 88

cat. 40
PABLO PICASSO
La Crucifixion
[La Crocifissione / The Crucifixion]
Boisgeloup, 7 ottobre / October 1932
Inchiostro su carta / Ink on paper, 34,5 × 51,5 cm
Parigi / Paris, Musée national Picasso-Paris, dazione di / dation of Pablo Picasso, 1979. Inv. MP1082
p. 91

cat. 41
PABLO PICASSO
La Répétition
[La ripetizione / The rehearsal]
1954
Catalogo / Catalogue Bloch n. 756
Litografia / Lithograph, foglio / sheet, 76 × 50,2 cm
Parigi / Paris, collezione privata / private collection
pp. 94-95

cat. 42
PABLO PICASSO
Le Couvent
[Il convento / The convent]
prima lastra / first plate
recto
Cadaquès, agosto / August 1910
Acquaforte, raschiatura e puntasecca su rame, prova stampata da Delâtre / Etching, scraping and drypoint on copper, proof printed by Delâtre, 32,3 × 21,2 cm
Parigi / Paris, Musée national Picasso-Paris, dazione di / dation of Pablo Picasso, 1979. Inv. MP1923
p. 98

cat. 43
PABLO PICASSO
Aux Quatre coins de la pièce
[Ai quattro angoli della stanza / In the four corners of the room]
recto
Mougins, 15 settembre / September 1967
Acquaforte su rame / Etching on copper, 22,4 × 33,9 cm
Parigi / Paris, Musée national Picasso-Paris, dazione di / dation of Pablo Picasso, 1979. Inv. MP3040
p. 101

cat. 44
RAMON REVENTÓS
Deux contes
[Due racconti / Two tales],
1947
Cramer n. 45
Libro illustrato/ Illustrated book, 34 × 26 × 3,8 cm (chiuso / closed), 33,7 × 54 cm (aperto / open), incisioni di / engravings by Picasso, 33,2 × 25,5 cm
Parigi / Paris, collezione privata / private collection
p. 101

cat. 45
PABLO PICASSO
Les Faunes et la centauresse
[I fauni e la centaura / The fauns and the centauress]
1947
Catalogo / Catalogue Bloch n. 413
Litografia / Lithograph, foglio / sheet, 65,6 × 50,1 cm
Parigi / Paris, collezione privata / private collection
pp. 102-103

cat. 46
PABLO PICASSO
Les quatre petites filles
[Le quattro bambine / The four little girls]
Golf-Juan, Vallauris, 24 novembre / November 1947 - 13 agosto / August 1948
90 pagine manoscritte a matita rossa / 90 pages handwritten in red pencil, 35,5 × 26, 5 cm
Parigi / Paris, Musée national Picasso-Paris, dazione di / dation of Pablo Picasso, 1979. Inv. MP3662
p. 104

catt. 47-51
PABLO PICASSO
Illustrazioni per le *Metamorfosi* di Ovidio / Illustrations for Ovid's *Metamorphoses*
Lausanne, Albert Skira, 1931
Morte di Orfeo / Death of Orpheus, IX, pp. 274-275, Parigi / Paris, 18 settembre / September 1930. Inv. MP3553(22)
Amori di Giove e di Semele / The Love of Jupiter and Semele, III, p. 71, Parigi / Paris, 25 ottobre / October 1930. Inv. MP3553(6)
Cefalo uccide inavvertitamente la moglie Procri / Cephalus kills his wife Procris by accident, VII, pp. 170-171, Parigi / Paris, 18 settembre / September 1930. Inv. MP3553(14)
Polissena, figlia di Priamo viene sgozzata sulla tomba di Achille / Polyxena, the daughter of Priam is sacrificed at the tomb of Achilles, XIII, pp. 324-325, Parigi / Paris, 23 settembre / September 1930. Inv. MP3553(26)
Vertumno perseguita Pomona con il suo amore / Vertumnus amorously pursuing Pomona with his love, XIV, pp. 356-357, Parigi / Paris, 23 settembre / September 1930. Inv. MP3553(28)
Acqueforti su rame / Etchings on copper, 34,8 × 27,9 × 8,7 cm
Parigi / Paris, Musée national Picasso-Paris, dazione di / dation of Pablo Picasso, 1979
pp. 118, 120-123

cat. 52
PUBLIO OVIDIO NASONE
Les Métamorphoses
[Le metamorfosi / The Metamorphoses]
Libro illustrato / Illustrated book, acqueforti originali di / original etchings by Picasso, Lausanne, Albert Skira, 25 ottobre / October 1931, 34 × 27,3 × 6,5 cm (chiuso / closed)
Barcellona / Barcelona, Museu Picasso, donazione di / donated by Salvador Dalí, 1963. Inv. MPB 70.945c
p. 124

cat. 53
PABLO PICASSO
Minotauromachia
[Minotauromachy]
Parigi / Paris, 23 marzo / March 1935
5° stato / 5th state
Acquaforte lavorata a bulino su carta vergata / Etching and engraving on laid paper, 55,7 × 71 cm
collezione privata / private collection
pp. 128-129

cat. 54
PABLO PICASSO
Le Nain
[Il nano / The dwarf]
16 luglio / July 1969
Olio su tela / Oil on canvas, 146 × 114 cm, Parigi / Paris, collezione privata / private collection
p. 134

cat. 55
PABLO PICASSO
Mujer sentada con las piernas cruzadas
[Donna seduta a gambe incrociate / Woman sitting cross-legged]
1951
Catalogo / Catalogue Bloch n. 53
Incisione, prova di stato stampata da / engraving, proof of stato printed by Javier Vilató, foglio / sheet, 32,5 × 24,9 cm, incisione / engraving, 14 × 10 cm
Parigi / Paris, collezione privata / private collection
p. 136

Fotolito e stampa / Reproduction and printing
Grafiche Antiga S.p.A., Crocetta del Montelllo (Treviso)
per conto di / for
Marsilio Arte S.r.l., Venezia
www.marsilioeditori.it